本书获得全国教育科学规划国家一般项目（编号：B
色骨干学科建设学科（群）"现代服务业学科群"项

U0587914

高校毕业生

就业质量态势实证研究

AN EMPIRICAL STUDY ON THE QUALITY OF EMPLOYMENT OF COLLEGE GRADUATES

李 宁 ◎ 著

经济管理出版社
ECONOMY & MANAGEMENT PUBLISHING HOUSE

图书在版编目（CIP）数据

高校毕业生就业质量态势实证研究/李宁著 . —北京：经济管理出版社，2023.8
ISBN 978-7-5096-9213-4

Ⅰ.①高…　Ⅱ.①李…　Ⅲ.①高等学校—毕业生—就业—研究—中国　Ⅳ.①G647.38

中国国家版本馆 CIP 数据核字（2023）第 173221 号

组稿编辑：杜　菲
责任编辑：杜　菲
责任印制：张莉琼
责任校对：陈　颖

出版发行：经济管理出版社
　　　　　（北京市海淀区北蜂窝 8 号中雅大厦 A 座 11 层　100038）
网　　　址：www.E-mp.com.cn
电　　　话：（010）51915602
印　　　刷：唐山玺诚印务有限公司
经　　　销：新华书店
开　　　本：720mm×1000mm/16
印　　　张：15
字　　　数：231 千字
版　　　次：2023 年 8 月第 1 版　　2023 年 8 月第 1 次印刷
书　　　号：ISBN 978-7-5096-9213-4
定　　　价：88.00 元

前　言

　　任何社会、任何群体的就业状态都是就业率与就业质量的统一。在二者的互动中，总量波动和结构演进决定着就业质量，而就业质量又影响着就业数量的扩大；就业质量可以反映就业率，但就业率不一定说明就业质量；一个国家或地区的就业问题可以通过就业质量反映出来，也可以通过就业率表现出来，或由二者同时释放出来。因此，只有从就业率与就业质量及其相互关系中才能全面认识劳动者就业的状况。本书研究构建就业质量的基本概念、基本原理和评价指标体系，探索就业质量的状态趋势及变动原因，理论上丰富经济学的就业理论，实践中为高校制定人才培养方案与提高教学质量提供理论支持、为学生就业与用人单位选才提供信息参考、为国家完善就业制度与实现资源最佳配置提供对策建议。

　　借鉴发达国家的就业质量理论和实践经验，吸收与综合国内就业质量的研究成果，在我国现有政治经济制度背景和传统文化条件下，立足于国内经济发展和人们的生活水平，以习近平新时代中国特色社会主义理论为指导，根据高校毕业生就业的价值倾向与心理特点，界定就业率、就业质量的概念。高校毕业生就业质量就是生产过程中毕业生与生产资料相结合的状况。毕业生就业率＝（已就业毕业生人数÷毕业生总人数）×100%。其中：毕业生总人数＝已就业毕业生人数＋待就业毕业生人数＋暂时不就业毕业生人数。

　　从毕业生个人的视角出发，本书选择薪酬福利、劳动关系、个人发展3个一级指标及15个二级指标，即劳动报酬、社会福利、养老保险、医疗保险、失业保险、工伤保险、劳动合同、工会组织、劳动保护、劳动时间、学习培训、专业对口、兴趣与岗位适应、单位性质和国内外著名企业的就业率作为评价高校毕业生就业质量的指标体系。评价指标确定后还需要设计评价标准。评价标准就是为每一个评价要素规定统一衡量尺度，其具体方法为：根据指标的内容特点划分若干等级，对每个等级予以质与量的规定并进行相应的评分。评价指标权重设计是确定就业质量评价方法中的重要组成部分或环节。权重系数的科学与否直接决定着就业质量评价的信度。因此，我们在综合理论分析、调查研究、资料综述与特尔斐法的基础上确定了权重系数，并提出了高校毕业生就业质量的计算模型与评分量表。

运用随机抽样调查的方法，对河南省郑州市某非 211 高校 2001~2019 届本科毕业生进行调查。是因为这些年正是高等教育大众化、毕业生人数大规模增加，其就业率与就业质量变化较为明显的时期。以普通高等学校为调查对象，一方面是为了发挥我们已有的信息渠道优势和信息的可获得性，确保信息的真实性与完整性；另一方面也考虑到普通高等学校的毕业生与 985、211 大学的毕业生相比，其就业率与就业质量的变化情况可能会更大或更明显些。问卷要求被调查者只填报毕业后第一年的情况，其目的一方面是增加调查数据的可比性，另一方面也是为了更加准确地反映毕业生初始就业质量的变动情况。问卷还要求毕业生如实填写姓名、工作单位与联系方式，以确保调查问卷的可靠性、准确性与可回收性。在收回第一轮调查问卷一周后，对于没有反馈信息或信息有误的毕业生，再发放第二轮问卷，以确保问卷的有效率与回收率。为了确保信息的准确性，对于重点学生进行电话采访或直接访谈。研究持续 20 多年，调查分为三个时段：2001~2011 届毕业生为第一次调查（教育部人文社科项目）；2012~2017 届毕业生为第二次调查；2018~2019 届毕业生为第三次调查（疫情影响课题延后的补充调查）。

运用评价指标体系对高校毕业生就业质量进行实证研究并获得以下结论：近二十年以来，就某一时段或几年的短周期看，高校毕业生的就业质量可能是上升的，但从总体态势看，毕业生的就业质量是绝对上升相对下降的。其中，工科类专业毕业生就业质量下降较慢，管理类与人文社会科学类专业毕业生就业质量下降较快；相对于男性高校毕业生，女性高校毕业生就业质量下降较快较多；区域就业质量差异明显，不同区域的高校毕业生就业质量的差异有拉大的趋势。搜索2000年以来高校毕业生就业质量理论研究成果，汇总其有关数据与研究结论，高校毕业生就业质量趋势下行的八种形式表现为：毕业生的起始工资相对下降；私营企业就业的人数迅猛增加；中西部地区及基层就业的比例明显提高；劳动权益的受损比较严重；学非所用的矛盾日渐突出；就业质量性别差异逐渐显现；就业岗位的稳定性明显下降；就业岗位主观满意程度不高。高校毕业生就业质量已有的理论研究成果，补充、丰富与检验了我们的实证研究结论。

从调查数据来看，2001~2019年高校毕业生就业质量趋势下滑的具体原因为：一是工资福利待遇低于和相当于当地城镇职工工资福利待遇平均水平的毕业生逐年增多，而高于当地平均水平的学生在减少。二是没有参与社会保障、缺乏劳动保护、工作时间超过国家法定劳动时间的毕业生的比例有所提高。三是专业不对口率有所上升，工作岗位与兴趣爱好不匹配的学生人数有所增加。四是出现毕业生就业分化或分层的现象并有日趋严重的趋势。从社会现实看，高校毕业生就业质量下滑原因是多方面的。高校的体制、办学模式改革滞后于高等教育大众化和市场经济的发展，教育短缺与过度教育并存诱发结构性就业问题；外延式规模扩张与内含型质量提高发生偏离，就业质量与就业缺口指数趋势相反成为市场的必然；毕业生较高的供给意愿与供给行为阐释了就业率的快速下降与就业质量相对下滑的原因。体制内劳动力市场排斥造成相当岗位被非专业人士所占据且替换凝滞，限制了有效需求总量和岗位层次；经济转型缓慢、效益不高，从劳动环境与收入增长方面制约了就业质量的总体水平；劳动保障制度实施机制不健全，引起大学生的权益受损及实际福利相对减少。市场缺陷、渠道不畅、信息不对称与社会资本的不良影响造成就业不公平和岗位匹配错位及人力资本损失。政策取向与可操作性不到位、利益刺激力度欠缺与实施机制不健全及经济体制转换摩擦，引致当前大学生就业政策效率不高。

对于我国高校毕业生就业质量的状态趋势，必须有辩证的、全面的、正确的与清醒的认识。第一，高校毕业生就业质量的变动状况在总体上是平稳的，其下降曲线是平缓的，下降速度也是相当缓慢的。关于大幅下降的表象，或许只是人们的直觉判断，是人们对高等教育由精英化到大众化条件下大学生就业由"贵族"到"平民"急剧变化的心理作用的结果。第二，高校毕业生就业质量的提高是绝对的，而下降则是相对的且是有条件的。改革开放40多年，我国的经济持续高速发展，在世界上创造了中国奇迹。高校毕业生和全国其他劳动者一样，其工资福利待遇都有了很大的提高，生活状况也有了很大改善。但相对于城镇其他工薪阶层，高校毕业生的工资福利待遇有了一定的下降。第三，大学生就业质量的相对下降是高等教育大众化、普及化进程中世界各国普遍存在的问题。怎样既能保证高等教育大众化、普及化的发展，又能保障高校毕业生的就业率及其就业质量，实现毕业生高质量充分就业，如何有效化解二者的矛盾，一直是世界各国各级政府就业政策的重点、难点与焦点。我国应积极地吸取国外这方面的经验与教训。第四，从历史与现实看，在高等教育大众化发展速度迅猛与学生绝对基数庞大的条件下，我国较好地解决了高校毕业生的就业问题，保证了学生较高的就业率与较好的就业质量，也可以说，是创造了中国的另一个奇迹。第五，不同的劳动群体有不同的工作内容、特点与性质，其就业质量难以简单地进行对比，如繁重的体力劳动、环境严酷的劳动、危险的劳动就很难和高校毕业生的工作做对比。如果要进行对比，也只能对比工资收入的增长率与就业的状态与趋势等。第六，必须清醒认识并承认近二十年来毕业生就业质量相对下滑的事实与危害性。在调查过程中我们发现，能迅速返回问卷的毕业生，基本上都是工作或事业较顺利或成功者；不愿参与问卷的学生，大多是工作不够称心如意。如果这种看法或推断成立，那么高校毕业生就业质量的相对下降问题可能会更加严重。高校毕业生就业质量下降可能会导致当代的"读书无用论"，从而影响高等教育的发展、国民素质的提高与国民经济的增长。因此，对于高校毕业生就业质量下滑的状态趋势，我们一方面不能也不必危言耸听、渲染夸大；另一方面也不能熟视无睹、泰然处之，而应正视承认现实、分析其发生的原因、研究化解问题的对策，努力推动高校毕业生高质量充分就业！

大学生的就业政策体系由供给、需求及供求匹配所构成。就供给政策来看，其核心是提高教育教学质量、调控高等教育的发展速度与规模、调整高等教育层次结构与专业结构；就需求政策来看，其核心是为大学生创造高质量的就业岗位；就供求匹配政策来看，一般由以需求拉动供给、以供给创造需求的宏观总量均衡政策及其市场发育、信息对称、主体决策和法规完善的微观匹配政策所组成。近十几年来，我国各级政府先后出台了一系列促进高校毕业生就业的政策。高校毕业生就业政策体系的逐步建立与落地实施，在提高就业率与就业质量方面发挥了较大的作用，在一定程度上缓解了高校毕业生的就业及其就业的压力。但是，不得不承认，当前的高校毕业生就业政策还存在不少的问题，如有些政策刺激力度不够、执行力度不强等。在现代的、发达的市场经济中，任何政策的制定与实施都要付出成本，政策执行的结果有时可能与政府目标发生偏离，也会出现负效率与负效益，甚至可能产生经济、政治与社会风险，对于进一步深化改革开放、社会主义市场经济体制还处于完善过程中的我国来说，降低政策制定、实施的经济成本与社会风险，提高政策的效率与效益显得尤为重要。要提高高校毕业生促进就业政策的效率，一方面必须建立完善政策的实施机制；另一方面还要建立科学的可操作性强的政策评价评估制度与系统，实时监督、认识、掌控政策的执行过程与效应。

本书主要贡献或创新点为：①系统地归纳了高校毕业生就业质量的基本概念与生成原理。②从毕业生及其高等学校的视野设计了高校毕业生就业质量的指标体系。③获得了明确的研究结论：从长期与总体态势看，毕业生的就业质量是绝对上升相对下降，其中专业性、区域就业质量差异有拉大的趋势。④结合文献资料概括了毕业生就业质量态势的表现形式。⑤提出了发挥政策合力与提高效率的建议。

在本书的撰写过程中，郑州航空工业管理学院的史淑桃教授、卫铁林教授、卫萌副教授对本书的写作思路与内容进行了详细的审阅和指正。河南财经政法大学的潘勇教授、何惠教授、李民副教授、李南副教授、陈浩东副教授对本书的撰写工作给予了多方面的建议。在此，对各位付出的智慧和辛劳表示最真诚的感谢和最崇高的敬意。此外，本书在撰写过程中参考和引用了国内外大量专家学者的文献，在此一并表示最诚挚的谢意！

本书的出版得到了全国教育科学规划国家一般项目（编号：BIA170206）与河南省特色骨干学科建设学科（群）"现代服务业学科群"项目的资助，在此表示感谢！

由于水平有限，成稿时间仓促，又限于相关资料、资源等因素的限制，书中难免会存在一些不足和错误之处，恳请各位专家、同行和读者的批评指正。

目　录

第一章

绪论

一、研究背景与研究意义

　　任何社会形式、任何经济发展阶段、任何劳动群体的就业状态都是就业率与就业质量的统一。在就业率与就业质量的互动中，就业质量的提高通常会伴随着就业数量的扩大，就业质量一般情况下可以反映就业率；就业率提高但就业质量不一定会提高，就业率不能反映就业质量；一个国家或地区的就业问题可以通过就业质量、就业率反映出来，也可以由二者同时释放出来。因而只有从就业率与就业质量及其相互关系中才能全面认识劳动者的就业状况。

（一）研究背景

1. 由就业率到就业质量的现实背景

　　所谓高校毕业生的初次就业率，就是指毕业生毕业离校时（一定时间内）已找到工作的人数与总毕业生人数的比例，统计根据或资料来源是高校上报的就业数据。其计算方法是：毕业生就业率＝（已就业毕业生人数÷毕业生总人数）×100%。其中：毕业生总人数=已就业毕业生人数+待就业毕业生人数+暂时不就业毕业生人数。待就业毕业生是指毕业生具有就业意愿但尚未就业的毕业生。暂时不就业毕业生是指由于暂无就业意愿、拟升学、身体健康原因及其他原因暂不就业的毕业生（金刚，2008）。已就业毕业生包括：签订就业协议书并有报到证的毕业生；直接与用人单位签订劳动合同的毕业生；到委培或定向单位工作的毕业生；由政府相关部门安排就业的部分师范院校毕业生；灵活就业的毕业生；升学或继续读书的毕业生，如考取硕士研究生与出国留学或工作的毕业生；等等。

我国高校毕业生就业状况的监测历程大致经历了两次重要的转变。第一次转变是从无到有的转变。标志性事件是1999年教育部第一次向社会公布教育部直属高校毕业生就业率，这是中国高校毕业生就业状况统计的开端。此前虽不统计，但也有两个不同时期：一是1993年以前，高校毕业生就业包分配，100%就业，不用统计就业率；二是1993~1998年，高校毕业生就业体制改革实行双轨制，部分毕业生开始自主择业，但是由于毕业生就业问题不突出，国家也不统计就业率。1999年教育部开始向社会公布所属高校毕业生的初次就业率，之后此种办法在全国各省份逐步得到了推广实施。2003年教育部出台了《关于进一步深化教育改革，促进高校毕业生就业工作的若干意见》，首次将就业率纳入高校评估指标体系。第二次转变是从起步到初步完善的转变：以教育部从2004年6月起开始重新修订的就业状况统计办法为标志，对高校毕业生就业统计方法进行了有效改进。概括起来讲，主要有四个方面的改进：一是将灵活就业纳入毕业生就业统计范畴；二是确定了毕业生就业的7种形式，增强了高校统计就业率的可操作性；三是对待就业毕业生进行登记和统计；四是完善毕业生就业状况定期报告制度，使就业率统计的时间更加合理，确定每年9月1日、12月30日为当年毕业生就业率和待就业率定期报告时间。2005年后高校毕业生的就业问题逐步显现，同时，高等学校出现了一定程度的就业率造假的情况。为了推动高校做好毕业生的就业工作，杜绝或减少就业率造假问题，2006年教育部又出台了就业率造假的举报制度，并提高其在质量、水平评估中的分量，实施学校就业率与其招生计划挂钩的制度，减少低就业率学校与专业的招生人数，对在毕业生就业率统计上弄虚作假的学校实行"一票否决"。我国高校毕业生初次就业率指标体系及其统计制度的建立、完善与实施，对于高等学校按社会需求改进与完善人才培养方案、提升教育质量、调整与优化专业结构、加大就业指导力度、提高就业服务质量等方面发挥了相当大的作用。

但从总体上看，当前我国高校毕业生的就业统计工作还存在不少问题：

首先，就业率指标不完善。一是考取硕士研究生与出国留学的毕业生不应算入"已就业人数"，因为升学与"就业"的内容并不符合；二是"定向与委托培养"回原单位工作，如果毕业生在上学前已经工作，那么这些人就不应统计在就业率中；三是有些内容或指标，如灵活就业很难界定，口径宽泛、弹性较大，难保数据准确性。

其次，监测实施操作有漏洞。一是统计主体单一，没有形成政府、学校与社会融合的相互竞争、相互监督的多元化统计主体。二是监督机制不够完善与健全，惩罚实施力度欠缺，政策没有很好落地。三是统计人员不专业，难以避免错报漏报问题。四是统计程序与过程存在问题。到国有企业、政府机关、事业单位就业的毕业生，需要凭接收函或协议书办理报到证及户口、档案迁移手续，学校可以据此准确地统计毕业生的就业去向。但大量去民营企业、外资企业等就业的毕业生则不需要这些手续，尽管学校可以通过劳动合同或灵活就业协议来统计就业人数，但难保其信息的准确性。特别是毕业生离校后遍布全国各地，由于电话更改、家庭搬迁及违约、跳槽、出国、升学等诸多因素的影响，部分毕业生与学校失去了联系，另外部分毕业生为顾及颜面，甚至不愿将具体工作单位告知同学、家庭。因此，仅靠毕业生自己报告其就业情况缺乏客观性与可靠性，高校要准确无误统计毕业生的就业率确实不易，事实上这已经成为当前高校就业统计工作的盲点。在统计主体单一、管理制度、统计程序与方法等不完善的状态下，高等学校为了生存发展，为了"声誉"和"政绩"，往往是"上有政策下有对策"，从而出现了毕业生就业率造假问题。例如，有的学校以扣压学位证与毕业证、缓办离校手续或"思想教育"等方式，"诱导"或"强迫"毕业生签订虚假的灵活"就业协议"，更有甚者直接越俎代庖，出现了中国特有的"被就业"现象，进而造成就业率的"虚高"问题。

最后，缺乏基本或必要的就业质量的统计。就业率只是从数量方面粗略地反映了毕业生的就业状况，是一个狭义的概念，不能也没有全面地反映毕业生的就业情况。从广义上说，大学生的就业情况不仅有数量上的内容，还应该有质量的体现，如毕业生的就业岗位、就业流向等更为复杂的内容信息。由就业率到就业质量是就业理论与现实的逻辑必然和应然趋势，传统的经济学意义上的"充分就业"，主要是指任一愿意工作的公民都能在短时间内找到工作，社会上只存在"摩擦性失业"。按此种理解，就业率当然是第一重要且是唯一重要的。这种观点只重视就业的数量，不重视就业的质量，如劳动时间的长短、劳动强度的大小、工资的多少、劳动环境的优劣等，可能是一种低质量的充分就业。而用低质量方式来实现的"充分就业"，会导致生产的低效率，进而引起社会福利的净损失。就业质量的提出是传统"就业率"指标的补充与发展，劳动者高质量的充分就业可以推动"高能—高酬"的就业，实现经济与就业的良性互动发展。传统的经济发展强调的是物质生产资料的增长，它把经济发展看作经济增长，历史也证明了这种发展模式存在不少弊端，因为光有经济的增长并不能完全解决人类社会发展过程中的所有问题。社会问题的产生及日益严重，促使传统发展观念或模式已经并继续在发生转变。可以说，从经济增长到经济发展，从社会进步再到国民幸福理论的出现，是人类社会自工业革命以来尤其是20世纪六七十年代以来，世界社会经济发展观念发生的最为明显和最为深刻的变化，是人类社会取得的最为沉重的经验和优秀的理论成果。要尊重人并使劳动者幸福，从就业理论与实际来看，在关注就业率的同时必须关注就业质量。改革开放以来，我国的社会经济有了较快发展，人民生活不断改善，党中央及时提出了科学发展观、促进国民经济又好又快发展、为人民谋幸福等思想。构建就业质量的基本概念、生成原理和评价指标体系，探索就业质量的状态趋势及变动原因，分析就业质量、就业率的互动关系与就业状态趋势的内在逻辑，就是以人为本、为人民谋幸福思想在就业理论研究中的应用与落实。因此，要研究大学生的就业问题，要科学、客观、全面地认识大学生的就业状况，除进一步完善大学毕业生的就业率指标外，还必须研究其就业质量的内涵与评价指标体系。

2. 由就业率到就业质量的政策背景

社会经济发展是就业质量的决定性影响因素，就业质量的高低最终决定于社会经济的发展水平，而就业质量的提高也可以为社会提供高素质的劳动力并促进经济结构的升级优化等，推动社会经济的发展。经济发展水平越高就业质量水平则越高；就业质量越高则更有利于社会经济的发展。西方发达国家经过长时间的发展，经济与就业总体上已走过了这个历程。其政府政策也经历了由只关注宏观就业总量，转而注重就业质量全面提升的演变。早在1999年，国际劳工组织就提出了"核心劳工标准"，并提醒敦促各国政府把提高就业质量作为政府工作的一项重要目标。1949～1977年，由于体制、资金与技术等因素的制约，我国的工业化进程缓慢，对于人口众多而又一穷二白的国家来说，谈不上提高就业质量问题。1978年我国进入了改革开放的新时期，工业化与整个国民经济快速发展，就业人口总量剧增的同时就业质量逐步提高，但与发达国家对比，我国的就业质量还处于较低水平。党的十八大后，我国社会经济发展进入新时代。新时代的社会经济发展，一方面要求提高劳动者的就业质量，另一方面也为就业质量的提高奠定了基础。2012年秋季召开的党的十八大，在确定我国2020年全面建成小康社会蓝图时，明确提出将推动实现更高质量的就业。《中华人民共和国国民经济和社会发展第十三个五年规划纲要》和《国务院关于印发"十三五"促进就业规划的通知》等，都明确提出了"开发更多适合高校毕业生的高质量就业岗位，到2020年要实现就业规模稳步扩大，就业质量进一步提升"的目标。党的十九大报告指出，当前"我国社会主要矛盾已经转化为人民日益增长的美好生活需要和不平衡不充分的发展之间的矛盾"、"带领人民创造美好生活是我们党始终不渝的奋斗目标"、"就业是最大的民生"、"要坚持就业优先战略和积极就业政策，实现更高质量和更充分就业"。2021年3月全国人民代表大会通过的《中华人民共和国国民经济和社会发展第十四个五年规划和2035年远景目标纲要》第四十三条进一步指出："千方百计稳定与扩大就业率，坚持经济发展就业导向，扩大就业容量，提高就业质量保障劳动者的待遇与权力。"

（二）就业质量的现实意义

研究就业质量，以及丰富与完善高校毕业生就业统计指标体系具有重要的现实意义。

1. 提升就业质量可推动就业率的提高

任何社会、任何劳动群体的就业都是质和量的统一。在自由竞争的劳动力市场中，就业质量上升则就业率必然上升，反之就业率却不一定下降；就业率走高则就业质量不一定走高，反之就业质量也不一定走低。就业率与就业质量之间是可同比例与不同比例、可同方向与不同方向变化的对立统一关系。二者互动关系的逻辑说明，提升高校毕业生就业质量必然能够提高其就业率。从社会现实看，对于绝大多数高校毕业生来说不是找不到工作，而是找不到自己所期望的工作，毕业生就业的主要矛盾是高质量工作岗位的需求与供给不均衡不充分之间的矛盾。所以，要化解高校毕业生的就业问题或主要矛盾就必须首先提升就业质量。

2. 提升就业质量可支撑高等教育长期稳定发展

20世纪末与21世纪初的十几年，我国高等教育的规模实现了跨越式发展，以在校大学生总人数论，如今已经是名副其实的高等教育大国。但就每万人中大学生的数量这一衡量高等教育发展水平的常用指标来说，我国还远远不是高等教育强国，高等教育普及化的道路任重道远。改革开放40多年来，我国国民经济有了很大发展，已经成为世界第二大经济体，但就人均GDP来说我国仍然是发展中国家。当今的国际竞争主要是科学技术的竞争，要实现社会经济的全面现代化，要把我国建成世界一流的富国强国，亟待高等教育质量的稳步提升、快速发展予以坚强支撑和强力推动。

根据发达国家高等教育普及化的经验，立足我国社会经济与高等教育发展的实际，实现大学生更高质量和更加充分的就业是保证与推动高等教育快速发展的关键。一个毕业生从小学攻读到大学，国家与家庭都有较大的资金投入；一个高校毕业生上了高中又读了大学，实际上就等于放弃了一定时间的工作与收入，即上高中与读大学的机会成本。可以说，高人力资本是高校毕业生区别于其他劳动者的明显或突出特点。因此，若就业质量较低，可能出现工作收入长期小于其上学读书成本的现象，也就意味着社会教育资源的浪费与人力资本的损失。久而久之，社会上就可能形成上大学无用的思维并产生不上大学的风气，从而影响高等教育的发展。如果就业质量较高且不断提升，一方面会引领越来越多的人上大学，从而在生源供给上推动高等教育长期稳定发展；另一方面也会减少高校毕业生自愿性失业的现象，提高毕业生的就业率与满意度，消除严重困扰社会、高校、政府关于高等教育快速发展与大学生就业难以兼顾的理论现实困惑，从而在理论与政策上保证高等教育的长期稳定发展！

从高等教育系统本身管理看，研究建立就业质量指标体系有利于加强对高等院校的考核管理，推动高校提高教学质量。在高等教育大众化及普及化的今天，毕业生的就业质量是评价学校教育质量的基本和重要标准之一。评价一所高校毕业生的就业情况，简单依据就业率指标可能无法全面、准确地反映毕业生就业岗位与流向及其结构等信息，一些学校为追求高就业率可能会产生扭曲的行为，出现以就业率等同就业质量、等同人才培养质量的倾向，这对高校自身的办学定位、培养目标、培养质量都是极大的冲击。从高等教育的最终目标来看，教育是为学生全部人生幸福服务的，不应也不能是单纯为学生就业服务。高等学校不能只为学生毕业后有工作做出贡献，而且还要为其将来的整个人生幸福、生活品质品位积累文化资本。但严峻的现实问题在于：深层次的高等教育终极目标的研究只存在于较小范围的理论探索中，一般的高校管理者与教师为了"证明"学生上大学的有用性，为了说明高就业率对学校的意义，往往只强调甚至是片面地强调高等教育应用或实用的部分，即一味地重视学生职业与技术教育培养。基于这种教育理念，不少高校从大学一年级就开始教育学生做职业规划，忽视了学生思考探究问题兴趣的培养。这已偏离了普通大学教育的宗旨。所以，探索建立科学的就业质量评价指标体系与方法，以多维度的综合评价代替就业率的单一评价，为高校提供真实有效、系统全面的毕业生就业信息，进而使高校认识到教学质量的问题之所在，有针对性地提高其教学质量。

研究建立高校毕业生就业质量指标体系，有利于学生选择专业。在计划经济条件下，大学生实行统一招生与统一分配工作，高中学生的首选是进入大学，其次才是选择专业。随着现代市场经济的蓬勃发展与高等教育的大众化、普及化，高等学校毕业生的就业出现了竞争并有日益激烈的趋势，高中毕业生选择专业的意识与能力逐步增强。高校普遍落实学分制及推行专业相对自由选择后，在校低年级学生选择专业的行为明显增强、增多，其主要目的是毕业后能够并找到一份较为理想的工作。构建高校毕业生就业质量评价体系，完善大学生就业统计和预测平台，有利于提高学生选择专业与职业的准确性。

3. 高质量就业能够推动国民经济高质量增长

社会经济发展程度决定着就业质量水平，高就业质量可以推动社会经济的发展。当前我国经济已处在由高速增长向高质量发展转变的新阶段。国民经济的高质量发展，一方面为进一步提高就业质量奠定了资金、技术等条件基础；另一方面也要求提高劳动者的就业质量。创新是引领社会经济高质量发展的基本动力，优化结构、转换增长方式和动力，需由创新来推动与支撑。影响创新的因素有很多，最重要的则是人力资本，要提高人力资本的积累与效率就必须提高就业质量。因为，只有具备较高的工资收入、较多的自由时间与良好的工作环境等条件，劳动者才能有更多的金钱、时间与精力去深造，才能有更高的主动性、积极性去工作。高校毕业生是具有高人力资本含量与创新性的劳动群体，要实现社会经济的高质量发展就必须首先提升高校毕业生的就业质量。

4. 高质量就业有利于和谐社会的构建

"带领人民创造美好生活，是我们党始终不渝的奋斗目标。"人们生活美好幸福，社会必然和谐稳定。在现代社会，要创造广大劳动者的幸福生活，就必须提高人们的就业质量：一方面这是劳动者获取生活资料或谋生的手段；另一方面也是获得身份认同、社会地位与个人发展的重要途径。所以工作或就业质量是人们幸福感的重要来源与基础：高质量就业能够提高生活幸福感；低质量就业则会降低幸福感；劣就业质量的幸福感甚至不如失业者，正所谓"拥有一个坏苹果可能还不如没有苹果"。提高人们的就业质量与幸福水平就是要从根本上构建长期的更高层次的和谐社会。国内外、现当代的社会发展都已证明，做好高校毕业生的就业工作，实现其更高质量与更充分就业，对构建和谐社会具有特殊而又重要的意义。高校毕业生经过长时间的教育，建立了比较广泛的人际社会网络，积累了一定的社会资本；拥有较多的知识与较强的社会认知及语言表达能力；掌握当代信息传播渠道、方法与技术；受传统文化潜移默化的影响，参与政治的欲望极其强烈，对政治、政府与社会的诉求较多；受思想理论的熏陶及教育经历的洗礼，对幸福生活具有更高层次更高境界的追求。高校毕业生的就业质量过低，有可能会产生较多的意见与牢骚，若这些意见与牢骚积累并传播，可能会影响社会的和谐与稳定。所以，提升高校毕业生的就业质量可以有效地推进和谐社会的构建。

二、研究目标

（一）设计高校毕业生就业质量的指标体系

西方国家对于就业质量的问题有着较为广泛深入的研究，具有较为丰富的理论成果，如国际劳工组织的体面劳动、美国的工作生活质量或就业含金量、欧盟的工作质量和加拿大的就业补偿指数等，但这些理论是以其社会政治经济制度背景和意识形态为分析框架的。20世纪90年代，我国的就业质量研究已初露端倪。近年来，随着大学生就业难的问题日益显现，高校毕业生的就业质量问题已逐渐成为社会现实关注的焦点和理论研究的热点，在就业质量的概念层次与指标体系及其评价方法等方面已取得了一些初步的成果，但总体来看，我国的就业质量研究还处于起步阶段，其基本原理和评价方法尚未形成。借鉴发达国家的就业质量理论和实践经验，吸收与综合国内就业质量的研究成果，在我国现有政治经济制度背景和传统文化条件下，本书立足于国内经济发展和人们的生活水平，以马克思主义和中国特色社会主义理论体系为指导，根据高校毕业生就业的价值倾向与心理特点，坚持以人为本、简单易行及便于操作的原则，界定就业质量的概念；分析总结就业质量的层次；构建就业质量的指标体系；设计就业质量的评价标准和计算方法。

（二）描述高校毕业生就业质量的现状趋势

1. 设计高校毕业生就业质量调查表

根据就业质量的评价指标体系，设计高校毕业生就业质量调查表。调查对象是 2001~2019 届一般院校的本科毕业生。调查内容为毕业生第一年的工作情况，其目的是反映毕业生初次就业质量情况。调查问卷要求真实填写姓名、工作单位，以保障数据的真实性、可靠性；写明联系方式以及时间反馈，并与之核实相关信息；写清所学专业、性别等，以便对就业质量的专业、性别结构差异进行分析。

2. 高校毕业生就业质量的调查分析

汇总调查资料，根据评价标准，运用 SAS 进行数据处理，定量描述高校毕业生的就业质量变动情况，以考察我国高等教育大众化以来大学生就业质量的基本趋势。在总量分析的基础上，进行就业质量的结构分析，如大学生就业质量的专业、性别差异等，以考察我国近年来高校毕业生就业质量在专业、性别方面是否存在差异及差异程度。

3. 就业质量态势的总结与认识

运用就业质量指标系统对毕业生就业状况进行实证研究，并通过 SAS 计算：分析就业质量总体变动趋势；探索就业率与就业质量互动的矛盾关系；总结毕业生就业质量的校际差异、专业差异、性别差异与区域差异等。根据数据分析结论，结合政府有关部门的就业资料和专家的研究成果，全面总结就业质量的现状及其发展趋势。对于毕业生就业质量的现状与变动趋势，需要辩证、全面与客观地认识。首先，要认识就业质量的动态性；其次，要认识就业质量的相对性；再次，要认识世界各国高等教育大众化、普及化过程中毕业生就业质量下降的普遍性；最后，要认识到高校毕业生就业质量下降的危害性。

（三）分析高校毕业生就业质量变动的原因

高校毕业生就业质量的现状与趋势是社会多种因素综合作用的结果，它既是高等教育发展规模、专业与层次结构、教育教学质量的产物，也是社会经济发展的结果；既与文化习惯、国家制度及国家政策相联系，又反映着大学生的就业观念和心理期望。

（四）构建提高高校毕业生就业质量的对策

大学生的就业政策体系由供给、需求及其供求匹配所构成。就供给（高等教育）政策来看，其核心是提高教育教学质量、调控高等教育的发展速度与规模、调整高等教育层次结构与专业结构；就需求（大学生的社会需求）政策来看，其核心一般是扩大国民经济对大学生的吸纳力；就供求匹配政策来看，一般由以需求拉动供给、以供给创造需求的宏观总量均衡政策及其市场发育、信息对称、个人决策和法规完善的微观匹配政策所组成。同时提高政策效率尤其重要。因此，在完善大学生就业政策体系的同时，必须不断提高政策的效率。

从调查数据与文献资料出发，分析当前我国高校毕业生就业率与就业质量问题产生的具体原因，在此基础上构建提高大学生就业质量与就业率的政策体系，提出当前政府政策的重点与核心。

三、研究方法

高校毕业生的就业质量评价涉及经济学、教育学、统计学等多种学科，是一个较为复杂的问题，既不能就经济论经济，也不能就教育论教育，要从多学科、多方位进行研究探索，才可能取得较为满意的成果。因此，本书以经济学的基本方法为基础，借鉴使用教育学、统计学及社会学的有关方法，坚持定性与定量研究、调查与文献分析、比较与历史研究相统一的方法，系统地研究高校毕业生的就业质量问题。

（一）定性与定量研究的方法

1. 运用定性方法界定高校毕业生就业质量的内涵与构成

运用规范或定性的方法，以经济学、教育学、统计学和社会学等学科的相关原理为基础，分析界定高校毕业生就业质量的内涵与构成；研究概括指标设置的指导思想与原则；探索总结指标体系的具体意义与重要性排序的理论依据。

2. 运用定量方法构建高校毕业生就业质量的指标体系与评价方法

运用定量方法构建高校毕业生就业质量的评价指标体系与评价方法，其中以层次分析法为主，结合文献综述、调查研究和专家咨询等方法确定指标体系与权重系数。

（二） 实证与文献分析的方法

1. 运用问卷调查法实证描述高校毕业生就业质量的现状趋势

大学生具有较高的文化素质，为问卷调查的有效性提供了保证。根据就业质量的评价指标体系，设计主客观性相结合的高校毕业生就业质量情况调查表，对某一时段的毕业生进行抽样调查，然后汇总调查资料，根据评价标准，运用 SAS 进行数据处理，实证描述高校毕业生就业质量的现状及趋势。

2. 运用文献分析法验证总结高校毕业生就业质量的现状趋势

当前，有关大学生就业质量的研究成果正逐步增加，运用文献研究方法，查阅并收集国内高校毕业生就业质量的一系列权威数据与研究成果，对实证研究与文献数据资料及其研究成果进行分析对比、互为验证，总结出高校毕业生就业质量的现状、趋势及其表现形式。

（三） 比较与历史研究的方法

1. 运用比较研究方法比较分析高校毕业生就业质量的变动特点

运用比较研究方法，分析对比不同专业、性别就业质量的特点。运用因素分析方法对影响高校毕业生就业质量的因素，如高等教育的规模与质量、国民经济的发展速度与发展水平、社会就业文化与政府政策等进行比较分析，总结影响当前我国高校毕业生就业质量的基本原因，为制定大学生就业促进政策提供客观依据。

2. 运用历史研究方法探索分析高校毕业生就业质量的演进历程

运用历史研究并借鉴制度经济的研究方法，探寻改革开放的历史轨迹与高校毕业生就业质量演进历程的相关关系，分析总结高校毕业生就业质量的变动规律。

四、研究思路

本书研究思路如图 1-1 所示。

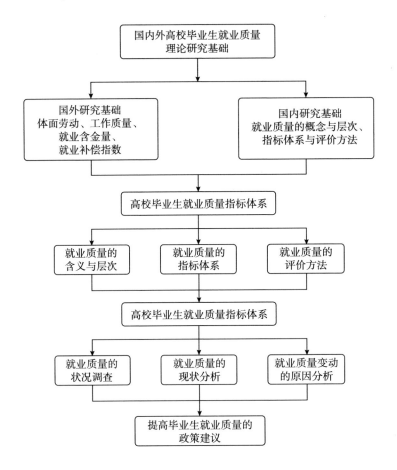

图 1-1　本书研究思路

第二章
国内外高校毕业生就业质量理论研究综述

一、国外高校毕业生就业质量理论研究综述

（一） 国际劳工组织的体面劳动

"就业质量"的概念最早是由国际劳工组织（ILO）提出或提倡的，但它具体的表述却为"核心劳工标准"或"工人的基本权利。"早在20世纪90年代初，国际劳工组织就发现，世界经济发展虽然复苏较好，但工人获得的常常是低薪的就业岗位，工作不稳定甚至是越来越不稳定，主要集中在技术水平低与劳动生产率不高的非正规部门，而且劳资关系或劳动关系也发生了很大的变化，资本的地位日益强化、不断上升，雇主在相当大程度上主宰了劳动者的就业条件与就业机会等，工人的地位不断下降，失业者的境遇艰难甚至相当悲惨。因此，在1995年的"社会发展问题世界首脑大会上"，国际劳工组织首次提出了"核心劳工标准"的概念，其目的在于采取国际公约的方式在全世界范围内保障劳工的权利。随着就业质量内涵的不断清晰、丰富与完善，国际劳工组织在1998年通过《基本劳工权利原则宣言》，将就业

质量明确为："结社自由并承认集体谈判的权力；消除一切形式的强迫劳动；有效废除童工；消除就业歧视"（国福丽，2009）。强迫劳动是以惩罚与威胁的方式，强迫劳动者从事违背本人意愿或为偿还债务而工作与服务。索马维亚（国际劳工组织总干事）于1998年在第87届国际劳工大会上提出了"体面劳动"这一概念，国际劳工组织把它具体定义为："促进男女在自由、公平、安全和具备人格尊严的条件下获得体面的、生产性的、可持续工作的机会"（国福丽，2009）。随后在国际劳工组织发布的文件中，体面劳动又被论述为质量优越的、拥有社会保护的、尊重劳动者权利的工作。国际劳工组织还把体面工作的基本概念和2000~2001年工作计划的四个战略目标相结合，这些目标是：改善劳动权利；增加就业机会；对脆弱劳动者地保护；促进社会对话。追求"体面"劳动的主要途径是促进权利、增进就业、社会对话和保护等。

评价"体面劳动"的指标体系与框架包括6个维度与11个测量属性及46个衡量指标。6个维度分别是工作机会、在自由条件下的工作、生产性的工作、工作平等、工作安全和工作尊严。前2个维度分别指工作的可获得性与可接受性，后4个维度则是说明可获得与可接受的工作中什么是体面的工作（国福丽，2009）。从6个维度出发扩展出11个可测量属性，即就业机会；不可接受的工作；足够的收入和生产性的工作；合理的工作时间；工作的稳定性；工作与家庭生活；社会公平待遇；劳动安全；社会保障；社会对话和劳动关系；生活与社会因素（国福丽，2009）。以11个测量属性为依据，进而设计出46个衡量指标（见表2-1）。

表2-1　体面劳动的11个测量属性和46个衡量指标

体面劳动的11个测量属性	体面劳动的46个衡量指标
就业机会	劳动参与率 就业人口占总人口的比例 失业率 青年失业率 时间相关的就业不足率（工作时间低于工时起增点且有能力并想要额外工时的就业者的比例） 非农就业中有酬就业的比例

体面劳动的 11 个测量属性	体面劳动的 46 个衡量指标
不可接受的工作	就业中失学儿童所占的比例（按年龄划分） 有酬就业中儿童的比例或自雇佣活动率（按年龄划分）
足够的收入和生产性的工作	收入不足的比例（收入低于 50% 中等收入或最低工资的就业人口所占百分比） 某些行业的平均收入 超时工作（工作超过工时起增点的就业者的比例，按就业形式分类） 时间相关的就业不足率 近期参与岗位培训的就业者比例（最近 12 个月内参与由雇主或政府提供或付酬的岗位培训的就业者比例）
合理的工作时间	超时工作 时间相关的就业不足率
工作的稳定性	任期短于一年（持有工作岗位少于一年的就业者比例，按年龄和就业形式分类） 临时工作（其工作被划分为临时性就业人口比例）
工作与家庭生活	有低于义务教育年龄的女性就业率（占 20~49 岁所有女性的比例） 超时工作
社会公平待遇	由于性别导致的职业隔离（在以男性为主导的职业和以女性为主导的职业中非农就业的比例和相异指数） 经营和高层管理职业中女性就业的比例（非农就业中女性就业的比例） 非农有酬就业中女性的比例 某些职业中男女工资或收入比率 其他推荐指标中男女比率或男女差异
劳动安全	导致死亡的职业事故发生率（每 10 万就业者的比率） 劳动监察（每 10 万就业者中监察者的数量） 工伤保险覆盖率（被工伤保险覆盖的就业者比率） 超时工作
社会保障	公共社会保障支出（占 GDP 的百分比，分总支出、医疗保险开支和养老保险开支） 支撑基本生活保障的公共开支 基本生活保障的受益人（占贫困人口百分比） 65 岁以上享有养老保险受益人占总人口的比例 缴纳养老保险费的经济活动人口所占的比例 月平均养老金（占中等和最低收入的百分比） 工伤保险覆盖率（被工伤保险覆盖的就业者比率）

续表

体面劳动的 11 个测量属性	体面劳动的 46 个衡量指标
社会对话和劳动关系	工会密度 集体谈判工资覆盖率 罢工和停工（每 1000 就业者）
生活与社会因素	单位就业者的产出（购买力平价水平） 单位就业者的产出增长（制造业） 通货膨胀（消费物价） 成年人口的教育（成人识字率和成人中学毕业率） 就业的经济部门构成（农业、工业、服务业） 收入不平等（收入或消费最高 10% 与最低 10% 的比率） 贫困（日收入低于 1 美元或 2 美元的人口百分比） 非正规经济就业（非农或城镇就业的百分比）

（二）美国的工作生活质量理论

美国高校毕业生就业统计机构计算毕业生就业率的公式可以概括为：就业率＝就业总人数÷（所有毕业被授予学位或证书的人数－继续接受教育者－出国者）×100%。其中，就业总人数为全职工作（平均每周工作正常时数不低于 35 小时）、兼职工作（平均每周工作正常时数低于 35 小时）以及自主创业者之和，而升学、出国以及培训不作为就业形式计入（高磊，2004）。美国高校毕业生就业率评估机构一般采取问卷调查的方式来收集毕业生就业的相关信息，虽然问卷的调查项目各异，但其采用的基本方式大体可以分为书信、在线调查或 E-mail、电话访谈三类。为了确保较高的回收率和准确率，主要采取按照一定的时间间隔通过书信多次（一般为 3 次）发放问卷的方式，辅以在线调查或者进行电话访谈调查，以广泛收集毕业生的就业信息。例如，哈佛大学教育学院就业服务办公室 2001年进行的毕业生就业状况调查分别于 7 月、10 月和 11 月三次通过书信发放问卷，广泛收集毕业生的就业信息。大部分美国高校都拥有毕业生就业状况在线调查系统，毕业生可以方便快捷地把个人就业的相关信息反馈给母校，像斯坦福大学、麻省理工学院等都有较为健全的在线调查信息反馈系统（高磊，2004）。为了使毕业生就业率调查统计保持较高的信度与效度，尽最大可能地减少统计误差，各机构在统计就业率时注重克服就业统计的时间局限性，一般将调查对象确定为毕业即时就业状况、毕业后3个月、6个月、9个月、1年乃至4年的就业情况，注重毕业生离校后的跟踪调查与信息反馈。其中比较普遍采用的是计算毕业后6个月和9个月的就业率。杜克大学法律学院、印第安纳大学、威斯康星技术学院、麦迪逊地区工学院等在统计毕业生就业率时将毕业生毕业6个月后的就业情况作为调查对象。《美国新闻与世界报道》在全美法律学院排行中将毕业即时就业率和毕业9个月后就业率作为主要评价指标之一。威斯康星大学麦迪逊商学院在2001~2002年度毕业生就业报告中按照毕业时、毕业3个月和3个月后三个维度统计毕业生的就业率（高磊，2004）。此外，为了能全面地反映整个美国高校的发展情况，美国教育部每隔一定时间会开展全国范围的调查，这种调查具有时间跨度大、调查范围广、调查统计指标多样等特点，如国家教育统计中心开展的一些教育纵向研究，都是将毕业生毕业1~4年的就业状况作为调查研究对象（高磊，2004）。从就业率数据来看，美国大学生的就业率较低。

美国大学生就业率的统计通常是"政府专职部门、职业界（包括营利性和非营利性的社会组织）和高等院校三者承担。其中，社会组织和高等院校自身的调查统计相对较为普遍（张剑，2005）。美国对高校就业率统计评估的全国性机构主要有劳动统计局（BLS）、国家教育统计中心（NCES）、卡内基高等教育委员会（CHEC）等。劳动统计局是全国就业率统计的权威性机构，但单独针对高等院校的统计很少，一般情况下，大学生被作为劳动力结构的一部分而进行统计。国家教育统计中心是美国教育部对全国教育事业发展各项指标统计评估的权威性机构，高校毕业生的就业状况（主要包括就业率等）也是其中的一个重要方面。职业界很多是通过行业协会对高校毕业生的就业状况进行调查统计，如大学和雇主协会（NACE）、新闻与大众传媒教育协会、新闻与大众传媒院校联合会、新闻与大众传媒教育协会促进委员会等，并由行业内部或行业团体组织对高校毕业生就业率进行统计排名，而且加强行业（专业）就业率的质的评估是美国职业界对高校毕业生就业率统计评估的重要导向。美国的非政府组织和行业协会在学生就业中发挥了重要作用，截至 2022 年，美国大学和雇主协会（NACE）已拥有 1800 多家高校和近 2000 家用人单位会员，每年为 100 多万大学生提供就业服务。该协会作为用人单位和学生的桥梁不仅促成了学生就业，还每年出版定期刊物，对就业市场现状与市场需求、发展趋势以及求职和招聘过程中遇到的法律问题等进行调查分析。其中最有名的是《择业》杂志，许多学校把它列为学生就业的指导用书。美国高等学校一般都有自己的就业指导机构，名称跟我国大致相同，通常称为就业服务中心（CSC）或就业服务办公室（CSO）。这些机构每年都会对自己学校毕业生的就业状况作详细的调查研究，并形成一整套适合自己的统计方法和评估体系（张剑，2005）。

20 世纪六七十年代初，在日益富裕的美国社会中，人们越来越关注就业对员工福祉与健康的影响及对工作的满意程度。为此，联邦政府成立了联邦生产力委员会，并进行了一系列工作生活质量的有关实验，开始研究工作与工作经历对雇员个人生活造成的影响。关于工作生活质量内容的理解和阐释大致可分为以下几个阶段：1959～1972 年，许多研究者都将工作生活质量看作一个变量，是个人对工作的反映或个人工作经验的后果，强调工作对个人的影响。1969～1974 年，许多目的在于获得劳资通力合作以促进工作生活质量的项目开始启动。由于这些项目和随之而来的宣传，工作生活质量变成了某种意义的同义词，于是，第二种定义作为一种途径的工作生活质量便产生了。像最早的定义一样，这一定义的重点仍然是个人而不是组织。但工作生活质量倾向于被看作劳资合作的企业项目的成果。同一时期，一些使用不同的组织创新方法的企业实验将研究的注意力转到改变工作场所以及工作场所对个人的影响方面上来，这些试验导致了第三个定义——作为方法的工作生活质量的出现。该定义将工作生活质量理解为使工作环境更加具有生产性和更令人满意的一系列创新的方法或技术，是自治工作组或工作丰富化等概念的同义词。70 年代中后期，由于受到通货膨胀和能源成本等问题的冲击，人们的注意力普遍转移，对工作生活质量的关注进入了相对低迷期。一些考虑到要维持已有的工作生活质量活动的人们决定成立一个联盟，以便支持和推进工作生活质量活动的继续，他们召开研究会议，组织企业内部实验，推广工作生活质量项目经验。在这些活动中产生了工作生活质量的第四种定义，作为一种运动的工作生活质量。从这个角度出发，工作生活质量被更多地看作关于工作的性质和雇员与组织之间关系的思想上的阐述，参与管理和工业民主等词汇被经常地援引为工作生活质量运动的理想。进入 80 年代，在许多参与国际竞争的大企业中，工作生活质量被盲目地由上而下地层层追讨，从董事长到基层员工，都将获得和改进工作生活质量作为他们的努力目标。然而到底什么是工作生活质量却又没有一个人能说清楚。在这种情况下，所有与组织发展或组织有效性有关的努力都成了工作生活质量的组成部分，工作生活质量的概念被无限扩大，这就产生了第五个定义：工作生活质量等于一切。此时，工作生活质量被看成是一个无所不能的全球概念，经常被奉为对付外国竞争、员工抱怨、低生产率以及其他问题的"灵丹妙药"。由于"工作生活质量等于一切"的定义所创造的种种期望和承诺是根本无法实现的，对其持怀疑态度的人很容易找到抨击它的强劲理由，支持的人也难免对其信心不足以致失望沮丧，这种趋势如果延续下去，在不久的将来可能会出现第六种定义：工作生活质量等于零。在许多组织里工作生活质量将成为一种禁语，完全丧失其立足之地，这是非常令人担忧的（国福丽，2009）。尽管对于工作生活质量的概念及内含存在着争论，而且有愈演愈烈之势，但对理论与现实的影响却不能低估。20 世纪 70 年代后，美国政府、社会机构与很多高校已经开始把毕业生的就业质量引入就业统计中。

　　为了充分全面地认识大学生的综合就业情况，除统计就业率外，美国还统计毕业生的薪水、全兼职率、工作满意程度、工作性质、工作条件、工作稳定性、工作地点、工作与所学专业是否一致以及工作原因等指标（高磊，2004），以反映毕业生的就业质量情况，并为指导毕业生就业提供参考。美国对高校毕业生就业质量进行的统计与研究可分为两种情况：一是就业率包括了就业质量；二是把就业质量作为附加指标进行统计。

　　哈佛大学教育学院就业指导办公室于 2001 年进行的毕业生就业状况调查中，在统计毕业生就业率的同时还统计了毕业生寻找工作的方法、薪水、工作单位的性质、工作领域等指标。蒙大纳大学工学院在 2002 年毕业生的统计中，将所有的毕业生分为 6 种类型：与学位相关的就业、专业性就业（工作需要相应的大学学历）、学历范围外的就业、继续接受教育、参军以及暂时未找到工作。北爱达荷学院在 2001~2002 年度毕业生的报告中，将毕业生定义为完成教学培养计划，申请毕业并被授学位或证书者。报告将毕业生分为 5 种类型：与所受教育专业有关的就业、与所受教育无关的就业、继续接受教育、失业正在找工作以及未知情况。芝加哥大学商学院 2001~2002 年度毕业生就业报告中，除统计就业率外，还主要统计了毕业生的工作薪水、工作性质、工作区域、找工作的途径等（高磊，2004）。

　　国家教育统计中心在一项名为"从学士到就业"的研究调查中，关于就业率的附加指标横向上主要有工作稳定性（包括毕业后工作变更次数、失业比例以及工作的平均时间等）、工作收益（主要包括工作的薪金福利）和工作满意度（包括工作安全性、晋升机会、同事及工作条件）等；纵向上主要分专业、性别、年龄、婚姻状况等进行统计。杜克大学法学院也把工作地区分布、工作性质作为附加指标进行统计。威斯康星大学、麦迪逊商学院 2001~2002 年度毕业生就业报告中，横向维度上统计了毕业生找工作的途径、薪水、奖金等指标；纵向维度上按照专业、工作职能领域、工作性质、地区、工龄等指标展开调查统计（高磊，2004）（见表 2-2）。

表 2-2　美国高校毕业生就业质量评价指标体系

一级评估指标	二级评估指标
专业性就业、专业密切相关和非专业相关领域	
全职就业率	全职就业率（与专业密切相关）、全职就业率（与专业相关领域）
工作稳定性	工作的次数、工作的平均月数、毕业后失业的比例
工作收益	全职工作的薪水、奖金福利及其他可以保证的附加福利

续表

一级评估指标	二级评估指标
专业性就业、专业密切相关和非专业相关领域	
薪水	最高薪水、最低薪水、中值薪水、起始薪水、薪水浮动范围
工作满意程度	薪水、工作安全性、挑战、晋升机会、附加福利、同事、工作条件
工作单位性质、工作区域	私人公司、政府及公共部门、教育部门等

（三）欧盟国家的工作质量理论

工作质量是欧盟所提倡和追求的理念。20 世纪 90 年代后期，欧洲经济环境的变化和招聘困难使人们的注意力集中到工作质量领域。欧盟委员会指出，相对较高的失业率和招聘困难的持续共存将是未来时期的主要特征。而劳动供给的增加更容易通过提高工作的吸引力来实现，即改善工作质量。因此，自 2000 年以来，欧盟委员会一直致力于推广工作质量的概念，将其作为实现"全球最具竞争力的知识经济实体"这一发展目标的重要途径。2001 年 6 月，欧盟理事会发表了题为《就业与社会政策：一个投资于质量的框架》的通讯，赋予了工作质量广泛的内涵，于同年 12 月制定并公布了一系列测量工作质量的指标（国福丽，2009）。2001 年，斯德哥尔摩会议决定构建一套就业质量指标体系，提交给 2001 年 12 月在比利时拉肯（Laeken）召开的欧洲议会全体会议。欧盟对就业质量反思的结果，从两个大的维度对就业质量进行定义，即就业本身的特点及工作和更广泛的劳动力市场环境。前一维度包括内在的就业质量、终身学习和职业发展 2 个指标；后一维度包括性别平等、健康与安全、灵活性和安全性、包容性和进入劳动力市场、工作组织和工作与生活的平衡、社会对话和工人参与、多样性和非歧视性、整体经济表现和生产力 8 个指标（翁仁木，2016）。

2003 年，在欧洲就业战略出台 5 年后，为实现欧洲就业战略与广泛经济政策指导方针的紧密融合，欧盟委员会宣布了新欧洲就业战略（2003～

2010 年)，改善工作质量成为新欧洲就业战略设立的三个主要目标之一。工作质量，意味着不仅关注和考虑有酬就业的存在，而且关注有酬就业的特点。工作质量是一个相对、多维的概念。在广义上，它涉及：①与就业相联系的客观特征：工作本身和工作场所的具体特征；②就业岗位上人的特点：由就业者带给工作的特征；③就业岗位上人的特点和工作要求的匹配；④就业者对上述特征的主观评价（工作满意度）。因此，工作质量既包含单项工作的特征，也包含更广泛的工作环境的特征，包含劳动力市场如何作为一个整体来发挥作用，特别是工作之间的流动、进入和退出劳动力市场。由于工作质量的相对、多维的性质，它不可能仅有单一的衡量标准或指数。大多数研究者建议并采用了工作质量的多种关键维度，这些维度通常包括工作的具体特征（如工资、工时、技能要求、工作内容）和更广泛的工作环境的各个方面（如工作条件、培训、职业前景、医疗保险等）（国福丽，2009）（见表 2-3）。

表 2-3　工作质量的维度和指标

工作质量的维度	建议指标
内在工作质量	劳动者的工作满意度（考虑工作性质、合同类型、工时以及与单位要求有关的任职资格水平） 经过一段时间获得更高收入就业的劳动者的比例 低工资获得者、工作贫困和收入分配
技能、终身学习和职业发展	具有中等和高等教育水平的劳动者的比例 接受培训或其他形式的终身教育的劳动者的比例 具有基本或较高水平的数字扫盲的劳动者的比例
性别平等	男女报酬差距（按部门、职业或年龄） 性别隔离：在不同的职业或部门里女性和男性拥挤或缺乏替代性的程度 在职业或部门范围内具有不同水平责任感的女性和男性的比（考虑年龄或受教育程度等因素）
健康和工作安全	工伤事故的综合指标（包含成本） 职业病发生率 与工作相关的压力水平和其他困难

工作质量的维度	建议指标
灵活性和安全性	具有灵活工作安排的劳动者的比例 由于裁员而失去工作岗位的劳动者的比例以及在一个给定期限内实现其他就业的劳动者的比例
劳动力市场进入和包容性	年轻人积极生活的有效转移 就业和长期失业率（按年龄、教育水平和地区） 部门和职业之间的劳动力市场瓶颈和流动性
工作组织和工作— 生活平衡	具有灵活工作安排的劳动者的比例 产假和育儿假的机会以及实际休假率 学前和小学年龄组儿童保育设施的覆盖范围
社会对话和员工参与	集体协商的覆盖面和拥有员工代表的工作委员会的企业数量 对所在企业的财政状况感兴趣或参与企业财政问题的雇员比 由于劳资纠纷导致的工作时间损失
多样性和非歧视	老年劳动力相对于平均水平的就业率和报酬差距 残疾人和少数民族劳动力相对于平均水平的就业率和报酬差 劳动力市场申诉程序存在和获得成功结果的信息
整体经济表现和生产率	平均每个劳动者的小时生产率 平均每个劳动者的年产出 人口平均年生活标准（考虑就业率和抚养比）

2008 年，欧洲工会联合会研究所构建了欧洲就业质量指数（European Job Quality Index，EJQI）。欧洲工会联合会是在欧盟层面的工人层面上最重要的代表机构，在欧盟劳工政策制定领域发挥着重要作用。它由 6 个一级指标构成，一级指标下面再设置 2~4 个二级指标（翁仁木，2016）。

作为雇主联合体，欧洲雇主组织（Business Europe）建议就业质量应当关注以下方面：工作场所致命和严重事故的数量；职业病的比率；由于伤病导致的工作天数损失；劳动生产率；在工作人口中，高中低教育程度的各自比重；在工作人口中，信息和通信技术水平高中低各自比重；寻找第一份工作或新工作的平均时间；按性别、年龄和教育程度分，就业率和失业率状况；劳动年龄人口中的创业比重（翁仁木，2016）。

（四）加拿大的就业质量指数

为了考察经济中新创造岗位的质量，加拿大帝国商业银行（CIBC）经济委员会开发了就业质量指数（Employment Quality Index，EQI）。EQI 包含相对就业补偿指数、就业稳定性指数和全职等量就业比重三个分指标（指数）。相对就业补偿指数用来衡量经济中不同部门的薪金差别，其具体取值等于给定行业的净就业变化和各自行业的补偿得分的乘积，其中补偿得分是指某一行业平均周工资占整个经济平均周工资的比重。如果就业补偿指数下降，说明新创造就业多数是低报酬的。就业稳定性指数用来衡量保持工作 6 个月以上的可能性，其具体取值等于给定职业的净就业变化和各自职业的稳定得分的乘积，其中稳定得分是指某一职业中就业 6 个月至 12 个月的劳动者（给定时间点 t 考察）的数量与该职业中就业仅为 6 个月或 6 个月以下的劳动者（在时间点 t-6 考察）的数量的比率。如果就业稳定性指数下降，则说明新创造就业多数是缺乏就业稳定性的。全职等量就业比重是指劳动力市场中全职就业占就业总量的比重，其具体取值于兼职和全职就业增长与各自得分的乘积，其中全职得分为 1，兼职得分为 0.5，即两个兼职就业相当于一个全职就业（国福丽，2009）。

雇佣质量指标体系（QEI）由加拿大学者 Richard Brisbois 提出，主要为了填补加拿大本国在就业质量衡量方面的空白，它利用第三方数据来源进行计算（如加拿大统计局），其主要特点是有较好的理论基础。该指标体系由 5 个维度构成，即健康和福利；技能开发；职业和雇佣稳定；工作和生活的平衡；对工作条件的满意度。指标体系是以劳动者为本，包含 11 个指标，既有客观指标也有主观指标（翁仁木，2016）。

就业质量指标体系（IJQ）由加拿大两位有工会背景的经济学家 Andrew Jackson 和 Pradeep Kumar 提出，主要用于评估加拿大不同时期就业质量的变化情况，因此设定了一个基准年，所有指标取值都是 100。指标体系共有 7 个维度，即报酬；社会待遇；对工作时间满意度；工作计划；工作稳定性；工作物理环境；工作社会环境及 27 个具体指标（翁仁木，2016）。

加拿大国家统计局、联邦政府人力资源发展局等机构与社会组织，对大学生就业率进行定期统计并向社会发布，各高等学校也通过学校的就业机构或就业指导中心进行统计。加拿大对高校毕业生就业的统计有明显的特点：一是纳入劳动就业社会保障体系；二是拥有较为科学的管理制度与机制，其统计方法具有既简便又真实的特点；三是高校毕业生的升学不计入就业率；四是政府十分重视通过就业率及其含金量的杠杆推动学校提高教育质量，刺激学校重视就业指导与就业服务工作。加拿大政府人力资源部按就业率高低、就业含金量的多少把高校分为好、中、差三个档次，拿出每年给学校拨款总数的 1/10，奖励就业率、就业含金量高的学校，其中就业率、就业质量最好的（前 1/3）学校获奖励总额的 2/3；中等（中 1/3）的学校可以获总奖励总额的 1/3，最差的（后 1/3）学校没有奖励。

（五）日本的就业质量理论

日本的高校教育与就业工作由不同的机构负责，高等教育事业由日本文部科学省负责，而高校毕业生的就业工作主要由社会保障的厚生劳动省负责，每年 5 月，文部科学省和厚生劳动省都会联合公布当年毕业的日本大学生的就业情况。日本文部科学省发布的学校基本调查的就业率是指全部毕业生中成功就职的学生所占比重。而文部科学省和厚生劳动省每年 5 月发布的大学生就业率是指在希望参加工作的毕业生中实际成功就职的学生所占比重。除大学生就业率，日本的大学生就业统计还包括大学生就业内定率、希望就业率。其中大学生就业内定率是指毕业前已与用人单位达成就业协议的应届毕业生在同年希望就业的应届毕业生中所占的比例，这一数据与我国统计的大学生签约率类似。希望就业率是指在所有应届毕业生中希望直接就业的学生所占的比例。在日本，"内定"尤为重要，它是每年日本公司招聘和学生求职的主要渠道，一般情况下，就业内定率增加，同期的大学生就业率会随之上涨（陈鹏，2018）。

2008~2010 年，由于世界金融危机的强烈冲击，日本大学生的就业情况受到严重影响，春季毕业的大学生就业内定率显著下降，2010 年大学生就业内定率只有 57.6%，达到近十年来的最低水平。同时，大学生就业率随之降低，从 2008 年黄金时期的 96.9% 下降至 2011 年的 91.0%。随后日本政府推出一系列促进就业的措施，2011年以后，日本大学生的就业情况得到了显著改善，内定率明显上升。2016年春季就业内定率达到85.8%，逼近金融危机前的同期水平，大学生就业率连续6年上升，2017年日本春季毕业的大学生就业率已达97.6%的水平，创下历史最高纪录。不但要关注日本大学生就业内定率和就业率，日本大学生的希望就业率也同样重要，很多高校毕业生会在经济形势不好时选择继续深造、结婚生子等方式推迟工作。2008～2011年，在国际金融危机影响逐渐加深的时期，日本高校毕业生的希望就业率逐年走低，2011年仅为66.5%，也就是说多达33.5%的应届毕业生选择推迟工作或者不工作。而随着国内经济的复苏和政府就业政策的刺激，2011～2017年希望就业率不断增加，2017年的希望就业率反弹至74.7%，为近十年来的最高水平，这也间接反映了不同经济形势下大学毕业生就业心理和就业行为的转变（陈鹏，2018）。

当前，日本已逐步形成了以政府为主导、高校就业指导部门为中心、企业为用人主体、民间团体深度介入等社会多方面支持、学生积极参与的促进就业模式。日本政府主要从两方面促进大学生就业：一是通过宏观经济政策刺激国内经济增长，提供就业机会；二是与高校对接，注重大学生就业能力的提升，让毕业生有能力抓住工作机会。面对毕业生严峻的就业形势，日本高校不得不将学生就业作为学校重要任务加以重视。2011年，就业指导被写入了日本大学设置基准，从此就业指导成为高校教育不可或缺的重要部分，高校内部的就业指导部门不只是行政机构，还承担着开展学生就业指导和就业咨询的重要功能，帮助大学生加强就业意识，提高就业能力，为学生的顺利就业打下坚实的基础。日本用人单位在招录高校毕业生方面有比较独到的地方，以"内定"的形式录用大学毕业生是日本企业的传统，"内定"的做法对用人一方有较强的约束力，增强了大学生就业的稳定性。日本用人单位和高校的联系更为紧密。第一，加强与高校就业部门之间的信息沟通，及时将自己企业的用人需求反馈到高校，使得高校能够与时俱进地进行课程改革，培养社会所需人才。第二，很多单位积极参与高校的就业体验活动，与高校合作建立实践基地，为学生提供多种类型的实习机会，帮助学生提前了解职场，积累一定的就业经验。第三，用人单位按照政府法律法规规范地进行招聘工作，采用公正、公平的方式进行人才的招聘、录用和考核，不私自取消"内定"，保障大学生基本的就业权利（陈鹏，2018）。

通过上述关于高校毕业生就业质量统计与评价理论的梳理和实践历程的回顾，可以明显看到，发达国家的大学生就业率与就业质量的统计与评价具有以下三个特点：首先，评价主体多元化。一般由政府、高校与社会组织构成，美国就是典型的代表。其次，不同的统计主体有不同的统计内容。政府专门部门统计与评价的内容主要是大学生的就业过程、求职的情况、职业的发展、职业培训情况、薪酬福利水平等。社会组织统计与评价的内容主要是相同专业不同学校之间的就业率、岗位层次和专业对口率、工资水平与跳槽率等。毕业生自我评价的内容主要是工作获得途径、工作的性质与职业稳定性及其工作满意度等。最后，发达国家的大学生就业率、就业质量的统计评价是以其价值观与经济政治制度为基础的，因此我们只能借鉴而不能照搬。

二、国内高校毕业生就业质量理论研究综述

20 世纪 90 年代，我国就业质量的理论研究已初露端倪。近十几年来，就业质量的理论研究逐步兴起并取得了一些成果。

（一）有关就业质量概念的研究与表述

关于就业质量的概念我国还存在较大的争论，通过文献搜索和梳理分析，可以概括为窄派论（狭义）、宽派论（广义）与中派论三种观点。

1. 就业质量概念的窄派论

刘素华（2005）是窄派论的代表，对就业的含义有较多的分析，把就业质量仅限制在生产过程或岗位质量。她指出，"质量"一词在《辞海》中有两层含义：一是指产品或工作的优劣程度；二是指量度物体惯性大小和引力作用的物理量。就业质量中的"质量"当属前者。就业就是劳动者与生产资料相结合，从事社会劳动并取得报酬或经营收入的经济活动，它包括就业数量与质量两个方面。有多少劳动者能够与生产资料相结合并获得相应的收入，反映的是就业的数量；而劳动者与生产资料相结合的好坏，如工作环境、工作的稳定性以及收入报酬的高低等，都体现或反映就业质量。所以，就业质量是反映整个就业过程中劳动者与生产资料相结合并取得收入的具体状况之优劣程度的综合性范畴。秦建国（2007）也是窄派论的代表，他指出就业质量是大学生所获得的工作状况及固有特征满足其要求的程度。

倪伟和詹奉（2012）认为，就业就是指具有劳动能力且有劳动愿望的人参加社会劳动，并获得相应的劳动报酬或经营收入。质量有一种定义为产品或者工作的优劣程度，那么高校就业质量就可以从毕业生整体和毕业生个体来考虑。

吴东红和刘北（2016）认为，就业质量的内涵可以拆分为就业和质量两部分。就业，顾名思义，就是在一定的物质生产条件下，从事有劳动报酬的社会经济活动或者有一定经营收入的经济活动。就业是生产资料与劳动力结合的产物。通过就业，人们能够满足物质文化需求，提高生活质量，实现自我社会价值选择。它也是自我认同和价值实现的重要方法。就业不仅仅满足个人的发展，还能够获得社会的认可，实现精神层面的满足。而质量是固有特性满足要求的程度。

综合就业与质量的内涵，我们不难得出结论，就业质量就是在一定的物质条件下，人们通过劳动力与生产资料的结合，实现自身价值追求所从事行业工作的优劣程度以及生产资料的合理分配程度。宗胜旺和石云生（2019）基于过程动机理论，认为围绕大学生职业发展的中心，将大学生就业质量评价分为职业生涯开端、职业适应与发展两个部分开展评价更加契合大学生职业生涯发展的实际，更能够反映出绩优员工的内在品质与成长模式，对于高校人才培养、教育教学、就业创业工作有着极强的指导意义。

2. 就业质量概念的宽派论

宽派论者以钱建国、宋朝阳、程蹊、尹宁波、张瑶祥与曾向昌等为代表，他们认为就业质量除岗位质量外，还应包括人力资源的综合配置效率与劳动就业对经济生活的影响程度。钱建国和宋朝阳（2006）认为，就业质量不仅包括就业地域、待遇及工资水平、工作单位层次等方面，虽然这是就业质量的重要表现，更为关键的问题是要看能否实现人力资源的综合配置，能否使人力资源的效益得到最大的发挥，是否具有广阔的发展前景。程蹊和尹宁波（2003）认为，就业质量的层次可从三方面来界定：一是基于就业环境方面界定，包括工作场所的安全卫生与否、劳动报酬的可获得性和对等性、工作的稳定性和个人的发展前景；二是从就业者的生产效率方面界定，通常用人力资本来反映劳动者的综合素质，以此来反映有效的劳动就业，进而度量就业质量；三是从劳动就业对经济生活的影响程度来界定，着眼点是劳动者与经济增长的关系。周平（2005）指出，体现就业质量有三个指标：一是就业人员的质量，即什么样的就业素质，如文化、年龄、技能、资历等；二是就业岗位质量，即什么样的就业岗位；三是就业工作质量，即什么样的服务水平、工作水平等。廖志成（2005）认为，大学生就业质量是指毕业生就业状况的优劣程度。周平（2005）认为，就业质量可以理解为失业者或求职者在较短的时间内获得就业岗位或合适、较合适就业岗位的状态。这个状态一方面反映在政府促进和市场引导下社会充分就业或较充分就业的水平；另一方面反映就业促进社会经济发展的作用。

张瑶祥（2010）认为，广义的大学生就业质量是指高等教育利益相关者（需求主体）对高等教育价值实现程度的反映的总和，它取决于教育需求主体对高等教育服务质量的预期同实际所感知的高等教育教学水平的对比。这种感知和对比是通过大学生的就业活动来反映的，它包括学生对教育产品消费效果（就业）的满意度，即毕业生从事的工作与其接受的教育程度、所学专业、就读院校的培养目标以及毕业生就业意愿的符合程度；用人单位（雇主）对学生（产品）消费的满意度；政府对高校培养为社会经济发展有贡献的人才满意度。张瑶祥（2010）还认为，要正确认识大学生就业质量的概念还必须把握以下一些特征：第一，高校毕业生就业质和量的辩证性。就业活动包括数量和质量两个方面。大多数人认为，目前的高校毕业生就业率反映的仅仅是就业的量，不能反映出就业的质。也有人认为，当前大学生面临"就业难"的问题，要多考虑数量问题，即充分就业，不应过多地强调质量问题。其实，这两种观点都是片面的。那种不能反映就业质的就业率，是由于片面追求就业率以及就业率统计工作不规范造成的。唯物辩证法告诉我们，量变是质变的基础，没有数量就没有质量。就业数量与就业质量之间的关系是相互制约、相互影响的关系。数据可靠的真实就业率是就业质量的基础，它不仅反映就业的量，在一定程度上也体现了就业的质。第二，大学生就业质量的相对性。不同的顾客往往会对同一产品的功能提出不同的需求。需求不同，质量要求也就不同，只有满足需求的产品才会被认为是质量好的产品。另外，质量的优劣是满足要求程度的一种体现，它须在同一等级基础上做比较，不能与等级混淆（等级是指对功能用途相同但质量要求不同的产品、过程或体系所做的分类或分级）。第三，大学生就业质量的多样性。由于不同层次、不同类型高校的办学条件不同、办学定位各异，不能用一个固定的指标来要求所有的高校。所谓大学生就业质量的多样性，即指不同类型的高校毕业生应该有不同的就业质量标准，而不是所有的院校都按照一个标准来衡量。第四，大学生就业质量的动态性。适应经济和社会发展的需求是举办教育的根本之所在，由于社会经济发展的不同阶段对人才需求具有不同的特点，因此，评价大学生就业质量的标准也要随社会经济发展的变化而变化。只有符合社会主义经济发展水平或阶段的就业质量，才具有重要的理论和现实意义。第五，大学生就业质量的经济性。通常所说的价廉物美，实际上是反映人们的价值取向，物有所值，就是表明质量具有经济性。目前普遍存在的高校毕业生平均起薪研究生高于本科生、本科生高于专科生（高职生）的现象也是符合大学生就业质量经济性的特征的。

曾向昌（2011）认为，就业质量是毕业生从事的工作与其接受的教育程度、所学专业、就读院校的培养目标以及就业意愿的符合程度。毕业生有就业质量的工作可表述为：毕业生即将从事的工作与其接受的教育程度、专业和所就读院校的培养目标相适应，且符合其就业意愿。

王艳伟和李永能（2015）认为，一是高校毕业生就业质量是无法用绝对的指标直接考核的，只能借鉴相对的指标体系进行评价；二是高校毕业生就业质量是含有很多主观因素在内的概念，就业质量高低的评价只能通过就业质量的利益相关方主观的判断综合得出；三是由于高校毕业生就业质量涉及的利益相关方较多，如毕业生、用人单位、家庭、高校、政府、社会等，所以高校毕业生就业质量是一个多元的概念；四是高校毕业生就业质量是随着时间、环境、社会的变化不断发生变化的，也会随时间、单位、毕业生的变化而变化。因此，高校毕业生就业质量是反映高校毕业生、用人单位、家庭、高校、政府、社会等诸多利益相关方主客观满意度的、随着时间不断发生变化的、衡量高校毕业生就业水平的一个指标。

3. 就业质量概念的中派论

中派论者以毕京福和杨春为代表，他们的观点介于广义与狭义之间，把就业过程纳入就业质量的内含。毕京福等（2006）认为，就业质量是内涵非常丰富的概念，借鉴国外相关理论研究成果和实际经验，根据我国的特点，就业质量是失业者和各类求职者在较短的时间内找到合适的工作岗位，其职业应该获得稳定合法的保障权利。杨春（2004）指出，就业质量应该是毕业生的就业能力、就业单位层次和就业竞争力的综合体现。

张淼（2017）将就业质量的概念界定为，劳动者在就业过程中取得物质、非物质报酬的同时，为组织目标的实现做出贡献和实现自身职业价值的程度。相应的，大学生就业质量的概念被界定为：大学毕业生在就业过程中取得物质、非物质报酬的同时，为其就业单位的组织目标的实现做出贡献和实现大学生自身职业价值的程度。

（二）就业质量指标体系的探索

与就业质量概念理解相适应，就业质量的层次或指标的设计也可以概括为窄派论（狭义）、宽派论（广义）和中派论三种观点。

1. 狭义的就业质量层次论

刘素华（2005）认为，要客观地对就业质量进行评价，一方面要借鉴国外的研究成果与经验；另一方面要以国情为基础，以现行的劳动法律、法规和政策为指导，立足于现阶段经济发展水平和就业工作实际。在此基础上，还要注意以下原则：以就业质量的内容为确定评价要求的基本依据，评价指标尽可能全面、科学地反映就业质量的内容；突出主要矛盾，也就是说要分清主次，权重要分配得当；简单易行、便于操作。根据以上原则，就业质量的评价体系应包括以下内容：①工作性质，主要指是否自愿自由择业；②聘用条件，包括工作时间、劳动报酬、工作稳定性、职工培训等；③工作环境，包括物理环境、安全环境和心理环境三个因素；④劳动关系，又可分为劳动合同、民主管理、工会组织、平等协商和社会对话五个方面；⑤社会保障，可分为养老保险、医疗保险、工伤保险、失业保险和生育保险五个方面。

李军峰（2003）认为，在我国当前的情况下，就业质量的内容应包括以下九个方面：①工作性质，即工作是否为强迫性的，这种强迫性包括隐性和显性两种；②工作条件，包括工资、工作时间、工作强度；③安全，包括工作稳定性和工作场所、环境、条件的安全；④个人尊重，即工作和生活中是否得到顾主、同事和周围人的尊重，正当权利是否被损害，是否受到歧视或不公正待遇；⑤健康与福利，包括工作环境对健康是否有害，是否享受应该享有的福利；⑥是否享受社会保障；⑦培训与职业生涯发展前景是否有进一步发展的可能；⑧劳资关系，即劳资双方是否平等，能否在平等的基础上协商有关事宜，劳工是否有渠道表达自己的意见，是否能参与有关问题的决策；⑨机会平等。

李晓梅（2004）在设计毕业生就业质量时提出了毕业生社会评价思

想，指出高校对毕业生走向社会的表现评价可包括以下几个指标：①就业率。就是指当年度毕业生与用人单位签约数量与毕业生总量之比。②平均起薪。在国外，平均起薪是衡量毕业生质量的常用指标。可以从毕业生与用人单位所签合同上体现，平均起薪的高低直接反映了各高校毕业生在社会上的竞争力。当然，不同专业的毕业生平均起薪有所不同。运用平均起薪这个指标，不仅在一定程度上反映社会对各高校毕业生的认可度，而且能体现社会对不同专业人才的需求度。③供需比。是社会用人单位对一个学校毕业生的需求总数与毕业生总数的比率。它可以反映用人单位对该校毕业生的认可程度。例如，复旦大学 2001 年本科毕业生的供需比达到了1∶16，研究生的供需比高达 1∶27，反映了复旦大学毕业生在社会上的良好声誉。④其他指标。如社会贡献度、社会声誉、用人单位满意度等。

丁先存和郑飞鸿（2017）通过对 338 家用人单位调查分析，提出了高校毕业生社会的评价体系：本科毕业生质量社会评价指标体系分为能力和素质两大板块。能力包括工作技能、实践能力、协调能力、发展能力四大方面。其中工作技能包括专业技能和通用技能，实践能力包括动手能力和执行能力，协调能力包括组织管理和人际沟通，发展能力包括创新能力、学习能力和成长速度。素质包括知识素质、思想素质、心理素质、人文素质四大方面。其中知识素质包括专业知识和基础知识，思想素质包括敬业精神、忠诚度、责任心、组织纪律和道德品质，心理素质包括适应能力、团队意识、抗挫折能力，人文素质包括人文关怀。

李亚琴等（2019）把创业加入就业质量评价指标体系，确定了五个一级指标，分别是就业能力（实践能力、学习能力、求职能力），工资和劳动关系（就业工资、劳动时间、劳资关系、社会保障），发展平台（岗位匹配率、晋升机制、企业规模、海外培训），就业适配性（发展前景、工作稳定性、个人满意率、职业期待吻合度），创新创业规模（创业企业的规模、创业领域与专业相关度、创业优惠政策、创业动机与类型、对当地经济和税收的贡献）。

2. 广义的就业质量层次论

程蹊和尹宁波（2003）认为，就业质量应包括三个层次：①基于就业环境方面界定就业质量，包括工作场地的安全、卫生与否、劳动报酬的可获得性和对等性，工作的稳定性和个人的发展前景。②从就业者的生产效率方面界定就业质量，通常用人力资本来反映劳动者的综合素质，进而反映有效的劳动就业，进而度量就业质量。假定劳动生产率与人力资本成正比，人力资本高，劳动生产率就高，反而劳动生产率就低。而衡量人力资本有用的指标是劳动者接受的正规教育与学历。③从劳动就业对经济生活的影响程度来界定就业质量，如某种劳动就业能够促进经济长期增长，就可以认定它是高质量的就业，相反就是低质量的就业。在实践中，可以选定一个替代指标—不同的产业部门来反映这一观点。如果劳动就业集中在高新技术和管理先进的部门企业，就可以认定为高质量的就业，如果在粗放式、无增长潜力的部门就业，则为低质量的就业。

周平（2005）认为，体现就业质量有三个指数：一是就业人员质量，即什么样的就业素质，如文化、年龄、技能、资历等；二是就业岗位质量，即什么样的就业岗位；三是就业工作质量，即什么样的服务水平、工作水平等。

曾向昌（2011）认为，就业质量必须同时满足以下三个条件：一是毕业生即将从事或获取的工作其准入条件与所学的专业或学历有必然的联系；二是毕业生的专业素质、职业技能、综合能力等能满足用人单位的要求，且要求标准与该校办学定位、培养目标、培养质量相一致；三是毕业生所表现的就业态度积极主动，有较高的职业承诺和满意程度。这三个条件可简称为就业质量三要素：学历（专业）要求、能力程度和就业态度。其中条件一、条件二是满足就业质量的客观条件，条件三则是主观意识，是自身就业价值观的具体体现。需要强调的是，当招聘单位的用人标准低于该校的培养目标及质量标准时，则不符合条件二的要求。

谭卫伟（2011）认为，大学生就业质量是大学生就业状况的一个具有时代性特征的概念，受到现实社会许多因素的制约。国内学者对于就业质量的研究主要从工资福利待遇、工作环境、工作地点等方面进行探讨，大学生就业质量的衡量标准应该更多地从社会现实意义上理解，也就是以国家与社会需要为导向进行评价与研究。大学生就业不能单纯地看作一种简单的个体行为，从宏观的层次上来探析，大学生就业与国家、社会的发展密不可分，直接受到国家人才战略调控的影响。我国正在实施科教兴国战略、人才强国战略，从今后一段时间看，大学生就业的主要方向就是围绕国家基层就业的导向发展。以目前所了解的一些就业质量评价体系来看，基层就业的就业质量评价并不高。因此，应从国家与社会建设发展需要，特别是国家基层建设的需要入手建立一个新的评价体系。首先，要体现国家政策导向。国家根据社会建设的需要，会针对每一特定的历史时期制定符合当时发展需要的人才政策。我国正在进行构建和谐社会的伟大建设，为解决城乡差距问题，国家制定了引导与鼓励毕业生到基层就业的相关政策，各地方政府相应地出台了一系列配套政策。从近年的就业情况统计来看，在国家基层就业政策的引导下，基层岗位越来越受到青年大学生的青睐，基层岗位的竞争也越来越激烈，特别是通过国家项目到基层就业的大学毕业生都是经过组织严格考核和筛选的毕业生，他们都具有良好的业务素质和思想素质，他们所在岗位也是国家与社会建设最需要的岗位。所以，该指标体系是整个体系的核心指标。其次，要配备岗位供需比。这是指国家建设需要由用人单位所提供的适合毕业生的岗位数与当年毕业生数的比例。对于这一指标，要从岗位设置对于国家建设的重要度（以政策导向为基准）、需求单位的性质、需求岗位性质、供需比中对专业的需求度四个层面来衡量。国家建设需要所提供的就业岗位对学校毕业生的总需求数的比率是评价就业质量的重要指标。从需求单位及需求岗位的性质上看，基于不同的性质来衡量就业状况水平的高低。供需比对专业的需求度，应考虑相同专业的毕业生总数及社会提供与本专业相同或相关（近）的岗位数。最后，要体现社会认可度。社会认可度可分三个观测点来考量。从国家建设需要的层面理解，学校所培养的毕业生是否根据国家建设需要进行培养；从用人单位层面上看，毕业生的思想素养、专业知识、创新能力等综合素质是否适应岗位的需要；从毕业生本身来说，所在的岗位是否适合其今后的发展。用人单位与毕业生的满意认可度需通过毕业生质量跟踪调查进行确认。

方焕新等（2011）认为，建立大学生就业质量评估体系除客观的就业率统计数据外，还必须考虑就业单位及其结构、个人发展、薪酬水平、劳动关系、社会认可度五方面。社会对毕业生职业道德、职业能力和综合素质等方面的满意度，不但可以成为高校了解毕业生受社会欢迎程度的重要指标，而且也可作为改进人才培养质量的重要参数。社会认可度分别从毕业生认可度及用人单位认可度这两个观测点来考量。从毕业生的角度看，其对自己所选职业的收入、工作条件、工作地域、发展前景等方面是否满意，能反映其就业质量的状况。从用人单位的角度来看，不同高校的毕业生群体的工作能力、工作业绩等方面存在着差异，这些差异会反映在用人单位对毕业生的满意度上，因此该指标也是反映其就业质量的一个参数。

倪伟和詹奉珍（2012）认为，高校毕业生就业质量整体可以用就业率（指一所高校的毕业生在毕业时或统计时间内已经落实就业单位的毕业生人数占该校毕业生总数的比例）这项指标来评价就业质量，毕业生个体则可以从宏观意义上考虑每个毕业生签订合同单位层次、就业岗位层次、专业对口性、职业发展、劳动报酬、工作稳定性、社会保障、毕业生对单位满意度和单位对毕业生满意度9项指标来评价单个毕业生就业质量。

表 2-4　指标等级划分及其得分

指标代码	指标名称	指标等级划分	得分
B	职业发展	毕业生毕业 1 年后升职或者毕业生毕业后深造	1.0
		毕业生毕业 3 年后升职	0.8
		毕业生毕业后 10 年内一直没有升职	0
C	单位层次	国际国内著名企业、党政机关、事业单位等	1.0
		注册资本 500 万元以上	0.8
		注册资本小于 500 万元	0.4
D	就业岗位层次	管理类岗位	1.0
		专业技术类岗位	0.8
		工勤类岗位或者其他岗位	0.4

续表

指标代码	指标名称	指标等级划分	得分
E	劳动报酬	第一份工作实习结束后月收入 6000 元以上	1.0
		第一份工作实习结束后月收入 4000~6000 元	0.8
		第一份工作实习结束后月收入 2500~4000 元	0.5
		第一份工作实习结束后月收入 2500 元以下	0.2
F	专业对口性	对口	1.0
		基本对口	0.7
		不对口	0.2
G	单位对毕业生满意度	满意	1.0
		一般	0.5
		不满意	0
H	社会保障	五险一金	1.0
		四险一金	0.8
		无社会保障	0
I	工作稳定性	第一份工作满 3 年或者以上	1.0
		第一份工作满 1~3 年	0.8
		第一份工作不够 1 年	0.2
J	毕业生对单位满意度	满意	1.0
		一般	0.5
		不满意	0

李想和黄洋（2014）认为高校毕业生就业质量评价指标由 5 个一级和 17 个二级指标构成。其中招聘单位层次、招聘区域层次、招聘岗位层次、单位性质、就业区域、国家鼓励等二级指标还可进一步细分出 13 个三级指标。具体如表 2-5 所示。

表 2-5　就业质量指标

一级指标	二级指标	三级指标
就业率	一次就业率	无
	年终就业率	

续表

一级指标	二级指标	三级指标
供需比	招聘单位层次	高层次单位（国家机关、审业单位、国内外知名企业等）
		其他企业
	招聘区域层次	经济发达省份
		经济欠发达省份
	招聘岗位层次	重要岗位（部门主管、技术、科研岗位等）
		其他岗位（销售、文秘、生产岗位等）
	专业需求相关度	无
就业结构	单位性质	国家机关、事业单位
		国内外知名企业
		其他企业
	就业区域	第一级城市
		第一级城市以下
	国家鼓励	自主创业
		村官、西部地区志愿者等
毕业生满意度	岗位与意愿相适度	无
	岗位与专业契合度	
	薪资福利满意度	
	职业发展前景	
	工作环境满意度	
	高校就业服务满意度	
社会认可度	主要社会关系满意度	无
	单位认可度	

王艳伟和李永能（2015）从六个维度构建高校毕业生就业质量评价指标体系（见图2-1）。

彭建章等（2015）对我国教育部直属高校2014年的就业质量报告进行了统计，在每一所高校的报告中提炼出影响就业质量的指标共计45个，并统计各指标出现的频数，选取出现频数超过15的指标作为反映毕业生就业质量的主要指标，得出分别从学生角度、用人单位角度以及高校角度

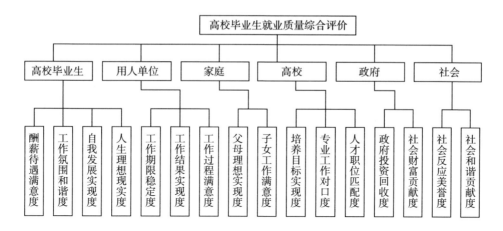

图 2-1　高校毕业生就业质量评价指标体系

反映高校毕业生就业质量的主要指标共 18 个，其中学生角度有专业匹配度、对工作的总体满意度、薪金、求职渠道、就业工作满意度、平均工作机会、发展空间、毕业半年后的去向；用人单位角度有总体满意度、职业能力认可度、职业素养认可度、就业工作认可度、人才培养认可度；高校角度有就业率、招聘会宣讲会等数量、就业信息发布数量、毕业生供需比、社会需求度。同时对这些指标的最大最小值以及平均水平做出统计，并对其反映的就业质量的相关含义做出综合分析，最终得到一套相对全面、完整的就业质量评价指标体系。刘燕斌（2017）认为就业质量的基本涵义是指劳动者在与生产资料相结合、从事社会劳动过程中劳动条件的优劣程度。劳动条件主要涉及劳动报酬、社会保障、工作条件、就业的稳定性、劳动者权益保护，以及劳动者个人的感受、职业发展空间和社会评价等要素。就业质量可以从宏观和微观两个层面考察。从宏观和社会层面考察，就业质量是衡量一个国家（地区）全体劳动者劳动条件的优劣程度，可以用反映该范围内劳动者劳动条件诸要素的统计数据显示，如社会平均工资、社会保障覆盖面和待遇水平、平均工作时间、工伤事故率、职业病发病率、劳动力流动率、劳动争议发生率和处理率等。从微观和单个劳动者层面考察，就业质量是衡量单个劳动者在从事社会劳动中所得到劳动条件的优劣程度，如劳动报酬的高低、有无社会保障待遇及水平的高低、工作时间的长短、劳动强度的大小、自身劳动权益能否得到保护，以及劳动者对所从事工作的满意度、职业发展空间和社会评价等。更高质量和更充分就业目标内涵丰富，且是一个整体，是对促进就业工作的总要求，其实质是要求不断提高就业质量和就业效率，进而不断满足广大劳动者的获得感、幸福感和安全感。

李婧等（2019）对河北省50所高校就业质量报告进行统计分析，选取出现频次超过15的指标作为反映就业质量的基本指标，其中与毕业生相关的指标有薪资、工作总体满意度、工作与专业相关度、离职率、社会保障、工作地点；与高校相关的指标有就业率、就业机会、社会需求度；与用人单位相关的指标有对毕业生总体满意度、对毕业生职业能力满意度、对毕业生职业素养满意度、对学校人才培养认可度、对学校就业工作认可度。

3. 中派的就业质量层次论

杨春（2004）认为，可以把就业率、考研率、高层次单位就业率和平均起薪水平作为衡量高校毕业生就业质量的指标。毕业生就业率是反映毕业生就业质量最主要和最直观的指标。毕业生考取研究生将会提高他们的就业能力和将来的就业层次。所以毕业生考研能够反映高校毕业生的就业质量。一个高校毕业生到国家机关、国家重点企业、事业单位、国际知名公司等高层次单位就业，应该是衡量一个高校毕业生就业质量的重要指标，一个学校毕业生就业的平均起薪水平，说明社会和用人单位对学生的认可和需求程度，因此必须成为就业质量的重要指标。

李金林等（2002）认为，就业质量包括两大方面内容。一是就业指标，主要包括就业单位和就业岗位两个层次，就业单位层次用国际国内著名企业就业率来衡量，就业岗位层次可以部门主管、高级研究和高级管理人员来对比。二是毕业生就业的主体指标，主要包括四个指标：①岗位与兴趣相适率，这是从就业主体的心理方面来考察，是对其志愿的尊重性指标。②岗位与能力相适率，这是从毕业生人力资源配置方面研究的，是岗位与能力的匹配问题。③薪酬水平与待遇，这是从社会对毕业生认可程度上分析，当然要考虑到地区经济水平的差异，可设置地区薪水差别系数。④读研率与出国深造率，这是从毕业生自身发展来看的。根据我国高等教育的制度背景和经济发展水平，就业质量的校际比较还必须考虑学校层次、行业性质、区域分布，可设置相应系数。学校层次主要指重点大学和一般大学，综合性大学和专门学院；行业性质是指工科与师范、医学与农业等；区域分布是指学校所处的地区，有发达与落后之分。

李颖等（2005）通过文献搜索，认为毕业生对就业质量最为关注的因素分别是行业发展前景、适于个人施展才能、适合自己的能力和性格、工资收入与其他福利。并对华南理工大学、中山大学、华南师范大学、广东工业大学4所大学的14个系已经签约的毕业生进行了调查，在就业质量方面学生最为重视的因素依次为未来发展空间、培训与学习机会、工资福利、工作地点、行业发展前景、晋升机会、符合个人兴趣等，调查的结果与文献资料基本相符。其中行业发展前景、工资福利、个人发展、兴趣相符程度是比较稳定的评价就业质量指标。

（三）就业质量评价方法的研究

1. 刘素华的评价方法

刘素华（2005）认为，要建立我国就业质量评价体系，应包括设计就业质量评价指标体系、制定就业质量评价标准和制定就业质量评分表三项重要内容。依据评价指标体系、评价标准和评分表就可以对就业质量进行规范的评价测量。就业质量评价体系及权数的确定为：①聘用条件（序号为1、权重为23%），分为工作时间（序号为1.1、权重为5%）、劳动报酬（序号为1.2、权重为10%）、工作稳定性（序号为1.3、权重为4%）、职工培训（序号为1.4、权重为4%）四个要素。②工作环境（序号为2、权重为24%），分为物理环境（序号为2.1、权重为10%）、安全环境（序号为2.2、权重为10%）、心理环境（序号为2.3、权重为10%）三个要素。③社会保障（序号为3、权重为23%），分为养老保险（序号为3.1、权重为5%）、医疗保险（序号为3.2、权重为5%）、工伤保险（序号为3.3、权重为5%）、失业保险（序号为3.4、权重为5%）、生育保险（序号为3.5、权重为4%）五个要素。④劳动关系（序号为4、权重为30%），分为劳动合同（序号为4.1、权重为10%）、民主管理（序号为4.2、权重为5%）、工会组织（序号为4.3、权重为6%）、平等协商和集体合同（序号为4.4、权重为5%）、社会对话（序号为4.5、权重为4%）五个要素。评价标准就是为每一个评价要素规定一个统一衡量尺度，就业质量要素评价标准如表2-6、评分如表2-7所示。

表 2-6　就业质量要素评价标准

一级要素	二级要素	等级	得分
1. 聘用条件	1.1 工作时间 指劳动者在一昼夜或一周之内从事本职工作的时间	劳动者平均每周工作时间不超过 40 小时	50
		劳动者平均每周工作时间介于 41~49 小时	30
		劳动者平均每周工作时间 50 小时以上	20
	1.2 劳动报酬 劳动报酬包括工资、奖金和福利。为计算方便我们把总收入作为衡量标准，在此基础下，可根据金额和福利情况酌情加减分	单位（地区、行业、企业）职工平均工资高于当地平均工资，并能按时足额发放	100
		单位（地区、行业、企业）职工平均工资介于当地平均工资与最低工资之间，并能按时足额发放	70
		单位（地区、行业、企业）职工平均工资低于当地最低工资标准，但能按时发放	40
		不能按时发放及拖欠工资的	20
		拖欠工资 1 年以上的	0
	1.3 工作稳定性 工作稳定性反映劳动者能否获得用人单位连续、稳定的雇用	签 3 年以上（含无固定期限）劳动合同者达职工总数 60% 以上	40
		签 1~3 年劳动合同者达职工总数 60% 以上	25
		签 1 年以下劳动合同者占职工总数 60% 以上，或随意解雇员工的	25
	1.4 职工培训 指员工是否能获得知识和技能的培训	有人员培训规划，能为 60% 以上员工提供培训机会	40
		有培训规划，但只有少数骨干员工能够得到培训	25
		没有培训规划，员工几乎享受不到培训	10

一级要素	二级要素	等级	得分
2. 工作环境	2.1 物理环境（含劳动保护）指温度、湿度、照明度、噪声、震动，异味、粉尘、污染、污秽、高空、野外等环境状况，以及环境对人体的危害程度和劳动保护状况	环境不会对人体健康造成任何危害和威胁	100
		环境可能对人体健康构成一定威胁，但危害程度较低或可能性较小，并有劳动保护措施	60
		环境对人体健康构成严重威胁或可能性较大，但有劳动保护措施	40
		环境对人体健康构成严重威胁或可能性较大，且没有劳动保护措施	0
	2.2 安全环境（含安全生产）指工作的危险性、事故频率、事故对人体的危害程度。可通过安全生产措施的投入、事故发生率及危害程度衡量	有安全生产经费投入和措施，又未发生安全生产事故的	100
		有安全生产经费投入和措施，但发生了一般安全生产事故	75
		有安全生产经费投入和措施，但发生了重大安全生产事故	50
		没有安全生产投入和措施，发生了一般安全生产事故的	20
		没有安全生产投入和措施，发生了重大安全生产事故的	0
	2.3 心理环境，主要指企业、职业的声望、工作的孤独感、社会认同。可通过社会调查的方式获取相应的信息	企业或职业声望好、社会认同度高	40
		企业或职业声望、社会认同度一般	25
		企业或职业声望、社会认同度较差	15
3. 社会保障	3.1 养老保险，以某范围内职工参保率来衡量，即参保人数/应参保人数×100%	参保率为100%	50
		参保率达80%以上	40
		参保率达60%以上	30
		参保率达40%以上	20
		参保率低于40%	10
	3.2 医疗保险计算方法同养老保险	参保率为100%	50
		参保率达80%以上	40
		参保率达60%以上	30
		参保率达40%以上	20
		参保率低于40%	10

续表

一级要素	二级要素	等级	得分
3. 社会保障	3.3 工伤保险 计算方法同养老保险	参保率为100%	50
		参保率为80%以上	40
		参保率达60%以上	30
		参保率达40%以上	20
		参保率低于40%	10
	3.4 失业保险 计算方法同养老保险	参保率为100%	40
		参保率为80%以上	35
		参保率达60%以上	25
		参保率达40%以上	15
		参保率低于40%	10
	3.5 生育保险，计算方法为：女职工参保人数/女职工应参保人数×100%	参保率为100%	40
		参保率达80%以上	35
		参保率达60%以上	25
		参保率达40%以上	15
		参保率低于40%	10
4. 劳动关系	4.1 劳动合同指用人单位与劳动者是否依法签订书面劳动合同可通过劳动合同签订率来测量，并根据合同签订的合法性、规范性酌情增减分数。合同签订率为签合同人数/应签合同人数×100%	签订率为100%	100
		签订率达80%以上	80
		签订率60%以上	60
		签订率达40%以上	40
		签订率低于40%	20
	4.2 民主管理指劳动者能否参与有关重大决策。可通过职代会制度是否建立及充分发挥作用来衡量	已建立职代会，并定期召开会议，行使职权	50
		未建立职代会，但有其他民主管理形式	35
		没有建立任何民主管理制度	0
	4.3 工会组织包括是否组建工会、会员覆盖率及工会能否充分发挥作用。覆盖率为：入会人数/全部职工数×100%	加入工会职工占全部职工总数的80%～100%	60
		加入工会职工占全部职工总数的60%～80%	45
		加入工会职工占全部职工总数的40%～60%	30
		加入工会职工占全部职工总数的40%以下	20
	4.4 平等协商和集体合同指能否通过企业与劳动者之间的平等协商机制签订集体劳动合同，更有效地维护劳动者的就业质量	已经平等协商签集体合同	50
		已签集体合同，但并未经过充分的协商	30
		未建立平等协商和集体合同制度	0

续表

一级要素	二级要素	等级	得分
4. 劳动关系	4.5 社会对话 指是否建立"三方机制"并充分发挥作用	已建立三方对话机制，并能定期召开会议，就劳动政策和企业重大问题进行平等对话	40
		已建立三方对话机制，但不能定期召开会议，或会议内容仅限于信息沟通	25
		未建立三方对话机制	0

表 2-7 就业质量要素评分

地区（行业、企业）名称

序号	评价要素	权重与分值		等级及对应分值					累计分数
		占比	得分	1	2	3	4	5	
1	工作时间	5	50	50	30	20			
2	劳动报酬	10	100	100	70	40	20	0	
3	工作稳定性	4	40	25	15				
4	职工培训	4	40	25	10				
5	物理环境	10	100	100	60	40	0		
6	安全环境	10	100	100	75	50	20	0	
7	心理环境	4	40	40	25	15			
8	养老保险	5	50	50	40	30	20	10	
9	医疗保险	5	50	50	40	30	20	10	
10	工伤保险	5	50	50	40	30	20	10	
11	失业保险	4	40	40	35	25	15	10	
12	生育保险	4	40	40	35	25	15	10	
13	劳动合同	10	100	100	80	60	40	60	
14	民主管理	5	50	50	35	0			
15	工会组织	6	60	60	45	30	20		
16	平等协商和集体合同	5	50	50	30	0			
17	社会对话	4	40	25	0				
	合计	100	1000						

2. 李全林等的评价方法

李全林等（2005）认为，构建高校毕业生就业质量评价体系的难点在于确定各指标评价体系中的比例权重。比例权重不科学或不符合实际，评价体系则失去权威性和可操作性，他们根据自己的研究和实际经验及有关资料，对影响就业质量评价的各个因素设置了相应的比例权重（见表2-8至表2-14）。

表2-8　就业层次指标因素影响等级划分（A1、A2、A3所占毕业人数比例）

影响因素	≥50%	≥40%	≥30%	≥20%	≥10%	≥5%	≥2%	0
A1	1.30	1.25	1.20	1.15	1.08	1.05	1.02	0
A2	1.20	1.15	1.10	1.08	1.06	1.05	1.02	0
A3	1.50	1.30	1.20	1.15	1.08	1.05	1.02	0

注：A1为国际国内著名企业就业率；A2为重要岗位就业率；A3为读研和出国深造率。就业层次指标因素等级划分就是A1、A2、A3所占毕业人数的比例。

表2-9　高校自身因素（层次）影响等级化分

影响因素	211重点大学	一般重点大学	省属重点大学	省属一般大学	省属重点专科学院	省属一般专科学院
B1	0.7	0.8	0.85	0.90	0.98	1.0

注：B1为高校层次。

表2-10　高校自身因素（类型）影响等级划分

影响因素	综合性学校	理工类学校	文科类学院	师范类学院	农、林、地质、矿业等行业性学校	其他一般院校
B2	0.7	0.90	0.95	1.05	1.25	1.0

注：B2为高校行业性质。

表2-11　高校所处地域影响因素等级划分

影响因素	京沪粤	东南沿海	华北	华中	西南	东北	西北
B3	0.85	0.90	0.93	0.95	0.98	0.99	1.0

注：B3为高校所处地域。

表 2-12　大学生主体性指标影响因素等级划分

影响因素	≥60%	≥50%	≥30%	≥20%	≥10%	≥5%	≥2%	0
C1	1.30	1.25	1.20	1.15	1.08	1.05	1.02	0
C2	1.20	1.15	1.10	1.08	1.06	1.05	1.02	0
C3	1.30	1.25	1.20	1.15	1.08	1.05	1.02	0

注：C1 为岗位与兴趣相适率；C2 为岗位自我满足率；C3 为岗位与能力相适率。

表 2-13　薪金水平与待遇影响因素等级划分

影响因素	≥6000	≥5000	≥4000	≥3000	≥2500	≥2000	≥1500	≥1000	<1000
C4	1.5	1.3	1.2	1.05	1.02	1.0	0.98	0.95	0.90

注：C4 为薪金水平与待遇。

表 2-14　就业质量评价影响因素权重值

影响因素	A1	A2	A3	B1	B2	B3	C1	C2	C3	C4	综合权重
权重值	8	6	5	8	10	8	10	18	12	15	100

　　李全林等（2005）利用所设计的指标对浙江大学和西北某农业大学的毕业生就业质量进行了调查与计算，结果如表 2-15 所示。

表 2-15　就业情况对比

影响因素	因素名称	因素权重值	浙江大学情况	因素得分	西北某农业大学情况	得分因素
A1	国际国内著名企业就业率重要岗位就业率	15	30%	1.2	16%	1.08
A2	重要岗位就业率	12	67%	1.2	41%	1.15
A3	读研率与出国深造率	18	41%	1.3	25%	1.15
B1	学校属性	10	211 重点大学	0.7	省属重点大学	0.85
B2	行业属性	8	综合性大学	0.88	农林行业大学	1.25
B3	地域属性	10	东南沿海地区	0.9	西北地区	1.0
C1	岗位与兴趣相适率	8	75%	1.3	46%	1.20

续表

影响因素	因素名称	因素权重值	浙江大学情况	因素得分	西北某农业大学情况	得分因素
C2	岗位自我满意率	5	68%	1.2	42%	1.10
C3	岗位与能力相适率	6	82%	1.3	85%	1.3
C4	平均薪金水平与待遇	8	3100元	1.05	2400元	1.0

浙江大学的综合就业质量 = Σ各因素所占权重值×各院校响应影响因素等级系数 = 15×1.2+12×1.2+18×1.2+10×0.7+8×0.88+10×0.9+8×1.3+5×1.2+6×1.3+8×1.05 = 111.44；同理，西北某农业大学的综合就业质量 = 110.1。

3. 王旭明的评价方法

王旭明（2009）认为，大学生就业质量是个综合性指标，影响因素很多。就业质量本身就受人的心理感觉影响并且每个因素对就业质量的影响不一，而模糊综合评判法可以根据因素影响的程度不同赋予不同的权重，从而减少各个因素造成的误差，得出较为公正合理的评价。作者运用模糊综合评判法设计出就业质量的评价模型，以浙江省某高校为例，对该校2008年的大学毕业生就业质量进行了评价。

4. 程丽的评价方法

程丽（2011）将 AHP 与模糊综合评判相结合，提出了 AHP 模糊综合评判模型。其基本思想是，运用 AHP 建立层次结构模型并确定各指标权重，用模糊综合评判法对高校毕业生就业质量进行评价。作者计算出的一级指标对总目标的权重分为：薪酬福利 0.502；劳动关系 0.109；个人发展 0.319；工作环境 0.071。最终得到调查的某院校的就业质量的二级模糊综合评判结果（0.067, 0.238, 0.460, 0.235），根据最大隶属度原则，说明该校该专业的就业质量处于一般水平。

5. 曾向昌的评价方法

曾向昌（2009）认为，高校就业率的统计工作已有10年的历史，有较好的统计基础，在分析研究就业质量时，以就业率为基础，以就业质量三要素为依据，同时为了与就业率进行比较，用就业质量率表示有就业质量的就业人数比例。就业质量率的定义为满足就业质量条件、符合就业质量标准的就业人数占毕业生总数（应就业人数）的百分比。具体操作以现有就业率的统计方法为基础，将现有就业率中符合就业质量标准的就业成分分离出来，计算就业质量率。就业率的统计方法按现行教育部的规定进行。

从调查统计数据可知，毕业生就业率与就业质量率有着较大的差距，即就业数量与就业质量方面存在等级上的差别，主要的原因是就业率的统计没有与该校的办学定位、培养目标、实际教学质量联系在一起，仅从就业数量来考虑，而质量转换系数则表征和确定了这种差别。就业质量率是一所高校办学定位、培养目标和教学质量的最终反映，它与就业率之间的关联性可用质量转换系数表达，该系数反映就业率中的就业质量所占比例，比例越大表明就业率中的就业质量成分越高，实现该校确定的人才培养目标程度越强。就业率与就业质量率两项指标相互配合，在量与质方面能够客观地反映高校毕业生的就业状况，体现出高校办学定位、培养目标、教学质量和竞争力。

6. 陈韶等的评价系统

陈韶等（2010）在考虑毕业生就业区域差异的前提下，结合影响毕业生就业质量的因素，设置 10 个评价指标，组成高校毕业生就业质量评价指标体系。并且，上述评价指标内容，要分由不同的评价主体进行评价，经综合计算方能得出某一毕业生群体的就业质量评价结果。评价主体包括高校、用人单位、毕业生、政府部门和社会组织。上述评价主体评价结果的权重分别为 0.15、0.25、0.25、0.15、0.20。陈韶与何绍彬（2010）认为，要把复杂的就业质量评价目标变为可以量度、计算和比较的就业数据，除要科学合理地构建就业质量评价体系外，还要根据就业质量评价体系的内容通过网络和信息技术构建起高校毕业生就业质量的评价系统，使就业质量评价从传统的人工操作变成现代化的系统实现，力求以最少的人力、物力和财力实现预期的就业质量评价效果。就业质量评价系统分前台管理系统和后台管理系统，前台管理系统主要实现信息采集、数据分析与处理、数据存储和数据显示等基本功能（见图2-2），后台管理系统主要实现评价模型、信息采集、数据库管理等参数的设置。（见图2-3）。

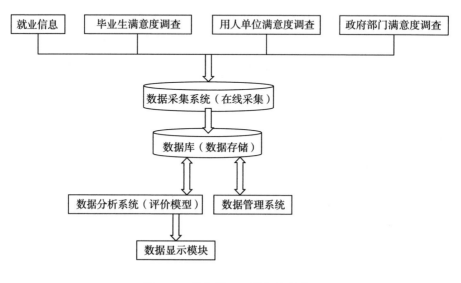

图2-2　前台管理系统框架结构

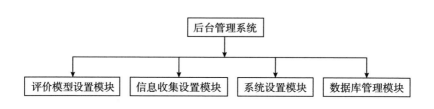

图2-3　后台管理系统框架结构

7. 王邦田的评价方法

王邦田（2010）认为，确定评价指标体系权重的方法有多种，如常用的层次分析法、模糊统计方法。但是，针对毕业生就业质量评价指标体系来说，其本身指标较多，运用层次分析法，结构比较复杂，判断矩阵中各元素标准以确定的数值表示，实际运用时难以把握，每项指标间要进行两两比较，数量极大，可操作性不强；模糊统计方法主要采用最大最小法则进行模糊关系运算，确定适宜的隶属度，最后得出权重向量，运用的法则比较粗糙，丢失信息过多，有效性较差。集值统计法综合运用了定量和定性分析方法确定毕业生就业质量评价指标的权重，能够有效地避免评价过程中的主观性，相对准确地反映了评价对象的客观情况（见表 2-16）。

表 2-16　高校毕业生就业质量评价指标体系

一级指标（权重）	二级指标（权重）	三级指标
毕业生主观愿望（0.61）	工作条件（0.13）	平均工作时间比较固定，以法定的工作时间为标准；设备设施较为齐全，能够满足办公需要
	工作环境（0.20）	工作场所安全卫生，符合国家规定的安全卫生标准；工作地点交通方便，路途耗时较少
	工作稳定性（0.15）	劳动合同期限在区域同行中高于同类人员平均水平；工作岗位比较固定
	薪酬福利水平（0.17）	工资薪酬高于地区域同行业同类人员平均水平；基本社会保险按国家规定参保，特种行业补充参保职业发展前景良好，有职业晋升参照标准
	发展空间（0.31）	有正规或非正规的技术培训计划
	岗位满意度（0.04）	所从事岗位比较满意，工作有兴趣
用人单位客观需求（0.22）	专业水平（0.13）	有较为扎实的专业基础知识和技能；具有从事职业相关资格证书
	职业道德（0.11）	遵守本行业的职业道德规范
	敬业精神（0.12）	重视公益、集体和他人利益，个人利益服从集体利益。遵守岗位规章制度，自我要求高，工作责任心强
	人际沟通（0.13）	工作积极主动，有较强的进取心。善于交流，倾听他人意见
	团队合作精神（0.12）	能与不同人打交道，保持良好的人际关系。与同事相处和睦，有较强的合作共事能力；能主动帮助他人解决问题
	创新精神（0.14）	思维敏捷，善于联想，面临问题反应快；解决问题见解新颖独到、效率高

一级指标（权重）	二级指标（权重）	三级指标
用人单位 客观需求 （0.22）	应变和心理承受能力 （0.12）	精力充沛，自信心较强，能应付一般的事变；对工作中压力与困难有较强的身心承受能力
	学习能力（0.13）	具有快捷获取工作所需知识的能力；能够熟练运用工作所需知识解决实际问题
政府、高校综合 考评（0.17）	专业对口率（0.39）	从事专业有关工作的毕业生数占已就业毕业生数的比例
	升学深造率（0.16）	升学深造毕业生数占毕业生总数的比例
	暂缓就业率（0.11）	暂缓就业毕业生数占毕业生总数的比例
	灵活就业率（0.08）	灵活就业毕业生数占毕业生总数的比例
	自主创业率（0.12）	自主创业毕业生数占毕业生总数的比例
	求人倍率（0.14）	岗位需求人数与求职人数的比例

注：从事专业有关的管理工作也列入专业对口统计范围；暂缓就业率、灵活就业率以反比来反映就业质量高低。

8. 方焕新等的评价方法

黄炜和方玖胜（2010）通过对大学生、用人单位和就业指导专家的问卷调查，得出影响大学生就业质量的主要因素是就业环境、就业期望、个体状况、就业能力，建立了大学生就业质量影响因素层次模型，并运用AHP法对影响大学生就业质量的影响因素进行定量分析，总结了就业质量影响因素相对重要性的排序。

徐志成（2010）依据产品质量管理体系的定义，提炼出构成毕业生就业质量体系的八个相关要素，即学生毕业率（权重0.05）、学生就业率（权重0.40）、人职匹配率（权重0.10）、薪酬与福利（权重0.05）、职业稳定性（权重0.20）、学生满意率（权重0.1）、工作适应力（权重0.05）与企业满意率（权重0.05）。方焕新等（2011）的评价方法如表2-17所示。

表 2-17　方焕新毕业生就业质量评价指标与评价标准

一级指标	二级指标	等级标准	分数
就业率 （权重2.0） D_1	就业率综合得分，其中初次就业率占权重为60%，总体就业率为40%，就业率综合得分=初次×60%+总体×40%（权重2.0，N_1）	1. 就业率综合得分高于95%	10
		2. 就业率综合得分为90%~95%	8
		3. 就业率综合得分为85%~90%	4
		4. 就业率综合得分低于85%	2
就业单位 （权重1.8） D_2	就业单位性质，国有企业、机关事业单位就业比例（权重1.2，N_2）	1. 比例在15%以上	10
		2. 比例在15%~10%	8
		3. 比例在5%~10%	6
		4. 比例在5%以下	2
	在国内外知名企业和地方知名企业就业情况，即在知名企业就业的毕业生人数/毕业生总人数（权重0.3，N_3）	1. 比例在10%以上	10
		2. 比例在6%~10%	8
		3. 比例在3%~6%	6
		4. 比例在3%以下	4
	自主创业率，即自主创业的人数/毕业生总人数（权重0.3，N_4）	1. 比例在2%以上	10
		2. 比例在1%~2%	8
		3. 比例在0.5%~1%	6
		4. 比例在0.5%以下	2
个人发展 （权重2.2） D_3	专业对口率，即专业对口的岗位工作人数/毕业生总人数（权重1，N_5）	1. 比例在80%以上	10
		2. 比例在70%~80%	8
		3. 比例在60%~70%	6
		4. 比例在50%~60%	4
		5. 比例在40%~50%	2
		6. 比例在40%以下	1
	工作适应（用适应率表示，即适应毕业生总人数/毕业生总人数，这里适应率包括很适应，较适应（权重0.5，N_6）	1. 适应率为80%以上	10
		2. 适应率为60%~80%	8
		3. 适应率为40%~60%	6
		4. 适应率为20%~40%	4
		5. 适应率为1%~20%	2
	稳定性，即毕业生毕业后在同一单位就业的时间段，通常半年以上即可定义为稳定（权重0.7，N_7）	1. 在同一单位工作半年以上超过60%	10
		2. 在同一单位工作半年以上50%~60%	8
		3. 在同一单位工作半年以上40%~50%	6
		4. 在同一单位工作半年以上40%以下	2

续表

一级指标	二级指标	等级标准	分数
薪酬福利水平（权重1.6）D_4	转正后的工作报酬（包括工资、奖金、津贴等，平均收入是当地平均收入）（权重0.8，N_8）	1. 收入总额远高于平均水平（X_1）	10
		2. 收入总额高于平均水平（X_2）	8
		3. 收入总额相当于平均水平（X_3）	6
		4. 收入总额低于平均水平（X_4）	4
		5. 收入总额远低于平均水平（X_5）	2
	社会保险，主要指养老保险、医疗保险、失业保险、工伤保险，这用参保率来衡量，即参保毕业生总人数/应参保毕业生总人数（权重0.8，N_9）	1. 参保率为100%	10
		2. 参保率90%~99%	9
		3~9，依次类推	8~2
		10. 参保率为1%~9%	1
劳动关系（权重1.2）D_5	劳动时间（用平均周工作时间表示）（权重0.3，N_{10}）	1. 周工作时间40小时以内（Y_1）	10
		2. 周工作时间40~44小时（Y_2）	8
		3. 周工作时间44~48小时（Y_3）	6
		4. 周工作时间48~52小时（Y_4）	2
		5. 周工作时间52小时以上（Y_5）	0
	工会组织（参加工会组织，用参加率表示，即毕业生会员总人数/应参加毕业生总人数）（权重0.3，N_{11}）	1. 参加签订率为100%	10
		2. 参加签订率为90%~99%	9
		3~9，依次类推	8~2
		10. 参加签订率为1%~9%	1
	劳动合同用合同签订率表示，即签订合同毕业生总人数/应签订合同毕业生总人数（权重0.6，N_{12}）	1. 合同签订率为100%	10
		2. 合同签订率为90%~99%	9
		3~9，依次类推	8~2
		10. 合同签订率为1%~9%	1
社会认可度（权重1.2）D_6	毕业生认可度，认可度主要用满意率来进行表达，即满意工作岗位人数/毕业生总人数（权重0.6，N_{13}）	1. 比例在90%以上	10
		2. 比例在80%~90%	8
		3. 比例在70%~80%	6
		4. 比例在60%~70%	4
		5. 比例在50%~60%	2
		6. 比例在50%以下	1
	用人单位认可度，用用人单位满意率进行表示（权重0.6，N_{14}）	1. 比例在90%以上	10
		2. 比例在80%~90%	8

续表

一级指标	二级指标	等级标准	分数
社会认可度（权重1.2）D_6	用人单位认可度，用人单位满意率进行表示（权重0.6，N_14）	3. 比例在70%~80%	6
		4. 比例在60%~70%	4
		5. 比例在50%~60%	2
		6. 比例在50%以下	1

9. 倪伟和詹奉珍的评价方法

倪伟和詹奉珍（2012）认为，从毕业生角度来创建就业质量评价指标体系，那么指标的权重确定也主要参考毕业生的意愿，并采用问卷调查的方法针对就业质量的各项指标对其重要性程度进行调查，每个被调研者都对A、B、C、D、E、F、G、H、I、J这10项指标进行重要程度排序，得出指标大概权重值，再参考专家意见对每项指标权重值进行修正，如表2-18所示。

表2-18　就业质量评价各项指标权重值

评价指标名称	指标代码	指标名称	指标权重值	权重所占比例（%）
毕业生整体评价指标	A	就业率	100	40
毕业生个体评价指标	B	职业发展	30	60
	C	单位层次	15	
	D	就业岗位层次	12	
	E	劳动报酬	10	
	F	专业对口性	10	
	G	单位对毕业生满意度	8	
	H	社会保障	6	
	I	工作稳定性	5	
	J	毕业生对单位满意度	4	
综合			200	100

单个毕业生就业质量（g）＝每项指标得分（B、C、D、E、F、G、H、I、J）×该项指标权重 g＝B×30＋C×15＋D×12＋E×10＋F×10＋G×8＋H×6＋I×5＋J×4，整体毕业生就业质量（q）＝就业率 0.4＋［（毕业生 1 就业质量＋毕业生 2 就业质量＋毕业生 i 就业质量＋…＋毕业生 n 就业质量）/n］×0.6；其中 i＝1，2，3，…，n，就业质量评价总分为 100，得分越高表示评价的该毕业生群体就业质量越高。用该指标对毕业生进行评价，可于反映该高校的办学层次和水平。运用该评价指标体系反馈毕业生毕业后的工作情况，为高校教育教学改革提供参考（魏玉曦，2020）。

10. 丁先存和郑飞鸿的评价方法

丁先存和郑飞鸿（2017）基于层次分析法（AHP）构建了本科毕业生质量的社会评价指标体系及其权重，如表 2-19 所示。

表 2-19　本科毕业生质量的社会评价指标体系及权重

一级指标	一级指标权重（W_i）	二级指标	二级指标权重（W_j）	三级指标	三级指标权重（Wl）
1. 能力	0.40	1.1 工作技能	0.16	1.1.1 专业技能	0.56
				1.1.2 通用技能	0.44
		1.2 实践能力	0.27	1.2.1 动手能力	0.43
				1.2.2 执行能力	0.57
		1.3 协调能力	0.22	1.3.1 组织管理	0.41
				1.3.2 人际沟通	0.59
		1.4 发展能力	0.35	1.4.1 创新能力	0.29
				1.4.2 学习能力	0.41
				1.4.3 成长速度	0.30
2. 素质	0.60	2.1 知识素质	0.08	2.1.1 专业知识	0.56
				2.1.2 基础知识	0.44
		2.2 思想素质	0.56	2.2.1 敬业精神	0.22
				2.2.2 忠诚度	0.18
				2.2.3 责任心	0.22
				2.2.4 组织纪律	0.18
				2.2.5 道德品质	0.20

一级指标	一级指标权重（W_i）	二级指标	二级指标权重（W_j）	三级指标	三级指标权重（Wl）
2. 素质	0.60	2.3 心理素质	0.27	2.3.1 适应能力	0.35
				2.3.2 团队意识	0.36
				2.3.3 抗挫折能力	0.29
		2.4 人文素质	0.09	2.4.1 人文关怀	1.00

11. 张抗私和朱晨的评价方法

张抗私和朱晨（2017）以 2014 年大学毕业生就业质量调查问卷的数据为样本，采用结构方程模型分析法，详细分析我国现阶段大学毕业生就业质量的影响机制，筛选出了 17 个影响就业质量的显著因素。分别是个人特征维度的政治面貌、所属行业、专业是否对口、工作能力、职业危机感、工作获得方式；工作特征维度的单位性质、合同类型、单程通勤时间、收入是否能实现生活追求、工作培训情况、工作岗位是否容易被替代、年休假时间、平均周倾诉次数；收入满意度维度的月收入、与上一年相比的月收入变动、对自己涨薪水的机会感到满意。得出以下结论：首先，大学毕业生不是只关注现阶段的就业质量好坏，而是对就业质量有全面长远的评价；其次，收入水平仍是大学毕业生评价就业质量的首要标准；再次，大学毕业生开始更多地关注非收入因素对就业质量的影响；最后，保障性和稳定性是大学生评判就业质量的重要指标。合同类型和单位性质影响就业质量的作用强度分值较高，分别为 0.40 和 0.36，这两个因素代表了工作的保障性和稳定性。正规的劳动合同要比劳务派遣合同及临时合同提供给大学毕业生更多的工作稳定性和劳动保障，体制内和体制外具有很大的工作稳定性差别和隐性福利待遇差别也导致大学生对体制内工作的高评价和偏爱。

12. 李莉等的评价方法

李莉等认为，毕业生就业质量评价指标体系方面已取得了丰富的研究成果，但针对不同区域、不同行业、不同层次、不同职业和不同性别的质量评价体系相对欠缺，显得共性有余而个性不足。因此，他们根据云南省高校毕业毕业生就业实际情况，从政府部门宏观层面、用人单位中观层面和毕业生微观层面的三维视角，运用德尔菲法和层次分析法，本着尽可能量化与可操作性的原则，构建得出4个一级指标、13个二级指标和31个三级指标及其相应权重的云南省大学毕业生就业质量评价指标体系（见表2-20）。

表2-20　云南省大学毕业生就业质量评价指标权重汇总表

一级指标（权重）	二级指标（权重）	三级指标（权重）
A_1 就业环境（0.2）	B_1 经济发展（0.3）	C_1 人均 GDP（0.4）
		C_2 经济增长率（0.3）
		C_3 就业弹性系数（0.3）
	B_2 社会保障（0.2）	C_4 社会保障覆盖面（0.5）
		C_5 最低工资标准（0.5）
	B_3 就业供需（0.3）	C_6 全省劳动力供需比（0.5）
		C_7 全省高校毕业生就业岗位供需比（0.5）
	B_4 就业服务（0.2）	C_8 公共就业服务体系（0.5）
		C_9 就业服务信息化水平（0.5）
A_2 就业状况（0.3）	B_5 就业率（0.6）	C_{10} 初次就业率（0.4）
		C_{11} 年终就业率（0.6）
	B_6 就业结构（0.4）	C_{12} 政府事业单位就业比重（0.2）
		C_{13} 国有企业就业比重（0.2）
		C_{14} 非国有企业就业比重（0.2）
		C_{15} 自主创业比重（0.2）
		C_{16} 升学（含出国出境）比率（0.2）
A_3 用人单位主观评价（0.2）	B_7 用人单位满意度（0.5）	C_{17} 年度考核（0.5）
		C_{18} 对毕业生总体满意度（0.5）
	B_8 就业能力达成度（0.5）	C_{19} 个人品质（0.3）
		C_{20} 工作能力（0.4）
		C_{21} 知识储备（0.3）

一级指标（权重）	二级指标（权重）	三级指标（权重）
A$_4$ 毕业生反馈与评价（0.3）	B$_9$ 薪酬与福利（0.3）	C$_{22}$ 薪酬水平（0.6）
		C$_{23}$ 员工培训（0.4）
	B$_{10}$ 专业对口性（0.1）	C$_{24}$ 专业对口度（0.5）
		C$_{25}$ 专业对口率（0.5）
	B$_{11}$ 工作稳定性（0.1）	C$_{26}$ 工作单位转换率（0.5）
		C$_{27}$ 工作单位转换次数（0.5）
	B$_{12}$ 就业保障（0.2）	C$_{28}$ 社会保险参保水平（0.4）
		C$_{29}$ 合同签订比率（0.6）
	B$_{13}$ 工作满意度（0.3）	C$_{30}$ 毕业生就业满意度（0.7）
		C$_{31}$ 毕业生就业意向达成度（0.3）

13. 陈龙的评价方法

陈龙（2014）构建了高校毕业生就业质量评价指标体系，如表 2-21 所示。

表 2-21　陈龙高校毕业生就业质量评价指标体系

指标	评价方法	判断标准		权重	加权得分
		达标	优异		
就业率	已就业人数/专业毕业生总数	60%以上	85%以上	0.2	就业率×0.2×100
毕业生满意度	满意人数/就业总人数	60%以上	90%以上	0.2	毕业生满意度×0.2×100
单位满意度	满意人数/就业总人数	65%以上	85%以上	0.2	单位满意度×0.2×100
专业对口率	专业对口人数/参加就业的总数	60%以上	80%以上	0.1	专业对口率×0.1×100
薪酬水平	（A 地毕业生薪酬水平平均值—A 地薪酬平均值之差）/A 地就业毕业生数	100 以上	600 以上	0.07	薪酬水平与全校毕业生薪酬水平比值×0.07×100

续表

指标	评价方法	判断标准		权重	加权得分
		达标	优异		
福利待遇率	享受福利待遇人数/就业毕业生总数	60%以上	85%以上	0.07	福利待遇率×0.07×100
职业稳定率	(就业人数-辞职人数)/专业就业毕业生总数	60%以上	85%以上	0.05	职业稳定率×0.05×100
自主创业率	创业人数/毕业生就业总数	1%以上	5%以上	0.05	自主创业率×0.05×100
工作创新率	由创新成功的毕业生人数/毕业生就业总人数	20%以上	50%以上	0.03	工作创新率自主创业率×0.03×100
职业发展率	存在职业发展机会的人数/已就业毕业生总数	15%以上	40%以上	0.03	职业发展率×0.03×100

陈龙对毕业生就业质量的综合评价结论分为四个档次，分别为合格、不合格、良好与优秀。合格：当各项指标的加权得分之和在60~75分时，并且权重最高的4项指标不存在不达标情况，其他指标不超过3项不达标指标时，认定为合格。不合格：凡是低于合格标准的情况都视为不合格。良好：各项指标的加权得分之和在75~85分，权重较高的4项指标全部达标，并且有3项在良好标准之上，其他指标只有2项不达标时认定为良好。优秀：权重最高的四项指标全部达标，并且有3项指标等级标准为优秀，其他指标等级标准为达标以上。

14. 汪昕宇等的评价方法

汪昕宇等（2018）认为，反映高校毕业生就业质量的关键性评价指标主要有工资比率、就业满意度与就业稳定率，其权重为4:3:3。毕业生的平均工资与毕业当年我国城镇在岗职工月平均工资相比，可生成工资比率指标，反映毕业生工资收入相对于城镇在岗职工的相对水平。其中，我国城镇在岗职工平均收入数据来自国家统计局发布的我国城镇在岗职工平均年收入除以12个月后的所得；毕业生月收入指工资、奖金、业绩提成、现金福利补贴等所有的月度现金收入，以毕业生毕业半年后的水平为准。

毕业生毕业半年后的平均月收入是麦可思①调查的毕业生月收入的平均值。就业满意度主要反映的是在已就业的毕业生中，表示对自己所从事工作满意的毕业生的就业稳定率。就业稳定是指自毕业时点起至调查时点止，毕业生没有离职的情况。离职既包括主动离职，又包括被动离职。就业稳定率是指在麦可思调查的有过工作经历的毕业生中，从毕业时到调查时的这一段时间内，从未发生离职行为的毕业生所占的比重。经过数据处理和指标赋权后，综合各指标编制高校毕业生就业质量指数。利用公式进行加权平均即可得到高校毕业生就业质量指数。就业质量指数的各构成指标均为百分数，就业质量指数取值范围是 0~100，数值越大表明毕业生就业质量越高。

15. 魏玉曦的评价方法

魏玉曦（2020）设计了基于大数据挖掘技术的高校就业质量评价模型，采用布谷鸟搜索算法和 BP 神经网络对高校就业质量评价进行建模，其指标体系为就业率、考研率、创业率、就业单位性质、就业单位层次、专业一致性、就业服务满意度、就业满意度、用人单位对毕业生满意度。评价流程为：收集高校就业质量评价数据；确定 BP 神经网络结构；初始化神经网络的连接权值；布谷鸟搜索算法确定连接权值最优值；计算 BP 神经网络的训练误差；更新连接权值；满足训练终止条件；建立高校就业质量评价模型。

（四）就业质量研究意义的分析

关于就业质量的意义有较多的分析论述，我们以时间的先后顺序为基础概括如下：

李金林等（2002）认为，毕业生就业质量是学校办学水平的重要标志之一，对学校塑造社会形象、实施优质生源工程等会产生巨大作用。因此，提高就业质量或就业层次已经越来越成为高校的工作重点。一次性就

---

① 中国首家高等教育管理数据与咨询的专业公司。

业率只能反映就业工作某一阶段量的成果，无法对就业进行质的评价。因而，在对高校就业质量发生影响的因素进行分析的基础上，探索就业质量的评价体系，对于推进高等教育资源的优化配置有着重要的作用。

刘素华（2005）从就业率与就业质量的关系着手论证了研究和重视就业质量的意义，在当前我国就业率与就业质量的关系中，一方面，就业数量问题（总量过剩、结构失衡）起着决定性作用，它既是造成就业质量问题的根本原因，也是解决就业质量问题的关键所在。另一方面，就业质量问题已经成为当前就业领域急待解决的特殊问题，直接制约着就业数量的扩大，影响着就业工作的全局。就业率与就业质量好比是一个人的两条腿。改革开放以来正反两方面的经验告诉我们，就业质量在整个就业工作过程中处于相当重要的地位。忽视了就业质量，不但使劳动者权益受损，也会影响整个就业量的扩大，制约整个就业工作的健康发展。刘素华还驳斥了当前就业工作的主要矛盾、任务是扩大就业数量及降低就业率的观点。

李颖等（2005）认为，当前大学生的就业难主要是指就业质量的下降。大学生就业质量才是从根本上反映大学办学水平的关键性指标。只有深入研究大学生就业质量问题，构建就业质量的指标体系和统计方法，才能探索就业能力与学校教学水平的关系。因此，研究就业质量，对于改革教学内容及教学方法，提高大学的教育水平具有重要的意义。

杨慧芳（2006）认为，高职学院的教学要不断地进行改革才能更好地服务社会。高职学院的改革要从各方面进行，但必须要有重心，这个重心就是提升毕业生的就业质量。其原因就是毕业生的就业质量反映学校的办学水平，而毕业生就业质量是否得到社会认可的标准就是就业质量的高低。

钱建国和宋朝阳认为，高校毕业生是国家宝贵的人才资源，其就业问题关系国民经济发展、社会稳定和人民群众的利益，关系高等教育的持续健康协调发展，就业工作应该包括就业率和就业质量两个方面，是就业率和就业质量的统一，就业工作做得怎样，衡量指标首先是就业率的高低，当然还要注意就业质量，即在提高就业率的基础上稳定提高就业质量。就业质量反映毕业生的社会竞争力，是就业工作、就业实绩不可缺少的指标。就业质量反映学校毕业生具有创造力，在就业市场中存有价值，与就业率相比，就业质量的状况较为集中地反映高校培养质量的优劣，是高校核心竞争力的重要体现，因此，应是高等学校所要关注的重要问题。

陈龙（2014）认为，建立毕业生就业质量评价指标体系的意义，从高校角度分析，学校可以根据毕业生就业质量的评价结果，参照社会需求来调整专业课程的设置，实现专业与就业的结合，促进教育质量的提高，培养出符合社会需求的人才。从政府角度分析，通过评价高校毕业生的就业质量，政府能够对当前各个地区的就业形势进行准确判断，针对各个地区的经济发展状况以及教育资源分布情况，制定出有效的政策，优化教育资源的配置，平衡各个地区的教育发展，促进高校毕业生就业质量的提高。从毕业生以及社会企业角度分析，大学生可以根据以往的评价结果看到严峻的就业形势，意识到学习的重要性，进而从被动学习转变为主动学习，不断提高个人的能力与综合素质，适应企业岗位的要求。而用工单位则可以根据评价结果完善劳动规章制度，提升就业岗位质量以及就业满意度。

张淼（2014）认为，指标体系的功能首先是描述功能。为了真实客观地了解当前毕业生的就业质量问题，构建大学毕业生就业质量评价指标时，需要对各指标进行意义描述，使其可以真实准确地反映就业质量某一方面的本质和特性。从整体角度出发，该评价指标体系正是以其设计初衷为出发点，能够客观全面地反映某一地区大学毕业生就业质量的整体水平。其次是评价功能。大学毕业生就业质量评级指标体系不仅是对就业质量的客观描述，更是运用具体指标从不同维度和方面进行跟踪量化分析，最终得到科学的结论以综合评价某一地区大学生就业质量的情况。最后是指导功能。构建大学生就业质量评价指标体系的过程也是对影响大学毕业生就业质量相关维度进行进一步详细分解的过程。一方面，对大学毕业生就业质量相关维度的分解可以进一步得到一些用来评价大学毕业生就业质量的指标，运用这些指标，可以有针对性地在实际操作中提高某一群体的就业质量；另一方面，通过大学毕业生就业质量评价体系最终得到的结论可以有力支撑相关工作。总而言之，该评价指标体系不仅可以发现大学毕业生在就业质量上出现的问题，也可以用于未来提高大学毕业生就业质量的研究，在理论和实践中都具有很强的指导功能。

李婧等（2019）认为，中国特色社会主义进入新时代，当前社会的基本矛盾已经转化为人民日益增长的美好生活需要和不平衡不充分发展之间的矛盾。"提高就业质量，实现更高质量更充分就业"是人民最关心的现实问题之一，也是人民美好生活需要的重要内容。2018年我国高校毕业生达到创纪录的820万人，高校毕业生就业工作面临着更加严峻的挑战。既要保证就业数量，促进毕业生的充分就业；又要努力提升就业质量，促进毕业生的高质量就业。这是新时代对高校毕业生就业工作提出的新目标。

赵明（2019）认为，大学生就业问题不但事关国计民生与社会和谐稳定，还事关经济发展与民族复兴。随着我国高等教育规模的扩张以及我国经济发展下行压力的显现，我国大学生在就业方面显现的问题日渐增多，也日渐复杂。一是毕业生基数庞大，2019年大学毕业生人数达到834万，比上年增长12万，并且今后一段时间还会逐年递增；二是毕业生就业的结构性矛盾已经成为问题的核心，即并不是大学生找不到工作，而是难以找到满意的工作，结构性矛盾的实质就是就业质量问题。党的十九大报告指出，就业是最大的民生。要坚持就业优先战略和积极就业政策，实现更高质量和更充分就业。这说明当前提升大学生的就业质量已经从社会层面上升到国家战略。

冯用军（2020）认为，毕业生就业质量是对高校人才培养质量与办学水平等的长效检验。教育是国之大计、党之大计，人才成长与培养基础在教育。人是生产力的第一要素，人才是第一资源，人才强国战略是实现国家强盛的第一战略。党和国家非常重视人才培养工作，要求各级各类学校努力把学生培养成德智体美劳全面发展的社会主义建设者和接班人。高校是培育人才的主阵地，必须严把人才培养质量关，本科教学工作水平评估和学科评估是检验高校人才培养质量的"试金石"。在教育部五轮学科评估指标体系框架中，毕业生质量评价都是重中之重，这种重要性不仅停留在指标设计和权重分配的优化上，更体现在对毕业生质量科学内涵的认识上。在第一轮到第三轮学科评估中，人才培养一级指标排在四个一级指标（学术队伍、科学研究、人才培养与学术声誉）的第三位，第四轮学科评估上升到第二并直接使用人才培养质量，第五轮学科评估上升到第一位。

三、国内外高校毕业生就业质量理论的评价

（一）国外高校毕业生就业质量研究的评价

从西方国家的社会经济发展历史看，其失业问题出现较早。随着科学技术的进步和经济的发展，失业问题似乎没有得到多少缓解，而且不少国家和地区劳动者的就业质量提高缓慢或时而下滑，部分人群甚至出现了长期持续下降的现象。从高校毕业生就业的实际情况看，伴随高等教育大众化、普及化的进程，高校毕业生的失业率日益走高，就业质量逐步下降已是不争的事实。与此相适应，西方国家对于"就业质量"的问题有着较广泛深入的研究和较丰富的理论成果及实践经验，对于这些成果我们必须清醒认识。一方面，西方国家的就业质量是以其经济发展水平和社会经济政治制度为基础的，是以其意识形态、文化观念为分析框架的，这种理论、指标体系并不适合中国国情，如果我们盲目地照搬西方的就业质量含义与评价标准，那就不能正确地解释我国高校毕业生的就业质量问题。另一方面，对于那些没有阶级性的一般成果我们必须虚心学习。从总体上看，国外就业率与就业质量的评价指标体系、评价方法及其制度有以下特点：

1. 不同的主体具有不同的价值取向，相互弥补增强了全面性与客观性

政府部门统计高校毕业生的就业率，目的是了解高等教育事业的发展

状况与问题，为制订其发展规划与政策选择提供依据，因而需要在全国范围内展开调查，主要是统计总体就业率以及专业、性别、学校等专门或分类的就业率。各高校统计就业率，目的是掌握毕业生就业过程与就业情况。因此，统计内容除就业率外，还有就业渠道、岗位满意度、薪酬水平、工作性质、工作条件、工作稳定性、岗位与专业匹配程度等。社会组织对就业率的统计，目的是就业率的排序，以指导学生选择学校与专业，因此他们对就业率的统计与评估一般是通过行业协会或新闻媒体进行。非常明显，这种多层次的统计既促进了统计主体竞争，又对统计主体的一种监督，从而提高了就业率与就业质量指标的客观性。这一点对于我国统计体制的改革也具有一定的启发意义。

2. 就业标准多样性，就业评价多元化

通常，高校毕业生的就业情况一般被划分为就业、未就业与选择性未就业三类。例如，哈佛大学，升学和后续研究学习单独列出，不列入就业率的统计范围。这种划分简单明了，在一定程度上减少或避免了对"隐性就业"不能有效统计的现象，但这种划分也存在一些问题，如选择性未就业的概念就比较模糊，出国留学、升学也都可理解成选择性未就业。美国国家教育统计中心把高校毕业生的就业总体上分为全职就业与兼职就业两大类别。但也有较多的高等学校分类较为细化，如蒙大拿大学工学院对2002年毕业生的就业统计，就把毕业生划分为6种类型，即与学位相关的就业、专业性就业、学历范围外的就业、继续接受教育、参军及其暂时未就业。从高校毕业生的就业质量看，所谓的就业含金量，至今为止还没有统一的标准，实际情况是不同的学校各自进行统计与计算，这在客观上促进了就业质量指标的多元化，值得我们学习借鉴。

3. 注重统计的时效性，具有较高的信度

同我国比较重视毕业生初次就业率的统计一样，毕业生初次就业率也是国外很多高校衡量毕业生就业情况的重要指标，但国外高校非常重视毕业生就业的后续跟踪调查分析。为了解决统计信息的时效性问题，学校与其他社会统计机构一般会定期对毕业生的就业进行统计评估。美国在统计毕业生的就业时，常常将毕业生划分为即时就业、毕业后3个月、6个月、9个月、1年甚至4年的就业状况，其中，较普遍使用的是毕业生毕业后6个月与9个月的就业情况。例如，威斯康星商学院、杜克大学法律学院等高校都使用的是毕业生毕业后6个月的就业状况。这种统计与评估方法，一方面可以在一定程度上克服毕业生初次就业率的统计误差，也可以更好地反映就业的实际状况；另一方面有利于考察毕业生职业的稳定性，从而推动学校专业设置、课程调整与改革教学方法。大学生毕业后的跟踪调查，既保证了就业率的真实性，又包含着就业稳定性等就业质量的调查，显然比一次性就业率更丰富、更科学。

4. 统计渠道灵活多样，就业信息较为可靠

美国的高等教育机构及其他机构对毕业生就业状况的调查，一般都是以毕业一定时间后进行调查统计的，因此收集追踪毕业生的就业信息的难度较大。对毕业生就业状况进行调查的方式主要是问卷调查，也有电话访谈。为了保证就业信息的可靠性，调查问卷是按照一定的时间间隔、在一定周期内多次发放的。例如，哈佛大学教育研究生院就业指导办公室对毕业生的调查，就是每年在7月、10月、11月三次发放问卷收集毕业生的就业状况信息。乔治亚大学新闻与大众传媒学院对全美毕业生进行的年度调查，也是通过寄发问卷的方式完成的，在第一次发放问卷后，对未回馈的毕业生每隔2个月再寄发一次，以保证一定的回收率。寄发问卷也是麦迪逊地区技术学院调查毕业生就业状况信息的主要方式，其具体程序为：首先把调查问卷和付过邮资的返回信封寄发给毕业生；其次是对未回馈的毕业生进行第二次、第三次寄发问卷，并实时进行电话采访等。美国高校都拥有较成熟、较完善的毕业生就业信息在线调查系统，所有的毕业生随时都可便捷地把其就业信息发给母校。借鉴国外的经验，政府与高校都要加大投资，开拓大学生就业统计信息渠道，以获得系统的综合性信息。

5. 就业"含金量"逐渐重视，统计指标体系日益完善

美国高校毕业生就业状况的统计指标体系比较健全。为了客观、准确地说明毕业生就业的实际状况，美国高等教育机构与其他就业统计机构除

统计高校毕业生就业率外，通常还有一系列附加指标，即"内在含金量"的统计，如就业途径、就业环境、工资水平、工作稳定性、满意度等。在统计信息后，常常还附有毕业生就业去向、择业标准的详细分析说明，为新升大学的学生提供选择学校与专业的参考，为下一届高校毕业生的就业提供信息与参考。可以说从就业率到就业质量的研究与统计，是世界各国就业理论研究与实际统计的方向趋势。我们必须顺应这个方向趋势，大力开展我国就业质量的研究工作。

（二）国内高校毕业生就业质量研究的评价

从当前我国高校毕业生就业质量的研究状况看，表现出两个明显的特点：一是关于就业质量的研究起步较晚。国外从 20 世纪六七十年代初已经开始了就业质量的研究；国内则从 90 年代末才出现就业质量的研究，进入 21 世纪后就业质量的有关研究逐步增加。二是就业质量的相关研究成果较少，并且不成熟。到目前为止，就业质量的相关研究成果特别是高水平的成果仍然很少，而专门研究高校毕业生就业质量的成熟成果更是寥若晨星。综观当前的就业质量文献与研究成果，虽然就业质量问题特别是高校毕业生的就业质量已经得到了学术界相当程度上的学术关注，政府在有关高校毕业就业质量政策的制定与实施实践中也取得了一定的成果与经验，但仍然存在不少问题。一是人们对高校毕业生就业质量的理论价值、实践意义认识不深，没有充分认识到高校毕业生就业质量与社会经济互动发展的意义，没有充分认识到高校毕业生就业质量与高等教育普及化互动发展的意义，没有把高校毕业生就业质量作为一个重大经济学命题来研究，因此参与研究的学者与专家还不够广泛，高校毕业就业质量的基本原理、基本体系没有形成。二是高校毕业生就业质量的概念存在较多的争论，准确、社会广泛认可的、权威的定义没有形成。三是有关高校毕业就业质量的内容、层次、评价指标的研究处于起步阶段，规范的、系统的、完善的评价指标体系还没有形成，科学的、可操作性强的统计方法也没有形成。四是从研究的出发点来看，有些研究是从"资本"的视角展开，认为高校毕业生就业质量的态势是人力资本或社会资本原因所致；有些从"制度"的角度切入，认为高校毕业生就业质量是社会政治经济制度使然；有些从高校毕业生的主观因素出发进行研究，有的从现实与客观因素进行分析，但把主观因素与客观因素科学综合起来建立毕业生就业质量评价体系的较少；有人从社会经济的视角对就业质量的内含与评价指标进行研究，也有人以用人单位为基点进行评价，还有从高校和学生自身出发进行研究的，进行统一的、综合研究的却并不多。五是从研究方法来看，已有研究与成果大多采用定性的研究方法，采取定性与定量相结合、规范方法与实证方法相结合研究方法的较少。六是研究结果信度不够。虽然进行了一些实证研究，但由于指标体系与研究方法不够科学，再加上就业质量信息的约束，研究结论缺乏权威性与影响力。随着我国新时代社会经济的进一步发展及就业质量日益进入学者的视野，就业质量的研究必将深入并取得突破性成果。

第三章
高校毕业生就业质量的指标体系

一、高校毕业生就业质量评价的理论依据

(一) 高校毕业生就业质量评价的指导思想

1. 要以新时代中国特色社会主义理论体系为指导

西方国家的就业质量理论是以西方的政治经济制度为背景和意识形态为分析框架的。我国的就业质量的基本范畴、生成原理和评价指标体系及统计的方法步骤要以马克思主义、毛泽东思想及新时代中国特色社会主义理论体系为指导,以国家有关方针政策为准则,以社会主义的经济学、统计学、社会学、教育学、心理学和我国劳动相关法律方法为理论基础。

2. 要符合社会主义的道德价值观念与中华民族的传统伦理文化

就业质量指标既包括客观指标,也包括以满意程度为基础而构成的一系列主观指标。满意程度就是人们对现实就业状况的心理评价。在不同的社会制度和文化背景中,对不同的就业质量或工作生活问题,人们有不同的世界观与评价标准,从而会有不同的心理感受和幸福程度。我们可以学

习借鉴西方发达国家就业质量的理论成果和实践经验，但切不可盲目进口与照搬。我国拥有 5000 年的悠久历史和灿烂的文化，高校毕业生就业质量内涵的界定与指标体系的确定，必须要符合历史悠久、源远流长的中华民族优秀的传统文化、思维方式与生活习惯。我们是中国共产党领导的现代的、繁荣富强的社会主义国家，高校毕业生就业质量内涵的界定与指标体系的确定，必须符合现代社会的道德观念、价值标准与伦理原则，必须符合新时代的社会主义核心价值观。

3. 要适应时代生产力发展水平与国民经济发展状况

就业质量的客观性指标是建立在一定经济发展水平基础上的，主观性指标也与经济发展水平相联系。经济发展水平决定着就业质量，就业质量能够表现并反作用于经济发展水平，一定的生产力与国民经济发展水平就必然有一定的就业质量。例如，工资福利与社会保障及工作环境的改善等就取决于企业的生产力和国民经济的发展水平，与劳动关系相关的主观满意程度指标的改善也在很大程度上决定着企业的发展阶段与利润多少。因此，就业质量指标与评价方法的确定，必须符合企业的生产力发展水平与社会主义的经济发展概况，必须与经济发展阶段相适应。只有充分体现企业的生产力发展水平与国民经济发展状况的就业质量评价方法，才具有可靠的效度与信度，人们或社会才能接受，才具有重要的理论和现实意义。

4. 要体现社会发展情况与时代特点

在不同的社会发展阶段与时代，人们对职业有着不同的认识、评价与选择。苏国勋和刘小枫（2005）指出在生产力低下、分配极不平等的落后的农业社会，劳动者的职业地位呈现比较严重的继承倾向，就业观念也处于凝固状态[①]。而在发达的现代信息社会，职业地位的继承倾向处于下降的态势，就业观念逐渐转变，人们对就业质量的评价日趋多元化。左祥琦（2002）分析概括了计划经济体制下我国城镇劳动力就业质量的一般特点，他认为，在我国传统的高度集中统一的计划经济时期，政府劳动人事部门

---

① 苏国勋，刘小枫. 社会理论的知识学建构 [C]. 上海：三联书店，2005.

通过计划分配的方式直接安排劳动力就业，劳动者的劳动收入是与"低工资、高福利"紧密联系在一起的，其就业质量具有明显的特点："铁饭碗"式的固定工、低货币收入与劳动者基本生活必需品的福利保障。其实，这种形式的就业很难评价就业质量的高低，只能说具有明显的特点。例如，固定工制，其工作的稳定性当然很强，使劳动者充满可靠与安全感。但从另外一个角度来分析，劳动者个人为此也放弃了自主选择工作或职业机会，放弃了选择自己爱好的工作机会，很有可能也会丧失实现个人才能与价值的机会。随着我国改革开放的深入与社会经济的发展，青年人的工作生活观念已经并继续在发生变化，如有的大学生可能更喜欢具有挑战性但伴有风险的工作等。因此，高校毕业生就业质量指标及评价方法的确定，必须充分体现当前社会发展情况与高校毕业生就业观念变化的时代特点。

5. 要把人的幸福与发展作为就业质量评价的出发点与归宿

党的十九大报告指出，当前我国社会的主要矛盾已经转化为人民日益增长的美好生活需要和不平衡不充分的发展之间的矛盾。中国共产党的宗旨和初心就是全心全意为人民服务，为人民谋幸福。人的幸福与发展是社会经济发展的根本目的。因此可以说，把人的幸福与发展作为就业质量评价的出发点与归宿，既是社会主义社会经济发展的客观要求，也是新时代中国特色社会主义思想在就业质量理论中的应用与践行。

6. 要体现不同的主体及其评价目的

2008 年，我国共有普通高等学校 2263 所，其中本科院校 1079 所，专科院校 1184 所（含职业技术学院 1036 所），普通高校中中央部委院校 111 所（含教育部属院校 73 所），地方部门院校 1514 所（含教育部门 859 所）。2020 年，我国共有普通高等学校 2738 所，其中本科院校 1270 所，高职院校 1468 所①。学校数量庞大，层次类别繁多，并且分别隶属不同的部门与省份。不同层次、不同类别的学校办学定位不同，培养目标与培养方法也有较大的差异，对毕业生就业质量评价的维度与重点会有差别，评

---

① 2020 年全国教育事业发展统计公报［EB/OL］. 国家教育部网站，http：// www. moe. gov. cn/jyb_ sjzl/sjzl_ fztjgb/202108/t20210827_ 555004. html.

价指标体系与方法步骤应有所侧重与不同。用人单位是毕业生的使用者，对毕业生的能力、素质最为关心和了解，其评价的出发点或目标是毕业生的专业能力和综合素质，目的是选择优秀的毕业生。毕业生对就业质量的自我认识与评价，虽然可能带有一定的主观性或感情因素，但却是真实、纯朴的切身感受，最直接地反映了毕业生对职业发展与工资福利的诉求，可以说是就业质量优劣的最直接当事人。政府专门部门除可以掌握单个学校毕业生的就业率与就业质量外，还可以综合统计全国或地区的高校毕业生的就业率与就业质量，并可以从国民经济发展、人力资源配置、就业政策取向等方面对就业率与就业质量进行评估分析。这种评价因信息量大、统计全面、数据准确而具有权威性的特点。社会机构，如科学研究组织、人力资源及其咨询公司、行业协会等，在没有勾结的情况下，它们不代表和毕业生有关的任何单位与群体的利益，具有较强的独立性，因此对毕业生就业质量的评价具有一定的包容性与客观性及其公信度。由此可以看出，社会组织的评价是毕业生就业质量评价体系的重要组成部分。综上所述，高校毕业生就业质量的评价制度、评价方法与指标体系的设计，要充分体现多元化的思想与各个主题的价值取向。

（二）高校毕业生就业质量评价的基本原则

1. 科学性原则

高校毕业生就业质量指标体系的构建要体现其就业的内在要求、成长发展规律和社会经济的发展趋势，反映影响毕业生就业质量的主要矛盾及矛盾的共性部分；指标要含义明确，计算方法要标准，统计方法与渠道要规范，从而保证评价结果的准确性。

2. 全面性原则

高校毕业生就业质量评价指标体系的设计既要抓住其评价对象或标的的主要因素，并有所侧重，又要兼顾一般因素；指标之间要相互补充，各级指标的集合要完整、全面、准确地说明评价对象的总目标，并且要综合地反映毕业生就业的主要过程、岗位情况、专业对口、岗位与能力匹配情况与区域流向等运行的态势。

3. 独立性原则

大学生就业质量的内涵丰富，指标较多且指标之间关系密切，指标体系复杂。在设计选择指标时，既要注意其相关性，又要注意其独立性。同一级中各指标不存在因果关系、不互相重复、没有替代性，也就是所谓的指标体系的独立性或相对独立性。如果出现两个或两个以上指标反映就业质量的同一问题或同一属性，这实际上等于加大了某一方面或某一组指标的权重，势必会影响就业质量评价的准确性，也会增加就业质量统计评估的劳动量与成本。

4. 可比性原则

高校毕业生就业质量指标体系必须反映高校毕业生的共同属性，评价结果可以进行校级、区域、专业、性别、历史与国际比较等。就业质量评价指标体系的可比性的内涵为：一是要精确地设计统一评价标准或可比尺度，因为有了统一尺度才能进行校级、区域等的比较；二是被评价对象之间的评价属性与内容要有一致性；三是评价指标、评价方法与评价制度要尽量使用通用规范的名称，以便进行国际国内、纵向横向的比较。

5. 客观性原则

对高校毕业生就业质量的评价包括主观性与客观性指标两个大的方面，将二者恰当、巧妙地结合才是较为有效与合理的。在现有的环境与条件下，对就业质量的评价要尽可能多地运用客观评价指标，更多地设计有较准确数据基础与社会认可度高的客观性指标，尽量减少概念模糊、难以界定的主观性指标。在主观性指标的选择与设计上，具体来说还要注意：一方面要选择最主要或具有代表性的指标，另一方面要将主观指标尽可能地定量化，要求数据的真实性可核查、可印证。同时，在二者结合的过程中，主观性与客观性指标所占的权重需要根据国情、经济发展水平、大学生就业的心理特点等具体情况来决定。

6. 可操作性原则

高校毕业生就业质量评价指标体系是实际应用到社会现实的，因此在设计时需要充分考虑可操作性与成本高低等问题。否则即使设计得再全面、再完备，如无法在实际中应用，也是没有意义的，这就要求指标要尽量简化。高校毕业生的就业质量指标虽然有很多，但过多的指标既不便于数据的收集，也不便于加工处理和使用。有关研究已经证明，指标过多与烦琐对于准确的评价反而是不利的。因此在设计指标体系时，务必要注意资料获取的可能性、真实性与权威性，一定要避免指标过多过细过难，给被评价者造成负担与压力，从而产生厌烦甚至抵触情绪，进而影响调查表的回收率与信息的质量。

7. 针对性原则

高校毕业生就业质量和其他就业群体的就业质量相比有其共性，但也有其特殊性。因此，高校毕业生就业质量评价指标体系既要反映就业质量的一般特点或共性，又要体现高校毕业生就业客观事实决定的特点及其心理特性。大学生是具有较多知识的劳动群体，他们的工作性质和其他劳动者相比会有较大的不同，其心理倾向、思想观念、价值追求有其自身的特点。所以，就业质量指标体系的构建与其他劳动群体应有所区别。只有这样才能比较准确地反映高校毕业生的就业质量状况。

8. 导向性原则

一方面，高校毕业生就业质量会随着社会经济的变革与发展而发生变化，就业质量的内涵与指标体系是一个动态的演变过程；另一方面，高校毕业生就业质量的统计与评价，最终目标就是为高等教育与社会经济发展服务的。因此，设计毕业生就业质量评价指标体系应充分体现其就业质量现实、客观、全面的情况，以及毕业生个人、企业或用人单位、高等学校与政府有关部门的实际需求，要有利于并方便他们对就业质量变化特点与趋势的认识，为他们不断改进自身决策提供参考，从而推动毕业生就业质量的不断提高与社会经济的发展进步。

二、高校毕业生就业质量的内涵层次

（一）高校毕业生就业质量的内涵

借鉴发达国家的就业质量理论，吸收与综合国内就业质量的研究成果，在我国现有政治经济制度背景和传统文化条件下，立足于新时代国内经济发展和人们的生活水平，以马克思主义、毛泽东思想、新时代中国特色社会主义思想和有关劳动法律为指导，高校毕业生就业质量就是指生产过程中毕业生与生产资料相结合的状况。

首先，就业质量这一定义是以马克思主义政治经济学为理论基础的。生产方式是马克思主义理论的基本范畴。马克思与恩格斯对生产方式有两种基本解释，即生产方式就是人们物质生活资料的谋得方式；是社会生产机体本身的特殊方式—社会生产的条件和形式。所谓生产的条件就是生产的技术条件与社会条件，生产的形式就是社会的生产形式与生产的社会形式。生产的社会形式即生产的社会性质，在生产方式乃至社会经济生活中具有十分重要的地位作用，它决定生产方式的性质，决定生产关系的主要特征。从根本上说，生产的社会形式表现为劳动者与生产资料结合的特殊方式。马克思还指出，不论生产的社会形式如何，劳动和生产资料始终是生产的因素。凡要进行生产，就必须使它们结合起来。实行这种结合的特殊方式和方法，使社会结构区分为各个不同的经济时期。劳动者与生产资料结合的特定方式，也就是劳动者以什么样的身份与地位运用生产资料开展或进行生产。劳动者和生产资料的直接结合，就是劳动者是生产资料的主人，劳动成果由劳动占有与支配；劳动者与生产资料的间接结合，就是资本家占有生产资料，劳动成果由资本家占有与支配，劳动者成为资本家的附庸。马克思还认为，劳动具有双重性，即自然属性和社会属性。劳动的自然属性是由劳动过程的物质内容所决定的，它具有一般性与永恒性的特点；劳动的社会属性是劳动过程的社会性质所决定的，它具有社会性与历史性的特点。由马克思的这一理论我们可以看到，生产过程中毕业生与生产资料相结合的状况的定义已经包含了毕业生就业质量的所有内容。

其次，本书的就业质量定义，主要是从毕业生个人视角出发考察毕业生就业质量。当前我国学界关于就业质量含义的理解与界定存在很大的分歧，可以分为狭义与广义等多种观点。就业质量含义理解分歧的最主要原因就在于研究的出发点或角度不同。如果从高校或毕业生个人角度出发考察毕业生就业质量，就会把就业质量限制在生产过程或岗位质量的范围内，认为就业质量是就业过程中劳动者与生产资料相结合的状况。如果以用人单位为出发点来考察毕业生的就业质量，就会认为就业质量除岗位质量外，还应包括工作质量。从就业者的工作质量或生产效率方面来界定就业质量，一般用"人力资本"来说明劳动者的素质与能力，进而衡量就业质量的优劣高低。若从政府或社会的角度去考察就业质量，那么它的内涵将会非常广泛，不仅包括岗位与工作质量，还包括人力资源的综合配置效率与劳动就业对经济生活的影响程度。

最后，就业质量的这样定义或界定也符合理论研究的一般规律。从理论上看，任何概念的界定都必须既要准确地概括某一现象或事物的主要特征，又要简洁精练。本书关于就业质量的定义就是在分析借鉴国内研究成果的基础上形成的，只是进行了更为简洁精练的表述与内涵的规范。就定义本身看，不少学者对就业质量的表述大多带有好坏与优劣程度等词汇。质量是一种状态，它本身包含着好坏与优劣程度，因此，删去了修饰性的定语，把就业质量描述为一种状态。

（二）高校毕业生就业质量的层次

就业质量的层次相当复杂，就像对就业质量内涵的理解一样，从不同的视野或角度会有不同的理解和内容。从高校和毕业生的视野或角度出发，在我国现有的制度背景与传统文化条件下，就业质量的基本内容或层次应包括：①薪酬福利，它包括劳动报酬和社会保障两个层次。一是劳动报酬，即工资奖金等；二是社会保障，在我国现阶段主要有社会保险、救济、福利与优抚安置四项内容，其中社会保险又包含了医疗、工伤、失业、养老与生育保险五个方面。②工作环境，包括物理环境、安全环境和心理环境等因素。③劳动关系，主要包括意愿表达、民主权利、平等协商、工会组织、机会均等与受到尊重等。④工作性质，即工作是否为强迫性的，这种强迫性包括隐性和显性两种，具体应包括劳动合同、工作时间、工作强度、工作稳定性等。⑤就业层次，主要有就业单位和就业岗位两个层次，就业单位层次主要应用政府部门与事业单位、国际国内著名企业就业率及考研率等来衡量，就业岗位层次可以"部门主管"、"高级研究"和高级管理人员来对比。⑥个人发展，即发展前景，主要包括岗位匹配、社会尊重、行业发展、区位状况、学习培训、职务晋升、职称评定等。

部分高校从毕业生的自我评价出发设计就业质量评价指标体系，其基本方法是通过对毕业生的问卷、访谈等来收集毕业生就业质量的自我满意程度。此种指标体系与方法重点针对的是毕业生对就业过程与就业结果的认同程度，其优点是尊重毕业生个人的实际体验，体现了以人为本的精神，并且可操作性相对较强，数据取得相对容易，缺点是欠缺客观性，缺少社会性评价。

从用人单位的视野或角度出发，就业质量主要是考察大学生的工作质量或对生产效率的贡献。其基本指标应包括：①专业素质与生产效率的相关指标，包括学历层次、专业知识和创新能力等；②职业技能与生产效率的相关指标，包括动手能力、适应能力与应变能力等；③综合能力与生产效率的相关指标，包括组织能力、团队精神等；④职业道德与生产效率的相关指标，包括遵守纪律、敬业精神、责任意识与关系组织等；⑤身心素质与生产效率的相关指标，包括精力充沛、心理承受与意志坚定等。

从政府或社会的视野与角度出发，就业质量的层次更加复杂，除要考察毕业生的工作质量外，还需考察毕业生工作对社会经济的贡献程度和人力资源的配置状况。仅仅从毕业生就业对社会经济的影响程度来界定与评价就业质量，只要毕业生的工作能够促进经济增长和社会进步，一般条件下就可以说，他们是高质量的就业；反之则为低质量的就业。因此，凡是高校毕业生就业与经济增长、社会进步相关的指标都可以作为衡量就业质量的指标。若从人力资源的配置状况来考察就业质量，关键的问题是要看具有高资本存量的高校毕业生能否实现人力资源的最佳配置，能否使人力资源的效益得到最大的发挥，大学生个人是否具有广阔的发展前景以及人力资本的回报率。此外，应包括一些与幸福指数相关的工作生活质量指标及政治思想与道德素质等指标。

就业质量的层次还可以从主观性、客观性指标两个方面来划分。客观性指标反映就业的状态，主观性指标就是毕业生对就业现有状态的满意程度。客观性指标可以是岗位质量、工作质量与对社会经济的贡献的现实状况；主观性指标一方面是毕业生对就业岗位质量等现实状况的满意程度，另一方面还有一些独立的指标，如劳动尊严、个人价值与心理幸福等。

（三）高校毕业生就业意向的特点

研究认识高校毕业生职业价值观的特点及其变动趋势，对于科学地设计其就业质量评价体系和方法步骤具有较重要的作用。职业价值观是人们对待职业的信念和态度，是人们在职业生活中表现出来的一种价值取向，是价值观在职业选择上的体现。高校毕业生是接受过较多教育的知识劳动群体，他们的工作性质和其他劳动者相比会有较大的不同，其心理倾向、思想观念、价值追求有其自身的特点。

1. 就业期望值高

就业期望值高是全世界大学生就业心理预期的共同特点，我国大学生更是如此。由于受传统文化的影响，许多大学生都有一种"十年寒窗，一举成名"的心理，因此对择业的期望相当高。大学生大多希望到生活条件好、福利待遇高的大城市、大机关、大公司工作，不愿到急需人才且条件艰苦的中小城市或基层小单位，过分地考虑择业的地域、职位的高低和单位的经济效益。有些大学生找不到合适的单位与工作，宁肯成为"啃老族"，也不愿降低就业期望值去就业。

2. 注意个人的发展

青年人在就业单位的选择上特别看重单位及自己是否有发展前途，否则就会不停地"跳槽"。与其他青年人相比，大学生受过系统的高等教育，具有专业知识与较强的能力，因而更加看重个人发展。

3. 喜欢宽松的环境

随着我国改革开放的进一步深入与社会主义市场经济的发展，当代大学生要求企业文化应该是平等民主的。他们不喜欢等级森严的管理制度、复杂的人际关系，不愿把宝贵的时光放在争权夺利的斗争上，对权威也不怎么尊重。这一方面说明了学生就业价值观念的转变，另一方面也说明了现实社会与企业文化中存在较严重的与现代市场经济不适应的观念，如裙带关系、小团体主义、潜规则、官商勾结等。因此，考察大学生的就业质量就必须考察劳动关系。

4. 喜欢挑战性的工作

新时代的毕业生是在改革开放进一步深化、社会主义市场经济蓬勃发展的与国际竞争日益激烈的浪潮中出生和成长的，他们具有较强的竞争观念与开拓进取的时代精神，可以打破传统的就业观念去迎接各种挑战。但现实往往是残酷的，有成功必然会有失败，挑战往往伴随着风险，而失败与风险就需要保险。因此，社会保障对大学生同样非常重要。

5. 注重工作生活的平衡

新时代的高校毕业生认为，工作不是人生乐趣和幸福的唯一源。他们非常希望从事岗位与兴趣匹配、具有一定挑战性的工作，但又不想过多地牺牲教育、爱好、休闲与社交等方面的追求与享受。社会经济发展历史与经济学理论已经证明，闲暇时间与劳动时间成反比。闲暇时间越多越长，一方面说明社会生产率的提高，另一方面有利于大学生身心健康与知识的增加。所以，要考察高校毕业生的就业质量，无论是从大学生个人、学校的视野，还是从企业与社会的角度，都需要考察评价劳动时间的长短。

三、高校毕业生就业质量的指标体系

（一）高校毕业生就业质量指标体系表

从高校毕业生的视野出发，根据上述指导思想及其原则，在现有的条件下，我们以高校毕业生就业岗位质量为核心并考虑借鉴工作质量的有关指标；以客观性指标为主体并适当兼顾相关主观性指标，选择 3 个一级指标和 15 个二级指标建立高校毕业生就业质量评价指标体系（见表 3-1）。

表 3-1 高校毕业生就业质量评价指标体系

一级指标	二级指标
薪酬福利（D_1）	1. 劳动报酬 N_1（包括工资、奖金、津贴等；平均收入是当地年平均收入）
	2. 社会福利 C_1（用享受率来衡量，即享受毕业生总人数/应享受毕业生总人数）
	3. 养老保险 C_2（用参保率来衡量，即参保毕业生总人数/应参保毕业生总人数）
	4. 医疗保险 C_3（用参保率表示，计算方法同上）
	5. 失业保险 C_4（用参保率表示，计算方法同上）
	6. 工伤保险 C_5（用参保率表示，计算方法同上）
劳动关系（D_2）	7. 劳动合同 B_1（用合同签订率表示，即签订合同毕业生总人数/应签合同毕业生总人数）
	8. 工会组织 B_2（参加工会组织，用参加率表示，即毕业生会员总人数/应参加毕业生总人数）
	9. 劳动保护 B_3（安全系数表示，即事故人数或健康受到损害毕业生总人数/毕业生总人数，损害程度和劳动保护津贴暂不计）
	10. 劳动时间 B_4（用年均周工作时间表示）

一级指标	二级指标
个人发展（D_3）	11. 学习培养 E_1（用培训率表示，参加培训总人数/毕业生总人数）
	12. 专业对口 E_2（用专业对口率表示，即在所学专业岗位工作总人数/毕业生总人数）
	13. 兴趣与岗位匹配 E_3（用适应率表示，即适应毕业生总人数/毕业生总人数）
	14. 单位性质 E_4（用正规就业率表示，即在正规部门工作的毕业生总人数/毕业生总人数）
	15. 国内外著名企业就业情况 E_5（用著名企业就业率表示，即在著名企业就业的毕业生总人数/毕业生总人数）

（二）高校毕业生就业质量指标的说明

1. 薪酬福利

薪酬福利由劳动报酬与社会保障两个二级指标所组成。劳动报酬是指高校毕业生的一年工作收入的总和，当前在我国应包括工资与奖金及津贴等。按人才成长发展的规律，高校毕业生毕业工作后 3~5 年，才能显示出他们的工作能力、发展潜力与收入水平。但由于本书主要是考察高校毕业生起始的就业质量的变动情况，因此，只研究或调查大学生毕业后第一年的工资收入。还由于不同的地区有不同的工资水平，因此采用了区域年平均工资收入指标。

社会保障是指国家为了保持经济发展和社会稳定，对公民在年老、疾病、伤残、失业、生育与遭受灾害面临生活困难时，由政府和社会依法给予物质帮助，以保障公民的基本生活需要的制度。其目的是通过国家或社会出面来保证社会成员的基本生活权益和不断改善，提高社会成员的生活质量，促进并实现社会的稳定发展。社会保障的对象是全体社会成员，其中以暂时或永久丧失劳动能力的人、失去工作机会的人和收入不能维持最低生活水平的人及其家庭为主要对象。目前，我国社会保障体系主要包括社会保险、社会救济、社会福利、优抚安置四项内容。社会保险是最基本的保障，社会福利是最高的保障，社会救济是最低的保障，社会优抚是特殊的保障。社会保险是指以劳动者为保障对象，以劳动者年老疾病、伤残、失业、生育等特殊事件为保障内容，国家依法强制实行的一种社会保障制度，我国社会保险的适用范围是城镇劳动者。社会福利是国家和社会通过各种福利服务、福利企业、福利津贴等方式，使全体社会成员在享受基本生存权利的基础上，随着社会经济的不断发展而提高生活水平的社会政策总称。社会救助是国家对意外事故或自然灾害等原因造成生活困难，以至于无法正常生存的公民，无偿给予社会帮助，提供生存保障的制度。优抚安置也称社会优抚，是国家和社会对军人或其家属提供了一定生活水平的救济金、伤残抚恤、退伍安置及其他社会优待的社会政策的总称（王宏等，2013）。高校毕业生是一个接受过较多教育的知识劳动群体，他们的就业能力与工作能力一般高于其他群体，从总体上看应处于优势地位，接受社会救济与优抚的毕业生不多。因此，本书选择了社会保险与社会福利两个指标，而社会保险则选择医疗、工伤、失业与养老保险四个指标。

2. 劳动关系

劳动关系是在生产过程中劳动者与劳动单位发生的关系。和谐的劳动关系体现着法律的规范程度与管理者或老板的价值观念、道德水平。劳动合同在很大程度上反映劳动者工作的稳定性、工作性质与条件等一系列劳动权益的内容，因此把劳动合同是否签订作为衡量劳动关系的首个指标。意愿表达、平等协商与民主权利等是通过一定的组织与渠道实现的，当前我国工会是企事业单位实施民主管理的法定组织，所以选择是否参加工会组织可作为衡量劳动关系的第二个指标。劳动保护状况一方面体现着用人单位遵纪守法的情况，另一方面说明管理者或老板对于就业者身体健康及生命权的关爱与尊重，因而选择劳动保护作为衡量劳动关系的第三个指标。劳动时间过长说明劳动具有或明或暗、或轻或重的强迫性质，劳动时间过短则说明存在隐性失业，符合国家法律与社会经济发展及其劳动者需要的劳动时间，清楚地反映了就业者的工作生活质量与劳动关系；一般的经济学理论认为，"经济人"爱好或偏好休息，讨厌劳动或厌恶工作，因此劳动者的工作时间与就业质量成反比，从而把它作为衡量劳动关系的第四个指标。

3. 个人发展

个人发展主要是指毕业生职业生涯发展前景。知识与技能是劳动者用以得到报酬或收入的宝贵资源，因而高校毕业生都希望能够在工作过程中不断学习，进而丰富提高自己的知识技术水平，所以是否拥有一定的技术培训和进一步学习的机会肯定是衡量其就业质量的一个指标，因此我们选定学习培养作为个人发展的第一个指标。专业对口指毕业生所从事的工作岗位与所学专业基本吻合，或者是其工作职业属于某一职业群。专业对口一般可以反映人力资本投资的实现程度与人力资源的配置状况，能推动企业生产力的提高和社会经济的发展，也有利于大学生实现个人价值，从而选为个人发展的第二个指标。兴趣与岗位匹配可以激发劳动者对职业的热爱，可以激发劳动者工作积极性与创造性，使劳动者的能力得到最大限度发挥，最终使国家、企业与劳动者个人三方共赢，所以把兴趣与岗位匹配作为个人发展的第三个指标。考虑当前我国的政治经济制度背景与实际情况，单位性质指标用正规就业率来表示，即在正规部门工作的毕业生总人数/毕业生总人数。我们把政府机关、国营企事业单位、规模较大的私营企业、规模较大的三资企业定义为正规就业，把自己创业、在规模较小的三资企业、规模较小的私营企业与个体经营户工作的高校毕业生叫作非正规就业。就业单位的性质，即所有制流向可说明毕业生的就业质量，这是由我国现有的社会经济发展水平、制度与文化背景所决定的。从现实看，政府机关、国营企事业单位和中小民营企业相比，其工作收入、工作条件等的差异是客观存在的；从高校毕业生的心理倾向看，大多毕业生都愿意到政府机关、国营企事业单位就业。规模较大的三资企业与私营企业，不仅工作比较稳定和收入较高，而且更有利于大学生职位与职称的晋升发展，因此将单位性质作为个人发展的第四个指标。用国内外著名企业就业来衡量大学生的就业质量及其未来发展，几乎是国际惯例，所以将国内外著名企业就业情况作为衡量大学生个人发展的第五个指标。

四、高校毕业生就业质量的评价标准

高校毕业生就业质量评价指标确定后，需要选择与设计科学的、便于操作的评价标准。就业质量的评价标准就是为就业质量的每一个评价要素或指标设计、规定统一的度量尺度。本书选择平分法，根据高校毕业生就业质量每一指标的具体内容、要求与特点，划分为若干等级，并对每个等级予以明确的质、量规定，然后给予相应的评分（以 10 分为单位，见表 3-2）。

表 3-2　高校毕业生就业质量评价标准

指标			等级	分数
薪酬福利（D_1）	劳动报酬（年收入，包括工资、奖金、津贴等；平均收入是当地平均收入）（N_1）		①收入总额远高于平均水平（X_1） ②收入总额高于平均水平（X_2） ③收入总额相当于平均水平（X_3） ④收入总额低于平均水平（X_4） ⑤收入总额远低于平均水平（X_5）	10 8 6 4 2
	社会福利（用享受率衡量，即享受毕业生总人数/应享受毕业生总人数）（N_2）		①享受率为 100%； ②享受率为 90%~99% ③享受率为 1%~9%	10 9 1
	社会保险	养老保险（用参保率来衡量，即参保毕业生总人数/应参保毕业生总人数）（C_1）	①参保率为 100%； ②参保率为 99%~90%（③~⑨略） ⑩参保率为 9%~1%	10 9 1
		医疗保险（用参保率表示，计算方法同上）（C_2）	①参保率为 100% ②参保率为 99%~90%（③~⑨略） ⑩参保率为 9%~1%	10 9 1
		失业保险（用参保率表示，计算方法同上）（C_3）	①参保率为 100% ②参保率为 99%~90%（③~⑨略） ⑩参保率为 9%~1%	10 9 1

续表

指标			等级	分数
薪酬福利（D_1）	社会保险	工伤保险（用参保率表示，计算方法同上）（C_4）	①参保率为 100% ②参保率为 99%~90%（③~⑨略） ⑩参保率为 9%~1%	10 9 1
劳动关系权重值为（D_2）	劳动合同（用合同签订率表示，即签订合同毕业生总人数/应签合同毕业生总人数）（B_1）		①合同签订率为 100% ②合同签订率为 99%~90%（③~⑨略） ⑩合同签订率为 9%~1%	10 9 1
	工会组织（参加工会组织，用参加率表示，即毕业生会员总人数/应参加毕业生总人数）（B_2）		①参加率为 100% ②参加率为 99%~90%（③~⑨略） ⑩参加率为 9%~1%	10 9 1
	劳动保护（安全系数表示，即事故人数或健康受到损害毕业生总人数/毕业生总人数，损害程度和劳动保护津贴暂不计）（B_3）		①安全系数 99%以上 ②安全系数 99%~95%（③~⑤略） ⑥安全系数 80%以下	10 8 0
	劳动时间（用年均周工作时间表示）（B_4）		①周工作时间 35 小时以下（Y_1） ②周工作时间 36~40 小时（Y_2） ③周工作时间 41~48 小时（Y_3） ④周工作时间 49~56 小时（Y_4） ⑤周工作时间 57 小时以上（Y_5）	10 8 6 2 0
个人发展权重值为（D_3）	学习培养（用培训率表示，参加培训总人数/毕业生总人数）（E_1）		①培训率 80%以上 ②培训率 79%~60%（③~④略） ⑤培训率 19%~1%	10 8 2
	专业对口（用专业对口率表示，即在所学专业岗位工作总人数/毕业生总人数）（E_2）		①专业对口率 80%以上 ②专业对口率 79%~60%（③~④略） ⑤专业对口率 19%~1%	10 8 2
	兴趣与岗位匹配或工作适应（用适应率表示，即适应毕业生总人数/毕业生总人数，这里适应包括很适应、较适应）（E_3）		①适应率 80%以上 ②适应率 79%~60%（③~④略） ⑤适应率 19%~1%	10 8 2
	单位性质（用正规就业率表示，即在正规部门工作的毕业生总人数/毕业生总人数）（E_4）		①正规就业率 90%以上 ②正规就业率 89%~80%（③~⑧略） ⑨正规就业率 10%以下	10 9 2
	国内外著名企业就业情况（用著名企业就业率表示，即在著名企业就业的毕业生总人数/毕业生总人数）（E_5）		①著名企业就业率 20%以上 ②著名企业就业率 19%~15%（③~④略） ⑤著名企业就业率 5%以下	10 8 2

表 3-2 中劳动报酬的得分为其组成因素的综合平均数，即 $N_1 = (10X_1 + 8X_2 + 6X_3 + 4X_4 + 2X_5) / X$（X 为总人数，$X_1 \sim X_5$ 为各等级人数；劳动时间评分与劳动报酬相同）；其他评价指标都以该比率为依据，相应比率得到对应平分，如养老保险 E_4 参保率，即 $C_1 =$ 参保毕业生总人数/应参保毕业生总人数，若参保率为 100%，则得 10 分；单位性质指标中①~④为正规就业，⑤~⑧为非正规就业，正规就业率，即 $E_4 =$ 正规部门工作的毕业生总人数/毕业生总人数。

五、高校毕业生就业质量的计算方法

（一）权数确定的基本依据

评价指标权重是指标体系中的重要组成部分。权重系数的科学与否直接决定着就业质量的信度。本书设计权重系数的方法为理论分析、文献考察、调查研究、专家咨询与层次分析法等。

1. 理论分析

一定的工资收入是人们生活与发展的基础，在生产力还不高的我国更是如此。改革开放以来我国的国民经济得到了快速发展，从 GDP 总量看已是世界经济大国，但从人均 GDP 考察，可以说仍然为中等国家的水平。据中国社会科学院社会学所长李培林在 "2010 年《社会蓝皮书》发布暨中国社会形势报告" 会上讲到，2009 年中国城乡居民恩格尔系数分别是在 37%~43% 左右。国家统计局网站 2021 年 2 月发布的我国 2020 年国民经济与社会发展统计公报显示，2020 年全国居民恩格尔系数为 30.2%，其中城镇为 29.2%，农村为 32.7%。这说明我国居民收入的 30% 是用基本生活支出的。社会保险是政府对劳动者所可能遭遇的社会风险而提供的物质补偿制度，它具有分散社会风险、维护社会公平和社会秩序的功能，也是社会文明程度的重要标志。从这些数据还可以看到，对于普通居民来说，薪酬福利当前仍属于最基本的生活需要，因此也应该是衡量高校毕业生就业质量最重要或基本的指标。

人们在生存或基本生活资料得到满足后，就会去追求个人的发展，以实现其人生理想与社会价值，这已经是被社会经济发展所证明了的经济学的基本原理。大学生作为受过高等教育、从事技术岗位与管理岗位工作的劳动群体，可能具有更强的、更明显的使命感与责任感，当他们的基本或必要的生活需要得到满足后，可能会更多地去谋求实现个人的价值与个人发展。因此当前评价高校毕业生就业质量的次级重要指标就是个人发展。

劳动关系既影响社会的生产效率，又影响社会的稳定、劳动者对工作岗位的满意度及人们的幸福感。要建设和谐社会，就必须构建和谐的劳动关系。若劳动关系存在较多、较大的矛盾，就会影响人民的生活、社会与经济的发展。因此，将劳动关系设计作为衡量高校毕业生就业质量的第三个一级指标。

2. 文献考察

近年来，我国不少学者和相关研究机构对高校毕业生的就业意向与满意程度进行了很多调查，综合这些调查结果与研究结论，当前高校毕业生的择业标准或就业需求层次的基本顺序依次为薪酬福利、个人发展与人际关系。樊潇潇（2008）认为，择业标准是职业价值观的具体表现，它反映了个体作为择业主体对某种社会职业的认识、评价、态度等心理和行为倾向，也是个体在社会实践过程中对自己的知识、技能、兴趣、价值观等进行反思和判断的结果。作者对重庆市大学生的就业意向进行调查，得出了个人的发展是就业的基本目标，而是否达到目标又是以薪资福利的高低来衡量的总体结论。大学毕业生在择业单位性质的首选项中，政府机关占30.7%，外企合资企业占26.4%，国有企业和事业单位分别占14.9%和13.76%。王丽萍等（2005）关于大学生就业期望的调查资料则显示，40.3%的学生期望到国家机关就业，32.5%的学生期望到三资企业就业，

19.2%的学生期望到学校就业，13.3%的学生期望到国营企业就业。根据第一部大学生就业蓝皮书——《中国大学生就业报告2009》的资料，2008年大学生对就业岗位的满意程度是政府机关和事业单位最高，民营企业和个体企业最低。大学生的就业心理倾向与价值标准可以说明：薪酬福利、个人发展与劳动关系及其所属因素在就业质量指标体系中的重要程度或次序。

近年来，我国不少学者对高校毕业生就业质量的评价指标体系进行了一定的理论研究，也取得了较多的成果。分析比较当前这些研究成果可以看到，高校毕业生就业质量的基本指标及排序，总体可依次概括为薪酬福利、个人发展与劳动关系。首先，在就业质量含义的描述与概括中，劳动者的收入水平、报酬状况处于重要的或突出的地位，同时兼顾或强调了劳动关系、个人发展的作用与意义。其次，在就业质量层次与内容的界定方面还存在较大的争论，但从就业岗位的质量来说，基本上可用薪酬福利、个人发展与劳动关系三个一级指标所概括。最后，在众多的就业质量指标评价体系中，工资与社会保障水平大多被赋予了较大的权重，接着才是个人发展与劳动关系。理论界关于高校毕业生就业质量指标构成重要性的分析是我们构建权重值的重要依据之一。

3. 调查研究

为了科学地确定权数，我们专门对各指标的重要性进行了调查。调查对象是2001~2019届毕业生；调查方法为抽样调查；调查内容是要求被调查者对15个指标进行打分（满分为100分）。本次共投放100份调查问卷，回收100份，回收率100%；94份有效问卷，有效率为94%（具体调查结果如表3-3所示，各指标得分为加权平均数）。

表3-3　高校毕业生就业质量指标体系权重值调查

姓名　　　　毕业时间　　　　所学专业　　　　单位名称

请您根据自己的感受与体会给下表15个指标打分。满分为100分，超过100分为无效表。

序号	指标	得分
1	劳动报酬	20
2	社会福利	5

续表

序号	指标	得分
3	养老保险	5
4	医疗保险	6
5	失业保险	4
6	工伤保险	3
7	劳动合同	7
8	工会组织	2
9	劳动保护	4
10	劳动时间	8
11	学习培训	7
12	专业对口	3
13	兴趣与岗位匹配	8
14	单位性质	9
15	著名企业就业	9

4. 专家咨询

权数的确定方法通常有德尔菲（Deiphi）法（又称为专家评定法）、层次分析（AHP）法、强制打分法、主成分分析法、因子分析法和相关系数构权法等。德尔菲法是赫尔默于1964年发明并首先使用。德尔菲法以对专家的权威、信任为出发点。但专家也有主观性和弱点，为减少或避免专家的这种主观性与弱点，保证每一位专家都可以独立、客观地发表自己的观点，因而采用匿名问卷的方式向专家征询意见，然后由统计人员进行整理汇总，统计人员再将整理结果发给每位专家，让其再一次发表意见，经过这样多次反复的过程，直至专家观点达到基本一致，进而得到各指标的权重。运用德尔菲法给评价指标分配权重，其具体步骤为：第一步，编制咨询表；第二步，遴选专家，发放咨询表；第三步，收回咨询表，进行统计处理；第四步，计算离均差；第五步，发放第二轮咨询表；第六步，统计处理第二轮调查结果。我们选择国内10位专家，按照德尔菲法的步骤完成了对权重系数的意见征询（见表3-4）。

表 3-4　高校毕业生就业质量指标体系权重值专家咨询

序号	指标	权重值（总值为10）
1	劳动报酬	2.6
2	社会福利	0.4
3	养老保险	0.6
4	医疗保险	0.6
5	失业保险	0.5
6	工伤保险	0.3
7	劳动合同	0.7
8	工会组织	0.3
9	劳动保护	0.3
10	劳动时间	0.7
11	学习培训	0.5
12	专业对口	0.7
13	兴趣与岗位匹配	0.4
14	单位性质	0.6
15	著名企业就业	0.8

5. 层次分析法

层次分析法（AHP）是对分析决策问题的影响因素、因素间的内在关系与重要性的比较，将过程数学化，是定性分析和定量研究融合的方法，特别适合决策结果不好或难以准确计量的材料与场合。这种方法是美国匹兹堡大学萨迪（T. L. Saaty）教授创立的，是目前应用比较广泛的一种方法。因为影响就业质量的因素较多且随社会的变化而变化，所以，使用层次分析法对就业质量进行评估时，要遵循先定性分析、再定量研究、进而排序的思路。首先，通过专家、学生的调查问卷，对就业质量的各个影响因素进行定性研究，并进行总结概括；其次，运用层次分析法，分析计算高校毕业生就业质量影响因素的权重系数；最后，在根据实际情况对权重系数进行修正。众所周知，在不同的时期与不同的条件下，影响高校毕业生就业质量的因素会有所不同，需要结合具体时间、环境、条件与政策以及毕业生心理的变化对大学生就业质量因素进行修正。因而，高校毕业就业质量的评估是一个在实践中不断完善的动态的过程。

（1）评价模型结构。根据层次分析法的原理与方法，设计就业质量模型可分为目标层、中间层与指标层三个基本层次，并且设目标层为 A，体现"高校毕业生就业质量评价"；中间层为 B，是评价因素层（见表 3-6 的 B_1、B_2、B_3），指标层为具体评价指标 C（见表 3-7 至表 3-9 的 $C_1 \sim C_{15}$）。最底层为高校毕业生就业质量 D。表 3-10 即体现了模型的层次结构。

（2）构造判断矩阵确定指标权重。运用 AHP 的两两判断矩阵方法确定高校毕业就业质量的各指标权重。在 AHP 中，高校毕业生就业质量的构成因素的相对重要性常使用 1，2，3，…，9 及其倒数来表示或标度。例如，指标 1 相对指标 2 的重要性之比为 a，则指标 2 相对指标 1 的重要性为 a 的倒数 $1/a$，1~9 标度含义如表 3-5 所示。因此，在高校毕业生就业质量的层次结构中，每一指标与对应的上一层次的指标的重要性程度就构成了两两判断矩阵。为了科学地确定高校毕业就业质量各指标的权重系数，我们对其各自的重要性进行了实证调查。根据调查数据，利用 AHP 的特征根法得到具体的两两判断矩阵结果，如表 3-6 至表 3-9 所示，其中，W 表示每一指标对上一层次指标的权重。

表 3-5　两两判断矩阵中 1~9 标度含义

标度	含义
1	两指标相比，具有同等重要性
3	两指标相比，前者比后者稍重要
5	两指标相比，前者比后者明显重要
7	两指标相比，前者比后者强烈重要
9	两指标相比，前者比后者极端重要
2，4，6，8	前者比后者的重要性在上述之间
1~9 的倒数	前者比后者不重要的上述相应描述

表 3-6　中间层 B 对目标 A 的两两判断矩阵及相对权向量

A	B_1	B_2	B_3	W（相对权向量）
B_1	1	2	2	0.4934
B_2	1/2	1	1/2	0.1958
B_3	1/2	2	1	0.3108

注：判断矩阵一致性比例为 0.0516；对总目标 A 的权重为 1.0000。

表 3-7 $C_1 \sim C_6$ 对中间层 B_1 的两两判断矩阵及相对权向量

B_1	C_1	C_2	C_3	C_4	C_5	C_6	W（相对权向量）
C_1	1	5	3	7	6	6	0.5030
C_2	1/5	1	1/2	1/2	2	2	0.0975
C_3	1/3	2	1	1	1	1	0.1191
C_4	1/7	2	1	1	2	2	0.1303
C_5	1/6	1/2	1	1/2	1	1	0.0750
C_6	1/6	1/2	1	1/2	1	1	0.0750

注：判断矩阵一致性比例为 0.0471；B_1 对总目标 A 的权重为 0.4934。

表 3-8 $C_7 \sim C_{10}$ 对中间层 B_2 的两两判断矩阵及相对权向量

B_2	C_7	C_8	C_9	C_{10}	W（相对权向量）
C_7	1	3	2	2	0.4178
C_8	1/3	1	1	1/2	0.1434
C_9	1/2	1	1	1/3	0.1434
C_{10}	1/2	2	3	1	0.2954

注：判断矩阵一致性比例为 0.0383；B_2 对总目标 A 的权重为 0.1958。

表 3-9 $C_{11} \sim C_{15}$ 对中间层 B_3 的两两判断矩阵及相对权向量

B_3	C_{11}	C_{12}	C_{13}	C_{14}	C_{15}	W（相对权向量）
C_{11}	1	1	1	1/2	1	0.1720
C_{12}	1	1	1	1	1/2	0.1720
C_{13}	1	1	1	1	1	0.1976
C_{14}	2	1	1	1	2	0.2607
C_{15}	1	2	1	1/2	1	0.1976

注：判断矩阵一致性比例为 0.0392；B_3 对总目标 A 的权重为 0.3108。

采用特征根法计算两两判断矩阵，需要进行一致性检验。当随机一致性比例 CR<0.1 时，认为层次总排序结果具有较满意的一致性。从计算结

果可以看出，各判断矩阵一致性比率<0.1，满足一致性检验，说明两两判断矩阵中各指标权重分配合理。

（3）评价模型的确立。高校毕业生就业质量评价的各项指标权重系数确定后，就可确立其评估模型，如表3-10所示。

表3-10　高校毕业生就业质量评价模型

评价因素	权重	二级指标及权重		
		二级指标	相对于评价因素的权重	相对于总目标的权重
薪酬福利（B_1）	0.4934	1. 劳动报酬 C_1	0.5030	0.2482
		2. 社会福利 C_2	0.0975	0.0481
		3. 养老保险 C_3	0.1191	0.0588
		4. 医疗保险 C_4	0.1303	0.0643
		5. 失业保险 C_5	0.0750	0.0370
		6. 工伤保险 C_6	0.0750	0.0370
劳动关系（B_2）	0.1958	7. 劳动合同 C_7	0.4178	0.0818
		8. 工会组织 C_8	0.1434	0.0281
		9. 劳动保护 C_9	0.1434	0.0281
		10. 劳动时间 C_{10}	0.2954	0.0578
个人发展（B_3）	0.3108	11. 学习培养 C_{11}	0.1720	0.0535
		12. 专业对口 C_{12}	0.1720	0.0535
		13. 兴趣与岗位匹配 C_{13}	0.1976	0.0614
		14. 单位性质 C_{14}	0.2607	0.0810
		15. 国内外著名企业就业情况 C_{15}	0.1976	0.0614

从各评价指标的权重体系看，在3个一级指标中，薪酬福利指标的权重系数最高，个人发展指标的权重系数次之。这说明在当前社会经济发展水平的条件下，大多数高校毕业生还是看重现实的工资收入，因而对其就业的满意程度影响较大，同时也非常重视自己从事工作的发展前景，个人发展与未来或预期的薪酬福利关联性较强。在15个二级指标中，作为薪酬福利的重

要二级指标的劳动报酬指标，成为高校毕业生指标体系中的权重最大的指标，而劳动合同、单位性质两个二级指标对总目标的影响仅次于劳动报酬，其权重系数均为0.8，说明毕业生就业时对单位的正规性、规范性较为重视，而单位的正规性、规范性及单位的性质又关系公司与毕业生个人的发展。

综合上述理论分析、文献资料与调查数据、专家意见和层次分析法计算结果，对高校毕业生就业质量评价指标体系的权重值进行了确定，如表3-11所示。

表3-11　高校毕业生就业质量评价指标体系权重值

一级指标	二级指标		一级指标权重值	二级指标权重值
薪酬福利（D_1）	劳动报酬 N_1		5.0	2.5
	社会福利 N_2			0.5
	社会保险 N_3	养老保险（C_1）		0.6
		医疗保险（C_2）		0.6
		失业保险（C_3）		0.4
		工伤保险（C_4）		0.4
劳动关系权重值为（D_2）	劳动合同（B_1）		2.0	0.8
	工会组织（B_2）			0.3
	劳动保护（B_3）			0.3
	劳动时间（B_4）			0.6
个人发展权重值（D_3）	学习培养（E_1）		3.0	0.5
	专业对口（E_2）			0.5
	兴趣与岗位匹配（E_3）			0.6
	单位性质（E_4）			0.8
	国内外著名企业就业率（E_5）			0.6

（二）就业质量的计算模型

高校毕业生就业质量的指标及评价标准确定后，就可以对就业质量进行测算：

设 D_1 为薪酬福利，D_2 为劳动关系，D_3 为个人发展，则就业质量 $M_1=$

$a_1D_1+a_2D_2+a_3D_3$，a_i（$i=1$，2，3）为权重。

设 N_1 为劳动报酬，N_2 为社会福利，N_3 为社会保险，则 $D_1=a_{11}N_1+a_{12}N_2+a_{13}N_3$。

设养老保险为 C_1，医疗保险为 C_2，工伤保险为 C_3，失业保险为 C_4，则 $N_3N_2=a_{11}C_1+a_{12}C_2+a_{13}C_3+a_{14}C_4$。

设 B_1 为劳动合同，B_2 为工会组织，B_3 为劳动保护，B_4 为劳动时间，则 $D_2=a_{21}B_1+a_{22}B_2+a_{23}B_3+a_{24}B_4$。

设 E_1 为学习培训，E_2 为专业对口，E_3 为兴趣与岗位匹配，E_4 为单位性质，E_5 为国内外著名企业就业率，则 $D_3=a_{31}E_1+a_{32}E_2+a_{33}E_3+a_{34}E_4+a_{35}E_5$。

（三）就业质量的评分表

就业质量的评价与测算还可以通过积分表的方法进行（见表3-12）。

表3-12　高校毕业生就业质量评分

评价指标		权重与分值		等级及对应值										累计分数
		权重总值10	分值	1	2	3	4	5	6	7	8	9	10	
劳动报酬权重5.0	劳动报酬	2.5	25	10	8	6	4	2						
	社会福利	0.5		10	9	8	7	6	5	4	3	2	1	
	社会保险权重2.5 养老保险	0.6	6	10	9	8	7	6	5	4	3	2	1	
	医疗保险	0.6	6	10	9	8	7	6	5	4	3	2	1	
	失业保险	0.4	4	10	9	8	7	6	5	4	3	2	1	
	工伤保险	0.4	4	10	9	8	7	6	5	4	3	2	1	

续表

评价指标		权重与分值		等级及对应值										累计分数
		权重总值10	分值	1	2	3	4	5	6	7	8	9	10	
劳动关系权重2.0	劳动合同	0.8	8	10	9	8	7	6	5	4	3	2	1	
	工会组织	0.3	3	10	9	8	7	6	5	4	3	2	1	
	劳动保护	0.3	3	10	8	6	4	2	0					
	劳动时间	0.6	6	10	8	6	2	0						
个人发展3.0	学习培训	0.5	5	10	8	6	4	2	1					
	专业对口	0.5	5	10	8	6	5	3	2	1				
	兴趣与岗位匹配	0.6	5	10	8	6	5	4	3	2	1			
	单位性质	0.8	8	10	9	8	7	6	5	4	3	2	1	
	国内外著名企业就业率	0.6	6	10	8	6	4	2	1					
合计		10	100											

第四章
高校毕业生就业质量的实证研究

一、高校毕业生就业质量的问卷调查

（一）调查内容

根据第三章所确定的高校毕业生就业质量的指标体系与评价标准，本章设计了问卷调查的具体内容或调查表（见表4-1）。

表4-1　高校毕业生就业质量情况调查表（请客观填写，在括号内打"√"）

姓名　　性别　　毕业时间　　专业　　工作单位

序号	指标	等级	1	2	3	4	5	6	7	8	9	10	11	合计
1	总收入 （年总收入）	①远远超过当地平均水平												
		②高于当地平均水平												
		③相当于当地平均水平												
		④低于当地平均水平												
		⑤远远低于当地平均水平												

续表

序号	指标	等级	1	2	3	4	5	6	7	8	9	10	11	合计
2	社会福利	①完全或基本享受												
		②没有享受												
3	养老保险	①参保												
		②未参保												
4	医疗保险	①参保												
		②未参保												
5	失业保险	①参保												
		②未参保												
6	工伤保险	①参保												
		②未参保												
7	劳动合同（一年以上）	①签订												
		②未签订												
8	工会组织	①参加												
		②未参加												
9	劳动保护	①有或基本有												
		②没有或基本没有												
10	劳动时间	①35 小时												
		②40 小时												
		③48 小时												
		④50 小时												
		⑤56 小时以上												
11	学习培训（一周以上）	①有												
		②没有												
12	专业对口	①对口或基本对口												
		②不对口												
13	兴趣与岗位匹配	①适应或基本适应												
		②不适应												
14	单位性质	①国营企业												
		②国家机关												
		③规模大或较大三资企业												

序号	指标	等级	1	2	3	4	5	6	7	8	9	10	11	合计
14	单位性质	④规模大或较大私营企业												
		⑤自己创业												
		⑥规模较小的三资企业												
		⑦规模较小的私营企业												
		⑧个体经营户												
15	国内外著名企业	①是												
		②不是												

（二）调查方法

当评价指标体系和调查内容确定后，接下来就要考虑获取信息的方法。获取信息方法的科学与否直接影响着资料的真实性，而信息真实性在很大程度上决定着就业质量评价的可信度。

运用随机抽样调查的方法，对河南省郑州市某非 211 高校 2001～2019 届本科毕业生进行调查。之所以选中 2001～2019 届毕业生为调查对象或时段，是因为这些年正是高等教育大众化、毕业生人数大规模增加，其就业率与就业质量变化较为明显的时期。以普通高等学校为调查对象，一方面是为了发挥已有的信息渠道优势和信息的可获得性，确保信息的真实性与完整性；另一方面也考虑到普通高等学校的毕业生，与 985、211 大学的毕业生相比，其就业率与就业质量的变化情况可能会更大或更明显些。问卷要求被调查者只填报毕业后第一年的情况，其目的一方面是为了增加调查数据的可比性，另一方面也是为了更加准确地反映毕业生初始就业质量的变动情况。问卷还要求毕业生如实填写姓名、工作单位与联系方式，以确保调查问卷的可靠性、准确性与可回收性。在收回第一轮调查问卷一周后，对于没有反馈信息或信息有误的毕业生，再发放第二轮问卷，以确保问卷的有效率与回收率。为了确保信息的准确性，对于重点学生或调查信息比较典型的毕业生进行电话采访。对于重要或模糊的信息，对个别学生进行直接的访谈。由于研究持续将近 20 年，调查分为两个时段：2001~2011 届为第一次调查；2012~2019 届为第二次调查。

（三）调查数据汇总

2012 年对 2001~2011 届的部分毕业生进行了问卷调查，通过邮局、电子信箱与当面发放等方式共发放问卷 5500 份（每届 500 份），回收 4535 份，回收率为 82.45%；有效问卷 4407 份，有效率为 97.18%（见表 4-2）。

表 4-2　毕业生就业质量调查情况汇总（2001~2011 届）

序号	指标	等级	1	2	3	4	5	6	7	8	9	10	11	合计
1	年总收入	①远远超过当地平均水平	9	1	9	16	6	5	3	3	1	5	7	65
		②高于当地平均水平	105	59	123	93	186	158	106	112	110	172	190	1414
		③相当于当地平均水平	163	258	195	228	189	219	229	197	191	282	325	2476
		④低于当地平均水平	58	18	45	27	32	50	87	35	39	25	20	436
		⑤远远低于当地平均水平	2	0	7	2	0	0	0	1	3	1	0	16
2	社会福利	①完全或基本享受	291	316	342	129	373	379	319	330	325	345	360	3805
		②没享受	46	20	36	40	39	64	107	92	78	53	37	612
3	养老保险	①参保	288	300	307	327	359	302	301	315	320	350	375	3543
		②未参保	49	36	71	39	53	131	125	130	115	65	50	864
4	医疗保险	①参保	260	311	296	317	355	292	290	306	312	364	398	3500
		②未参保	77	25	82	49	57	141	136	105	95	80	60	907
5	失业保险	①参保	213	304	270	339	329	294	299	252	268	310	330	3206
		②未参保	125	32	108	27	83	139	127	158	162	136	104	1201
6	工伤保险	①参保	226	309	275	328	370	299	325	280	310	337	343	3401
		②未参保	111	27	103	38	52	134	101	117	123	115	95	1006
7	劳动合同	①签订	305	307	296	303	354	331	298	291	319	333	347	3484
		②未签订	32	29	82	63	58	102	128	130	127	96	77	923
8	工会组织	①参加	275	304	309	242	292	305	220	223	229	281	299	2979
		②未参加	62	32	69	124	120	128	206	170	188	180	150	1428

序号	指标	等级	1	2	3	4	5	6	7	8	9	10	11	合计
9	劳动保护	①有或基本有	189	195	197	224	260	270	238	201	213	276	280	2543
		②没有或基本没有	56	73	99	83	87	107	127	231	249	140	130	1382
10	劳动时间	①35小时	123	124	87	51	77	30	54	39	41	43	62	731
		②40小时	81	56	99	92	108	92	100	79	85	83	97	972
		③48小时	95	82	103	111	112	168	122	131	152	155	165	1396
		④50小时	67	124	153	160	162	161	170	175	181	38	22	943
		⑤56小时以上	62	18	17	1	19	37	39	41	45	54	32	365
11	学习培训	①有	287	303	321	329	341	374	322	271	273	284	290	3395
		②没有	50	33	57	37	71	59	104	173	154	144	124	1012
12	专业对口	①对口或基本对口	205	289	273	277	305	314	296	325	329	301	249	3163
		②不对口	132	47	105	89	107	119	130	131	135	129	121	1244
13	工作适应	①适应或基本适应	231	236	257	224	283	262	250	305	314	330	341	3033
		②不适应	50	48	52	97	72	96	99	103	105	119	103	944
14	单位性质	①国营企业	105	110	83	62	70	78	76	87	93	106	132	1002
		②国家机关	39	81	80	67	84	83	74	21	22	20	23	594
		③规模大或较大三资企业	30	25	27	29	44	46	53	20	22	27	34	330
		④规模大或较大私营企业	48	29	35	66	71	83	70	71	94	135	195	797
		⑤自己创业	17	9	15	14	11	17	23	17	18	28	32	106
		⑥规模较小的三资企业	12	1	13	4	18	28	8	17	23	29	41	194
		⑦规模较小的私营企业	48	27	61	59	57	55	56	65	70	81	82	571
		⑧个体经营户	94	116	121	113	116	118	120	35	30	29	21	813
15	著名企业	①是	76	74	53	65	99	91	97	42	55	71	82	805
		②不是	261	272	325	301	313	342	329	367	375	370	358	3602

2020年对2012～2019届的部分毕业生进行了问卷调查，主要通过电子信箱与手机微信的方式共发放问卷4000份（每届500份），收回3326份，其中有效问卷3212份，回收率为83.15%，有效率为96.91%（见表4-3）。

表4-3　毕业生就业质量调查情况汇总（2012～2019届）

序号	指标	等级	12	13	14	15	16	17	18	19			合计
1	年总收入	①远远超过当地平均水平	9	8	5	6	6	6	5	5			51
		②高于当地平均水平	106	104	103	104	110	97	99	93			804
		③相当于当地平均水平	263	288	275	264	299	249	259	227			1622
		④低于当地平均水平	70	40	67	49	54	72	109	57			529
		⑤远远低于当地平均水平	2	0	7	2	0	0	1	1			17
2	社会福利	①完全或基本享受	291	316	342	260	373	379	319				2400
		②没有享受	101	81	97	101	94	11	16				812
3	养老保险	①参保	328	340	347	367	399	342	351	338			2812
		②未参保	49	51	52	38	53	37	45	55			400
4	医疗保险	①参保	310	361	346	367	405	342	363	356			2850
		②未参保	47	40	47	43	42	48	52	43			362
5	失业保险	①参保	283	294	270	309	209	294	299	252			2310
		②未参保	120	122	128	126	129	131	129	130			902
6	工伤保险	①参保	226	309	275	308	320	299	305	280			2306
		②未参保	124	107	103	108	112	134	101	117			906
7	劳动合同	①签订	305	307	296	303	354	331	298	291			2789
		②未签订	32	29	81	63	58	52	58	30			423
8	工会组织	①参加	305	346	339	322	322	329	350	371			2684
		②未参加	62	72	69	64	60	68	63	70			528
9	劳动保护	①有或基本有	229	279	287	284	290	300	328	321			2210
		②没有或基本没有	136	133	127	123	118	107	127	131			1002
10	劳动时间	①35小时	15	14	15	18	17	15	17	20			131
		②40小时	81	56	89	92	90	92	90	84			674
		③48小时	195	182	173	181	172	168	192	232			1495
		①50小时	80	88	97	96	100	105	108	109			783
		②56小时以上	25	24	19	20	21	17	19	21			165
11	学习培训	①有	257	273	291	269	301	306	312	291			2300
		②没有	124	113	117	111	120	119	105	103			912
12	专业对口	①对口或基本对口	289	269	253	266	285	294	276	285			2178
		②不对口	132	107	105	103	107	119	130	131			934

序号	指标	等级	12	13	14	15	16	17	18	19			合计
13	工作适应	①适应或基本适应	271	266	277	264	303	272	271	265			2168
		①不适应	125	128	122	137	132	136	139	125			1044
14	单位性质	①国营企业	25	27	30	42	37	48	46	47			302
		②国家机关	10	11	8	13	14	15	16	17			104
		③规模大或较大三资企业	60	64	61	62	64	62	63	62			503
		④规模大或较大私营企业	115	119	132	136	147	145	159	165			1129
		⑤自己创业	8	9	10	11	13	17	17	21			106
		⑥规模较小的三资企业	29	31	35	34	38	32	39	37			294
		⑦规模较小的私营企业	58	87	86	89	87	85	89	96			571
		⑧个体经营户	20	26	21	30	26	28	27	25			203
15	著名企业	①是	19	17	15	18	21	18	20	21			151
		②不是	383	387	395	388	373	382	376	377			3061

二、高校毕业生就业质量的总体态势

（一）数据处理显示就业质量趋势下行

根据第三章的高校毕业就业质量评价标准（见表3-2）与评价权重系数（见表3-12）及其测算公式，可算出2001～2019届毕业生就业质量评价的综合得分。

设 D_1 为薪酬福利，D_2 为劳动关系，D_3 为个人发展，则就业质量综合得分为 $M_1 = a_1D_1 + a_2D_2 + a_3D_3$，$a_i$（$i = 1$，2，3）为权重。

设 N_1 为劳动报酬，N_2 为社会福利，N_3 为社会保险，则 $D_1 = a_{11}N_1 + a_{12}N_2 + a_{13}N_3$；设养老保险为 C_1，医疗保险为 C_2，工伤保险为 C_3，失业保

险为 C_4，则 $N_3 = a_{11}C_1 + a_{12}C_2 + a_{13}C_3 + a_{14}C_4$。

设 E_1 为学习培训，E_2 为专业对口，E_3 为兴趣与岗位匹配，E_4 为单位性质，E_5 为国内外著名企业就业率，则 $D_3 = a_{31}E_1 + a_{32}E_2 + a_{33}E_3 + a_{34}E_4 + a_{35}E_5$（其中，$a_1 = 0.4934$，$a_2 = 0.1958$，$a_3 = 0.3108$；$aij$ 为每个指标的评价得分）。

依据所得就业质量汇总情况作出 2001~2011 届毕业生就业质量变化趋势（见表4-4和图4-1~图4-4）。

表4-4　毕业生就业质量评价情况汇总

指标 届	劳动报酬	社会福利	养老保险	医疗保险	失业保险	工伤保险	劳动合同	工会组织	劳动保护	劳动时间	学习培训	专业对口	工作适应	单位性质	著名企业	综合得分
2001	6.4	8	8	7	9	6	9	8	0	6.64	10	8	10	6	10	74.38
2002	6.3	9	8	9	9	9	9	9	0	6.71	10	10	10	7	10	79.18
2003	6.3	8	8	7	8	8	7	8	0	6.37	10	8	8	6	6	70.87
2004	6.5	9	8	8	9	9	8	6	0	6.15	10	8	8	6	8	72.84
2005	6.8	8	8	8	8	8	8	8	0	6.26	10	8	10	6	10	75.56
2006	6.6	8	7	6	6	6	7	7	0	5.66	10	8	8	6	10	68.80
2007	6.1	7	7	6	7	8	7	5	0	5.84	8	8	8	6	10	66.75
2008	6.4	7	7	7	6	7	6	5	0	5.57	8	8	8	6	6	63.94
2009	6.4	7	7	7	6	7	7	5	0	5.59	8	8	8	6	6	66.05
2010	6.6	8	8	8	6	7	7	6	0	6.12	8	8	8	7	8	69.57
2011	6.7	9	8	8	7	7	8	6	0	6.71	8	8	8	7	8	71.88
2012	6.22	7	8	8	7	6	9	8	0	5.90	8	10	8	7	2	67.93
2013	6.36	8	8	9	7	7	8	8	0	5.71	8	8	8	7	2	67.31
2014	6.14	7	8	8	6	7	7	8	0	5.92	6	8	10	7	4	66.42
2015	6.30	7	9	8	7	7	8	8	0	5.96	6	8	10	7	2	68.29
2016	6.29	7	8	9	6	7	8	8	0	5.91	6	8	10	7	4	68.24
2017	6.17	9	9	8	6	6	8	8	0	5.91	6	8	8	7	2	66.04
2018	5.99	9	8	8	6	7	8	8	0	5.90	6	10	10	7	4	68.88
2019	6.23	2	8	8	6	7	9	8	0	5.88	8	6	8	7	6	65.85

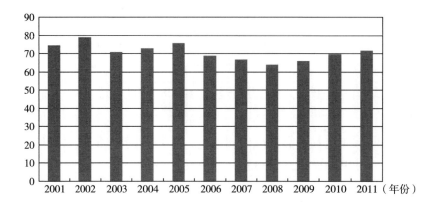

图 4-1　2001~2011 年毕业生就业质量柱形图

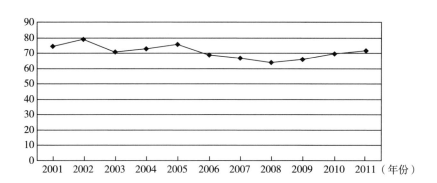

图 4-2　2001~2011 年毕业生就业质量散点图

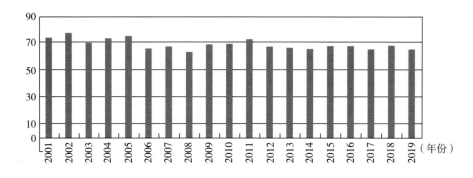

图 4-3　2001~2019 年毕业生的就业质量柱形图

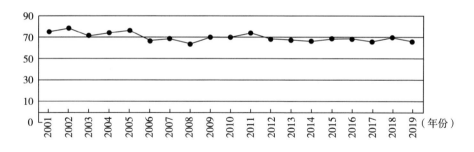

图 4-4　2001~2019 年毕业生的就业质量散点图

柱形图与散点图表明，2001~2008 年高校毕业生的就业质量呈下行趋势，到 2008 年毕业生就业质量综合得分下降至最低点，为 63.94（世界金融危机的影响）；2009 年以后，毕业生就业质量明显改善，呈上升趋势，2011 年毕业生就业质量综合得分为 71.88，2012 年有所下降，2012~2019 年毕业生的就业质量散点图比较平缓。总体上看，2001~2019 年高校毕业生就业质量总体上是平稳略有下降的。

（二）就业质量趋势下行的辩证认识

对于我国高校毕业生就业质量的状态趋势，必须有辩证的、全面的、正确的与清醒的认识。一是高校毕业生就业质量的变动状况在总体上是平稳的，其下降曲线也是平缓的，下降速度相当缓慢。关于高校毕业生就业质量的急剧下降问题与表象，或许只是人们在现实社会中的表层判断和心理作用的结果。二是高校毕业生就业质量的提高是绝对的，而下降则是相对的。改革开放 40 多年，我国的经济持续高速发展，创造了中国奇迹。高校毕业生和全国其他劳动者一样，其工资福利待遇都有了很大的提高，生活状况也有了很大改善。但相对于城镇其他工薪阶层，高校毕业生的工资福利待遇却有一定的下降。三是大学生就业质量的相对下降是高等教育大众化、普及化进程中世界各国普遍存在的一般现象。怎样既能保证高等教育大众化、普及化的发展，又能保障高校毕业生的就业率及就业质量，实现毕业生高质量充分就业，如何有效解化二者的矛盾，一直是世界各国各级政府就业政策的重点、难点与焦点。我国应积极汲取国外这方面的经验与教训。四是从历史与现实看，在高等教育大众化发展速度迅猛与学生绝对基数庞大的条件下，我国较好地解决了高校毕业生的就业问题，保证了学生较高的就业率与较好的就业质量，也可以说，是创造了中国的另一个奇迹。五是不同的劳动群体有不同的工作内容、特点与性质，其就业质量难以简单地进行对比，如繁重的体力劳动、环境严酷条件的劳动、危险的劳动就很难和高校毕业生的工作做对比。如果要进行对比，也只能对比工资收入的增长率与就业的状态与趋势等。六是必须清醒认识并承认近二十年来毕业生就业质量相对下滑的事实与危害性。在调查过程中我们发现，能迅速返回问卷的毕业生，基本上都是工作或事业较顺利或成功者；不愿参与问卷的学生，大多是工作不称心如意。如果这种看法或推断成立，那么高校毕业生就业质量的相对下降问题可能会更加严重。高校毕业生就业质量下降会导致当代的"读书无用论"，从而影响高等教育的发展、国民素质的提高与国民经济的增长。因此，对于高校毕业生就业质量下滑的状态趋势，一方面不能也不必危言耸听、渲染夸大，另一方面不能熟视无睹、泰然处之，而应正视承认现实、分析其发生的原因、研究化解问题的对策，努力推动高校毕业生高质量充分就业。

（三）就业质量趋势下行的原因分析

从调查的数据来看，2001～2019届高校毕业生就业质量趋势下滑的具体原因为：一是工资福利待遇低于和相当于当地城镇职工工资福利待遇平均水平的毕业生逐年增多，而高于当地平均水平的学生在减少；二是没有参与社会保障、缺乏劳动保护、工作时间超过国家法定劳动时间的毕业生的比例有所提高；三是专业不对口率有所上升，工作岗位与兴趣爱好不匹配的学生人数有所增加；四是出现毕业生就业分化或分层的现象并有日趋严重的趋势。

三、高校毕业生就业质量的专业差异

（一）专业分类调查数据汇总

在高度集中统一的计划经济时期，高校毕业生由国家统一安排工作，因而高中毕业生首先考虑的是升入大学而不是选择专业。随着我国改革开放的深入、社会主义市场经济体制的建立完善、市场经济的快速发展壮大、毕业生就业制度的改革及高等教育的大众化、普及化，高校毕业生的就业市场由"卖方市场"转向"买方市场"，竞争日趋激烈，因此高中毕业生在升入大学时选择专业的意识渐渐增强。高等学校实施落实学分制后，在校学生选择专业的意向与行为明显增强，其目标就是毕业后能够顺利找到一份满足自己理想的工作。不同专业的毕业生，就业的难易程度可以通过就业率表现出来，而评价就业质量优劣差异却是一项非常复杂与困难的工作。本部分对2001~2019届高校毕业生就业质量的专业差异进行实证研究，以考察近二十年高校不同专业毕业生的就业质量是否有所差异及就业质量的差异程度。

2012年通过邮寄、电子邮件发放调查问卷等方式，对2001~2011年10届部分毕业生进行了调查。共发放5500份调查问卷，其中管理类专业毕业生投放2200份（每届200份），回收1791份，回收率81.42%；有效问卷1687份，有效率94.2%；工科类专业毕业生投送1650份（每届150份），回收1289份，回收率78.1%，有效问卷1129份，有效率87.6%；人文社科类专业毕业生发放1650份（每届150份），回收1464份，回收率88.7%，有效问卷1417份，有效率96.8%（见表4-5~表4-7）。

表 4-5　工科类毕业生就业质量调查情况汇总（2001~2011 届）

指标	等级	1	2	3	4	5	6	7	8	9	10	11	合计
总收入（年或月总收入）	①远远超过当地平均水平	1	1	1	2	3	3	3	2	2	3	4	25
	②高于当地平均水平	24	26	29	31	38	38	36	30	29	45	46	352
	③相当于当地平均水平	36	37	38	49	72	80	84	77	75	73	71	692
	④低于当地平均水平	2	4	7	10	18	21	24	37	42	45	50	260
	⑤远远低于当地平均水平	0	0	0	0	0	0	0			1	2	3
社会福利（是否享受社会和企业应提供的福利）	①完全或基本享受	61	65	70	845	118	135	125	130	142	150	155	1996
	②没有享受	2	3	5	8	13	17	22	11	9	9	8	107
养老保险	①参保	63	66	70	81	114	121	123	132	153	154	114	1191
	②未参保	0	2	5	11	17	21	24	19	17	15	10	141
医疗保险	①参保	63	68	72	85	120	123	121	111	123	140	156	1182
	②未参保	0	0	3	7	11	19	26	28	26	17	13	150
失业保险	①参保	62	64	68	81	116	119	118	111	123	140	156	1158
	②未参保	1	4	7	11	15	23	29	28	26	17	13	175
工伤保险	①参保	54	57	62	76	121	116	116	101	105	111	117	1046
	②未参保	9	11	13	16	20	26	31	50	48	40	32	296
劳动合同（一年以上）	①签订	63	66	68	81	114	122	121	120	125	132	145	1157
	②未签订	0	2	7	11	17	20	26	27	25	21	19	145
工会组织	①参加	63	66	70	81	113	120	119	99	111	120	124	1086
	②未参加	0	2	5	11	18	22	28	49	45	39	27	246
劳动保护	①有或基本有	55	59	64	78	110	115	116	99	111	120	129	1046
	②没有或基本没有	8	9	11	14	21	27	31	51	45	39	30	286
劳动时间	①35 小时	0	0	0	1	3	3	1	2	3	1	2	16
	②40 小时	5	5	5	13	25	30	33	35	34	36	33	254
	③48 小时	58	61	63	57	83	82	82	90	87	85	84	832
	④50 小时	0	2	7	11	20	27	29	31	30	25	23	205
	⑤56 小时以上	0	0	0	0	0	0	0	2	1			3

续表

指标	等级	1	2	3	4	5	6	7	8	9	10	11	合计
学习培训（一周以上）	①有	63	66	70	82	117	124	127	109	121	130	144	649
	②没有	0	2	5	10	14	18	20	41	35	29	15	69
专业对口	①对口或基本对口	14	50	53	67	94	97	104	91	95	105	109	879
	②不对口	49	18	22	25	37	45	43	59	55	51	49	239
兴趣与岗位匹配	①适应或基本适应	56	59	52	73	103	106	100	91	95	100	104	939
	②不适应	7	9	13	19	28	36	47	59	57	56	52	383
单位性质	①国营企业	28	26	25	25	26	26	25	23	20	19	18	261
	②国家机关	21	23	24	26	29	27	27	21	15	13	10	236
	③规模大或较大三资企业	9	11	9	13	24	27	28	20	32	55	57	285
	④规模大或较大私营企业	5	6	12	17	31	42	26	19	31	55	67	311
	⑤自己创业	0	0	0	3	2	3	1	1	3	7	7	27
	⑥规模较小的三资企业	0	1	3	3	9	7	8	6	10	17	25	89
	⑦规模较小的私营企业	0	1	2	3	10	10	11	5	9	15	26	93
	⑧个体经营户	0	0	0	2	1	0	0	3	2	1	1	10
国内外著名企业	①是	9	9	9	10	11	8	10	11	13	16	20	126
	②不是	54	59	66	82	120	134	137	106	11	115	123	1206

表 4-6　管理类毕业生就业质量调查情况调查汇（2001~2011 届）

指标	等级	1	2	3	4	5	6	7	8	9	10	11	合计
总收入（年或月总收入）	①远远超过当地平均水平	2	0	5	12	3	0	0	2	2	4	5	35
	②高于当地平均水平	31	24	49	52	91	71	38	30	29	44	45	504
	③相当于当地平均水平	73	107	91	76	44	80	79	75	72	70	71	838
	④低于当地平均水平	47	8	24	9	14	10	29	39	45	48	50	323
	⑤远远低于当地平均水平	0	0	0	0	0	0	0			1	2	3

续表

指标	等级	1	2	3	4	5	6	7	8	9	10	11	合计
社会福利（是否享受社会和企业应提供的福利）	①完全或基本享受	138	126	144	128	133	138	96	120	132	145	150	1450
	②没有享受	15	13	24	21	18	24	51	21	19	14	13	233
养老保险	①参保	119	113	111	133	115	83	94	122	150	149	111	1300
	②未参保	34	26	57	16	36	79	53	29	20	20	13	383
医疗保险	①参保	112	122	124	119	113	97	85	107	118	134	150	1281
	②未参保	41	17	44	30	38	65	62	32	31	23	19	402
失业保险	①参保	66	117	89	133	91	83	94	103	118	134	150	1178
	②未参保	87	22	79	16	60	79	53	34	31	23	19	503
工伤保险	①参保	66	131	87	133	119	85	93	91	95	101	107	1108
	②未参保	87	8	81	16	32	77	54	60	58	50	12	535
劳动合同（一年以上）	①签订	142	135	155	145	118	144	119	118	121	126	140	1464
	②未签订	11	4	13	4	33	18	28	29	29	27	25	221
工会组织	①参加	106	113	111	52	82	73	51	95	111	118	124	1036
	②未参加	47	26	57	97	69	89	96	54	45	41	27	648
劳动保护	①有或基本有	124	121	119	122	134	136	104	90	101	109	114	1274
	②没有或基本没有	29	18	49	27	17	26	43	60	55	50	45	419
劳动时间	①35小时	43	60	15	0	36	6	19	3	5	1	2	189
	②40小时	69	47	84	73	59	50	49	34	32	36	33	566
	③48小时	34	21	40	51	26	63	31	91	87	83	84	611
	④50小时	5	7	20	24	20	36	38	30	30	27	23	260
	⑤56小时以上	3	4	8	1	11	6	10	2	1			43
学习培训（一周以上）	①有	138	122	131	139	127	138	100	100	117	127	140	1379
	②没有	15	17	37	10	24	24	47	50	39	32	19	314
专业对口	①对口或基本对口	106	120	119	110	109	117	90	91	95	96	109	1165
	②不对口	47	19	49	39	42	45	57	59	55	59	49	517
兴趣与岗位匹配	①适应或基本适应	113	125	141	91	131	121	100	91	92	94	101	1200
	②不适应	40	14	27	58	20	41	47	59	60	62	55	483

续表

指标	等级	1	2	3	4	5	6	7	8	9	10	11	合计
单位性质	①国营企业	47	62	49	27	44	36	35	23	20	17	16	476
	②国家机关	7	38	18	18	6	11	10	21	15	15	12	171
	③规模大或较大三资企业	21	14	18	16	20	19	22	19	33	53	57	240
	④规模大或较大私营企业	37	18	18	43	32	36	44	20	29	57	67	401
	⑤自己创业	8	4	8	6	9	5	1	1	5	9	12	68
	⑥规模较小的三资企业	12	0	10	0	9	21	0	6	8	15	20	101
	⑦规模较小的私营企业	21	3	45	36	32	34	29	5	7	12	20	244
	⑧个体经营户	0	0	0	6	0	0	4	3	4	4	7	28
国内外著名企业	①是	40	42	30	29	23	22	21	11	13	17	21	269
	②不是	113	97	138	120	128	140	126	106	110	114	122	1314

表 4-7　文科类毕业生就业质量调查情况调查汇总（2001~2011 届）

序号	指标	等级	1	2	3	4	5	6	7	8	9	10	11	合计
1	总收入（年或月总收入）	①远远超过当地平均水平	6	0	3	2	0	2	0	1	1	2	2	19
		②高于当地平均水平	50	9	45	10	57	49	32	30	27	29	32	703
		③相当于当地平均水平	54	114	66	103	73	59	66	68	69	83	85	505
		④低于当地平均水平	9	6	14	8	0	19	34	23	17	18	20	168
		⑤远远低于当地平均水平	2	0	7	2	0	0	0	5	2	1		19
2	社会福利（是否享受社会和企业应提供的福利）	①完全或基本享受	92	125	128	114	122	106	98	95	97	112	120	1209
		②没有享受	29	4	7	11	8	23	34	27	23	20	21	207

续表

序号	指标	等级	1	2	3	4	5	6	7	8	9	10	11	合计
3	养老保险	①参保	99	121	126	113	130	97	95	94	95	110	120	1200
		②未参保	22	8	9	12	0	32	37	28	25	22	21	216
4	医疗保险	①参保	106	121	126	113	130	98	84	94	95	110	120	1207
		②未参保	15	8	9	12	0	31	48	28	25	22	21	219
5	失业保险	①参保	85	121	100	113	122	72	84	94	95	110	120	1116
		②未参保	36	8	35	12	8	57	48	28	25	22	21	300
6	工伤保险	①参保	85	123	113	125	122	92	87	94	95	110	120	1117
		②未参保	36	6	22	0	8	37	45	28	25	22	21	299
7	劳动合同（一年以上）	①签订	106	121	126	119	130	98	116	94	95	110	120	1235
		②未签订	15	8	9	6	0	31	16	28	25	22	21	182
8	工会组织	①参加	100	106	73	77	122	65	58	74	75	90	100	920
		②未参加	21	23	62	48	8	64	74	48	45	42	41	487
9	劳动保护	①有或基本有	106	125	128	109	97	112	50	64	67	70	78	1006
		②没有或基本没有	15	4	7	16	33	17	82	58	53	62	63	410
10	劳动时间	①35小时	10	15	14	24	16	19	18	15	13	11	10	166
		②40小时	19	46	39	42	49	54	53	50	45	44	51	490
		③48小时	80	64	72	50	38	21	34	52	46	45	53	552
		④50小时	7	4	10	6	24	12	18	17	16	16	13	143
		⑤56小时以上	3	0	0	3	3	23	9	8	10	6	3	57
11	学习培训（一周以上）	①有	62	115	126	125	122	98	103	64	66	69	77	1027
		②没有	59	14	9	0	8	31	29	58	54	73	64	399
12	专业对口	①对口或基本对口	86	115	120	108	97	112	95	62	68	69	75	1007
		②不对口	35	14	15	17	33	17	37	58	54	73	66	419
13	兴趣与岗位匹配	①适应或基本适应	85	119	101	100	102	100	99	63	67	69	80	985
		②不适应	36	10	34	25	28	29	33	57	55	73	61	441
14	单位性质	①国营企业	62	52	64	60	49	35	50	15	13	21	20	421
		②国家机关	3	25	12	20	24	19	5	10	11	9	10	148
		③规模大或较大三资企业	30	22	9	10	0	16	16	35	40	35	40	253

序号	指标	等级	1	2	3	4	5	6	7	8	9	10	11	合计
14	单位性质	④规模大或较大私营企业	11	20	38	23	49	45	37	41	37	36	42	379
		⑤自己创业	0	0	0	0	0	0	3	5	7	4	8	27
		⑥规模较小的三资企业	6	5	5	6	8	5	0	4	6	9	13	67
		⑦规模较小的私营企业	9	5	7	5	0	9	21	7	9	10	11	93
		⑧个体经营户	0	0	0	1	0	0	0	0	1	1	4	7
15	国内外著名企业	①是	27	23	14	20	15	11	16	10	8	9	11	160
		②不是	94	116	121	105	115	118	116	123	127	125	102	1262

2020 年对 2012~2019 届毕业生进行了第二次调查。本次调查主要通过电子邮件与微信完成，共投放问卷 4000 份（每届 500 份），其中管理类专业毕业生发放 1600 份（每届 200 份），收回 1303 份，回收率 81.44%，有效问卷 1230 份，有效率 94.39%；工科类专业毕业生发放 1200 份（每届 150 份），回收 989 份，回收率 82.41%，有效问卷 947 份，有效率 95.75%；人文社科专业毕业生类发放 1200 份（每届 150 份），回收 1087 份，回收率 90.58%，有效问卷 1041 份，有效率 95.76%（见表 4-8~表 4-10）。

表 4-8 工科类毕业生就业质量调查情况汇总（2012~2019 届）

指标	等级	12	13	14	15	16	17	18	19			合计
总收入（年或月总收入）	①远远超过当地平均水平	0	0	1	0	1	1	2	2			7
	②高于当地平均水平	15	17	14	16	18	19	21	24			144
	③相当于当地平均水平	73	70	7	74	70	75	77	81			592
	④低于当地平均水平	26	28	21	20	22	23	23	20			196
	⑤远远低于当地平均水平	3	2	1	1	0	1	0				8

续表

指标	等级	12	13	14	15	16	17	18	19				合计
社会福利（是否享受社会和企业应提供的福利）	①完全或基本享受	81	85	82	94	98	95	97	100				742
	②没有享受	30	28	27	26	24	27	22	21				205
养老保险	①参保	78	81	85	99	114	121	123	132				832
	②未参保	18	17	15	14	15	13	11	12				115
医疗保险	①参保	85	88	82	105	115	120	121	111				827
	②未参保	18	19	16	15	16	17	14	11				120
失业保险	①参保	69	72	75	88	117	118	110	119				710
	②未参保	40	35	32	26	30	28	23	22				237
工伤保险	①参保	59	62	67	81	92	97	95	99				652
	②未参保	49	45	43	40	35	30	31	28				295
劳动合同（一年以上）	①签订	93	96	98	91	104	107	110	115				814
	②未签订	20	19	17	16	17	15	15	14				133
工会组织	①参加	68	71	75	81	103	105	104	95				700
	②未参加	41	40	35	31	28	22	24	26				247
劳动保护	①有或基本有	60	62	67	78	110	105	111	113				706
	②没有或基本没有	45	42	39	37	24	22	17	15				241
劳动时间	①35 小时	0	0	0	1	1	1	1	2				6
	②40 小时	41	38	35	32	29	27	28	25				254
	③48 小时	58	61	63	57	73	72	72	76				532
	④50 小时	24	22	21	20	20	17	15	12				151
	⑤56 小时以上	1	0	0	0	1	1	0					3
学习培训（一周以上）	①有	90	96	95	97	101	104	127	132				832
	②没有	23	20	15	12	15	14	9	7				115
专业对口	①对口或基本对口	54	63	66	97	104	107	108	110				709
	②不对口	49	38	32	26	26	25	23	19				238
兴趣与岗位匹配	①适应或基本适应	56	59	52	73	103	106	100	91	95	100	104	939
	②不适应	7	9	13	19	28	36	47	59	57	56	52	383

续表

指标	等级	12	13	14	15	16	17	18	19			合计
单位性质	①国营企业	26	24	25	25	26	26	25	23			201
	②国家机关	4	3	5	4	2	5	5	7			32
	③规模大或较大三资企业	19	21	19	23	24	25	26	28			185
	④规模大或较大私营企业	30	31	25	30	24	25	29	25			213
	⑤自己创业	0	1	3	3	4	3	6	7			27
	⑥规模较小的三资企业	15	14	13	10	12	10	10	8			91
	⑦规模较小的私营企业	17	15	14	14	13	10	11	9			93
	⑧个体经营户	0	0	0	2	1	0	0	3			5
国内外著名企业	①是	7	6	8	9	9	10	13	14			76
	②不是	121	119	116	112	102	104	103	101			871

表4-9　管理类毕业生就业质量调查情况调查汇总（2012~2019届）

指标	等级	12	13	14	15	16	17	18	19	合计
总收入（年或月总收入）	①远远超过当地平均水平	1	0	2	4	3	4	5	6	25
	②高于当地平均水平	19	23	20	26	22	30	31	33	204
	③相当于当地平均水平	60	27	55	56	55	54	55	58	453
	④低于当地平均水平	74	70	67	66	65	62	60	59	523
	⑤远远低于当地平均水平	5	5	2	1	1	1	0		15
社会福利（是否享受社会和企业应提供的福利）	①完全或基本享受	138	126	124	128	133	138	110	130	1027
	②没有享受	35	33	30	27	28	20	17	13	203
养老保险	①参保	66	117	89	133	91	83	94	103	1110
	②未参保	67	42	59	36	60	79	53	34	120
医疗保险	①参保	141	138	135	143	135	128	139	149	1108
	②未参保	41	17	44	30	38	65	62	36	122
失业保险	①参保	76	121	90	130	119	86	92	101	910
	②未参保	87	83	81	16	32	57	54	60	320

续表

指标	等级	12	13	14	15	16	17	18	19			合计
工伤保险	①参保	66	131	87	133	119	85	93	91			900
	②未参保	87	83	81	16	32	77	54	60			330
劳动合同（一年以上）	①签订	121	115	120	129	128	134	129	130			1007
	②未签订	31	29	27	28	30	29	25	24			223
工会组织	①参加	106	113	111	102	112	103	91	133			888
	②未参加	47	46	47	48	39	39	42	34			342
劳动保护	①有或基本有	94	94	95	97	104	106	109	110			819
	②没有或基本没有	63	58	57	52	49	46	44	42			411
劳动时间	①35 小时	2	1	2	2	3	3	3	3			19
	②40 小时	26	27	24	23	29	26	30	27			206
	③48 小时	84	81	80	80	78	76	73	70			622
	④50 小时	54	47	44	43	47	40	42	45			360
	⑤56 小时以上	3	4	3	4	2	3	2	2			23
学习培训（一周以上）	①有	108	112	111	113	125	141	145	150			1015
	②没有	31	30	28	27	27	26	25	21			215
专业对口	①对口或基本对口	92	95	110	120	129	127	124	126			913
	②不对口	47	45	44	38	37	36	34	36			317
兴趣与岗位匹配	①适应或基本适应	113	125	141	91	131	121	100	91			947
	②不适应	40	39	40	38	35	33	27	29			283
单位性质	①国营企业	27	32	33	35	34	36	40	39			276
	②国家机关	1	3	2	1	3	4	8	9			31
	③规模大或较大三资企业	20	14	15	16	17	19	20	19			140
	④规模大或较大私营企业	37	18	18	43	32	36	44	20			601
	⑤自己创业	4	3	5	6	9	15	17	17			78
	⑥规模较小的三资企业	15	14	14	15	9	11	13	10			101
	⑦规模较小的私营企业	19	16	15	16	12	14	16	12			119
	⑧个体经营户	0	0	0	6	0	0	4	3			28
国内外著名企业	①是	15	12	13	19	20	22	21	24			146
	②不是	163	157	148	139	130	120	116	111			1084

表4-10 文科类毕业生就业质量调查情况调查汇总（2012~2019届）

序号	指标	等级	12	13	14	15	16	17	18	19			合计
1	总收入（年或月总收入）	①远远超过当地平均水平	0	0	1	0	1	2	2	3			9
		②高于当地平均水平	15	17	20	16	19	20	22	27			145
		③相当于当地平均水平	64	70	76	78	78	79	81	83			605
		④低于当地平均水平	42	40	38	34	32	26	28	24			268
		⑤远远低于当地平均水平	4	3	3	2	1	1	0	0			14
2	社会福利（是否享受社会和企业应提供的福利）	①完全或基本享受	102	115	122	114	122	116	118	125			934
		②没有享受	19	14	15	11	10	13	14	11			107
3	养老保险	①参保	99	101	126	123	125	127	135	139			965
		②未参保	14	12	11	10	9	8	7	6			76
4	医疗保险	①参保	87	89	89	106	109	111	114	119			838
		②未参保	32	29	27	26	24	23	25	17			203
5	失业保险	①参保	72	75	77	80	97	104	110	118			732
		②未参保	43	41	42	42	38	37	35	31			309
6	工伤保险	①参保	70	75	77	80	97	104	112	116			730
		②未参保	44	42	41	42	38	37	35	31			311
7	劳动合同（一年以上）	①签订	96	111	116	109	106	98	108	110			854
		②未签订	29	26	25	23	23	22	20	19			187
8	工会组织	①参加	74	75	77	78	79	80	84	89			656
		②未参加	55	52	50	49	47	46	44	42			385
9	劳动保护	①有或基本有	79	82	88	92	94	97	100	105			737
		②没有或基本没有	47	44	41	40	35	32	34	31			304

序号	指标	等级	12	13	14	15	16	17	18	19			合计
10	劳动时间	①35小时	3	4	3	3	5	2	1	1			21
		②40小时	20	25	28	29	29	27	30	31			193
		③48小时	87	81	77	78	80	77	75	72			627
		④50小时	22	20	20	17	15	14	18	17			143
		⑤56小时以上	10	7	8	10	5	8	5	4			57
11	学习培训（一周以上）	①有	79	82	88	91	94	96	99	103			732
		②没有	47	44	41	40	37	33	35	32			309
12	专业对口	①对口或基本对口	79	82	88	90	93	95	98	102			727
		②不对口	47	45	41	40	38	34	36	33			314
13	兴趣与岗位匹配	①适应或基本适应	77	81	86	88	92	94	97	101			716
		②不适应	45	43	41	41	39	35	37	34			325
14	单位性质	①国营企业	20	22	19	17	19	21	23	27			167
		②国家机关	3	5	3	5	5	2	9	10			48
		③规模大或较大三资企业	18	20	19	21	20	16	17	18			149
		④规模大或较大私营企业	36	41	43	45	46	49	50	51			363
		⑤自己创业	3	5	3	5	5	2	11	13			53
		⑥规模较小的三资企业	13	12	12	10	9	13	11	12			92
		⑦规模较小的私营企业	13	15	16	18	20	26	28	29			165
		⑧个体经营户	1	1	2	1	0	0	0	0			4
15	国内外著名企业	①是	4	3	5	6	10	15	16	19			77
		②不是	99	103	124	123	125	128	134	138			964

（二）就业质量的专业差异趋于明显

表4-11为2001~2019届某高校毕业生就业质量专业差异评价情况汇总。

表4-11　毕业生就业质量专业差异评价情况汇总

届	类别	劳动报酬	社会福利	养老保险	医疗保险	失业保险	工伤保险	劳动合同	工会组织	劳动保护	劳动时间	学习培训	专业对口	工作适应	单位性质	著名企业	综合得分
2001	管理	5.84	9	7	7	4	4	9	6	2	7.77	10	8	8	8	10	71.16
	工科	6.76	9	10	10	9	8	10	10	4	6.16	10	4	10	10	6	80.70
	文科	6.81	7	8	8	7	7	8	8	4	6.27	6	8	8	9	10	74.49
2002	管理	6.23	9	8	8	8	9	9	8	4	8.03	10	10	10	10	10	82.09
	工科	6.71	9	9	10	9	8	9	9	4	6.03	10	8	10	10	6	80.79
	文科	6.05	9	9	9	5	9	9	8	8	7.05	10	10	10	10	8	82.66
2003	管理	6.41	8	6	7	5	5	9	6	0	6.60	8	8	10	7	8	69.19
	工科	6.64	9	9	9	9	8	9	9	4	5.76	10	8	10	10	6	79.86
	文科	6.34	9	8	8	7	8	9	5	6	6.70	10	10	8	10	6	78.07
2004	管理	6.90	9	8	8	8	8	9	3	2	6.30	10	8	8	7	8	73.93
	工科	6.54	9	8	9	8	8	8	8	4	5.83	10	8	8	9	6	75.55
	文科	6.03	9	9	7	9	10	10	6	4	7.10	10	10	10	10	8	82.04
2005	管理	7.09	9	7	9	6	7	7	5	4	6.76	10	8	10	7	8	73.08
	工科	6.40	9	8	9	8	8	8	8	2	5.86	10	8	8	9	8	73.42
	文科	6.88	9	10	10	9	9	10	9	0	6.37	10	8	8	10	4	80.82
2006	管理	6.76	8	5	6	5	5	8	4	2	5.65	10	8	8	7	6	66.09
	工科	6.32	8	8	8	8	8	8	8	2	5.75	10	8	8	9	6	72.05
	文科	6.53	8	7	7	5	7	7	5	4	5.98	8	10	8	9	4	68.81

续表

届	类别	劳动报酬	社会福利	养老保险	医疗保险	失业保险	工伤保险	劳动合同	工会组织	劳动保护	劳动时间	学习培训	专业对口	工作适应	单位性质	著名企业	综合得分
2007	管理	6.12	6	6	5	6	6	8	3	0	5.74	8	8	8	7	6	62.44
	工科	6.24	8	8	8	8	7	8	8	0	5.68	10	8	8	9	4	70.81
	文科	5.97	7	7	6	6	6	8	4	0	6.39	8	8	8	9	6	66.06
2008	管理	5.93	8	8	7	7	6	8	6	0	5.68	8	8	8	9	4	67.03
	工科	5.96	9	8	7	7	6	8	6	0	5.63	10	8	8	9	4	68.58
	文科	5.98	7	7	7	7	7	7	6	0	6.31	6	6	6	9	4	62.84
2009	管理	5.84	8	8	7	8	6	8	7	0	5.73	8	8	8	9	6	68.34
	工科	5.88	9	9	8	7	6	8	7	0	5.70	10	8	8	9	4	70.32
	文科	6.14	8	7	7	8	7	7	6	0	6.14	6	6	6	9	4	63.63
2010	管理	6.02	9	8	8	8	6	8	7	0	5.78	8	8	8	8	6	69.52
	工科	6.05	9	9	8	8	7	8	7	0	5.84	10	8	8	8	6	71.63
	文科	6.20	8	8	8	9	8	8	6	0	6.26	6	6	6	9	4	66.66
2011	管理	6.01	9	8	9	8	8	8	8	2	5.87	10	8	8	8	6	71.65
	工科	6.00	9	9	8	9	7	8	8	0	5.87	10	8	8	8	6	73.42
	文科	6.23	8	8	7	8	8	7	7	0	6.55	6	6	6	8	4	66.41
2012	管理	5.21	7	4	8	4	4	8	6	5	6.57	8	8	10	6	4	57.76
	工科	5.71	7	8	8	6	5	8	6	0	6.24	8	6	8	8	4	66.98
	文科	5.44	8	8	7	6	6	7	5	0	5.77	8	8	8	8	2	62.64

续表

届	类别	劳动报酬	社会福利	养老保险	医疗保险	失业保险	工伤保险	劳动合同	工会组织	劳动保护	劳动时间	学习培训	专业对口	工作适应	单位性质	著名企业	综合得分
2013	管理	5.09	7	7	8	5	6	7	7	0	5.68	8	8	8	6	4	61.09
	工科	5.74	7	8	8	6	5	8	6	5	6.26	8	8	10	8	2	66.92
	文科	5.55	8	8	7	6	6	8	5	0	5.99	8	8	8	8	2	63.87
2014	管理	5.36	8	6	7	5	5	8	7	0	5.71	8	8	8	6	4	61.47
	工科	5.68	7	8	8	7	6	8	6	6	6.24	8	8	10	8	2	68.06
	文科	5.68	8	9	7	6	6	8	6	0	5.97	8	8	8	8	2	65.04
2015	管理	5.56	8	7	8	8	8	8	6	0	5.68	10	8	8	6	6	67.42
	工科	5.89	7	8	7	7	6	8	7	6	6.25	8	8	8	8	2	67.64
	文科	5.66	9	9	7	6	6	8	6	0	5.97	8	8	8	8	2	66.12
2016	管理	5.47	8	6	7	7	7	8	7	8	5.80	10	8	8	7	6	66.38
	工科	5.96	8	8	8	7	7	8	7	8	6.15	8	8	8	8	4	70.40
	文科	5.80	8	9	8	7	7	8	6	8	6.21	8	8	8	8	4	68.57
2017	管理	5.66	8	5	6	6	5	8	7	0	5.81	10	8	8	7	8	65.75
	工科	5.93	7	9	8	8	7	8	8	8	6.17	8	10	8	8	4	72.16
	文科	5.94	8	9	8	7	7	8	6	8	6.02	8	8	8	7	6	68.73
2018	管理	5.75	8	6	6	6	6	8	6	8	5.87	10	10	8	6	8	65.88
	工科	6.03	8	9	8	8	7	8	8	8	6.26	8	10	8	8	6	75.24
	文科	5.97	8	7	9	7	7	8	7	8	6.06	10	8	8	7	6	68.84
2019	管理	5.82	9	9	8	6	6	8	7	8	5.78	10	10	8	6	8	68.64
	工科	6.13	8	9	8	8	7	8	7	8	6.30	10	10	8	8	6	75.86
	文科	6.13	9	9	8	7	7	8	6	0	6.13	8	8	8	7	6	69.76

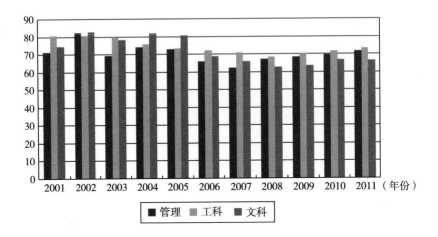

图 4-5　高校毕业生就业质量柱形图

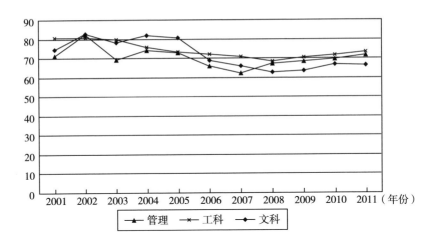

图 4-6　高校毕业生专业就业质量散点图

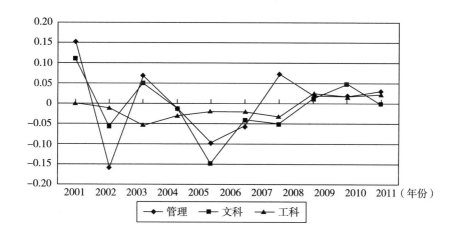

图 4-7　高校毕业生专业就业质量增长率趋势

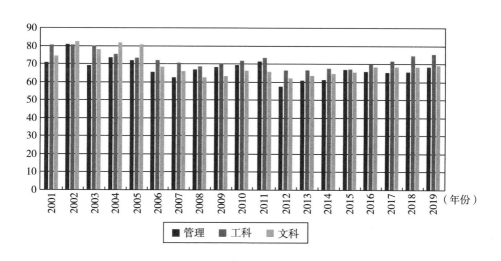

图 4-8　高校毕业生专业就业质量柱状图

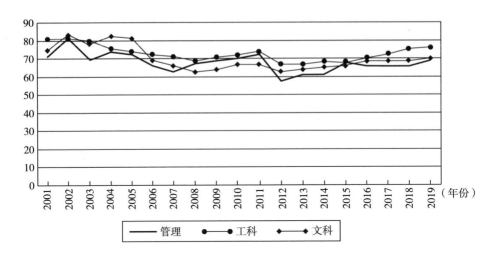

图 4-9　高校毕业生专业就业质量散点图

图 4-5~图 4-9 表明，2001~2008 年，管理、工科和文科类毕业生就业质量均呈现下降趋势，受金融危机影响，在 2008 年，各专业毕业生就业质量下降至最低点。2009 年后，宏观经济形势趋向好转，就业形势不断改善，各专业毕业生就业质量变动平稳。分专业观察：工科类毕业生就业质量 2012 年前呈下滑态势，2012 年后逐步上升，总体变动比较稳定，较少出现大起大落状况；而管理类和文科类毕业生就业质量变化不稳定，宏观经济变量及其他因素变动对其影响较大，易出现波动的趋势。从各专业就业质量的差异看，工科专业毕业生 2012 年后就业质量处于上升趋势，而管理类和文科类毕业生就业质量，特别是文科类毕业生的就业质量处于略有下降的平台期。

（三）就业质量专业差异的原因分析

从统计调查的数据看，高校毕业生就业质量出现专业差异的具体原因为：一是薪酬福利或工资收入水平相当或低于当地其他城镇职工平均收入水平的毕业生，人文社会学科类专业毕业生、管理学科类专业毕业生明显多于工科；二是没有或没有完全享受社会福利待遇、没有或没有完全参加社会保险、没有或劳动保护不好和超过国家法定劳动时间的毕业生中，工科类专业的毕业生增加的速率略低于人文社会科学、管理类专业的毕业生；三是在专业不对口、工作岗位与兴趣不匹配的毕业生中，管理类专业、人文社会科学类专业的毕业生所占比例更大。

四、高校毕业生就业质量的性别差异

（一）性别分类调查数据的整理汇总

当前我国有关高校女毕业生就业难与就业被歧视问题的研究已相当深入，而关于其就业质量的系统探索却不多。本部分对我国近二十年来高等学校男女毕业生的就业质量差异状况进行实证研究，以说明男女毕业生就业质量是否存在差异，以及差异程度和发展趋势。

2012 年对 2001~2011 届毕业生进行了第一次调查。本次调查主要通过邮寄与电子信箱完成，共发放调查问卷 5500 份（每届 500 份，男女生各 250 份），回收 4535 份，回收率为 82.46%，有效问卷 4526 份，有效率 93.18%。其中，男生收回问卷 2302 份，回收率 83.72，有效问卷 2148 份，有效率 93.30%；女生收回 2233 份，回收率 81.20%，有效问卷 2084 份，有效率 93.31%（见表 4-12）。

2020 年对 2012~2019 届的毕业生进行了第二次调查。本次调查共发放问卷 4000 份（每届 500 份，男女生各 250 份），收回 3547 份，回收率为 88.68%，有效问卷 3456 份，有效率 97.43%。其中，男生收回问卷 1795 份，回收率 89.75，有效问卷 1748 份，有效率 97.38%；女生收回 1752 份，回收率 87.6%，有效问卷 1708 份，有效率 97.49%（见表 4-13）。

表4-12 毕业生就业质量性别调查情况汇总（2001～2011届）

序号	指标	等级	2001届 男	2001届 女	2002届 男	2002届 女	2003届 男	2003届 女	2004届 男	2004届 女	2005届 男	2005届 女	2006届 男	2006届 女	2007届 男	2007届 女	2008届 男	2008届 女	2009届 男	2009届 女	2010届 男	2010届 女	2011届 男	2011届 女	合计 男	合计 女
1	总收入	超过平均水平	7	2	1	0	7	2	10	6	4	2	4	1	3	0	4	3	5	2	3	4	2	3	14	12
		高于平均水平	56	49	32	27	64	59	49	44	95	91	82	77	56	50	20	17	21	16	19	15	17	14	77	62
		相当于平均水平	82	81	132	126	98	96	114	114	95	94	111	108	114	115	95	83	109	92	106	100	100	90	410	365
		低于平均水平	31	27	7	11	24	21	11	16	14	18	23	27	41	46	51	65	57	78	75	81	85	85	268	309
		远低于平均水平	1	1	0	0	3	4	1	1	0	0	0	0	0	0	3	3	4	2	3	3	2	2	12	10
2	社会福利	享受	156	135	165	151	183	159	168	168	190	183	190	179	171	148	153	153	169	155	185	185	193	192	700	685
		未享受	21	25	7	13	13	23	17	23	17	22	30	34	44	63	25	20	21	19	18	17	17	17	81	73
3	养老保险	参保	152	129	156	144	163	144	170	157	179	170	161	140	164	148	143	143	159	145	175	175	186	183	663	646
		未参保	25	31	16	20	33	38	15	24	28	35	59	73	51	63	35	31	33	29	27	27	23	25	118	112
4	医疗保险	参保	150	131	161	150	170	152	164	153	177	171	168	150	154	136	139	133	152	135	170	170	180	180	642	618
		未参保	27	29	11	14	26	30	21	28	30	34	52	63	61	75	39	41	40	39	32	32	28	28	139	140
5	失业保险	参保	116	97	161	143	142	115	170	157	169	160	147	127	156	140	128	123	144	125	160	155	170	168	603	571
		未参保	59	65	11	21	54	67	15	24	38	45	73	86	59	71	50	51	48	49	42	47	38	40	178	187

续表

序号	指标	等级	2001届男	2001届女	2002届男	2002届女	2003届男	2003届女	2004届男	2004届女	2005届男	2005届女	2006届男	2006届女	2007届男	2007届女	2008届男	2008届女	2009届男	2009届女	2010届男	2010届女	2011届男	2011届女	合计男	合计女
6	工伤保险	参保	115	90	162	147	145	117	171	158	184	168	149	124	156	140	120	113	139	117	154	149	155	160	581	539
		未参保	61	71	10	17	51	65	14	23	23	37	71	89	59	71	58	61	53	57	46	53	43	48	200	219
7	劳动合同	签订	165	146	160	147	185	170	178	166	180	162	196	168	189	167	115	109	135	110	150	141	151	155	564	515
		未签订	12	14	12	17	11	16	7	15	27	43	24	45	26	44	63	65	57	64	50	61	47	53	217	243
8	工会组织	参加	145	124	159	145	138	116	109	101	162	155	140	118	126	102	105	97	125	93	142	120	146	128	531	439
		未参加	32	36	13	19	58	66	76	80	45	50	80	95	89	109	73	86	67	81	58	82	52	70	250	319
9	劳动保护	基本有	156	129	164	141	172	139	167	142	182	159	197	166	160	110	101	94	120	90	136	110	140	121	510	416
		没有	21	31	8	23	24	43	18	39	25	46	23	47	55	101	77	89	72	84	64	92	58	77	271	342
10	劳动时间	35小时	27	25	40	35	18	11	14	11	29	26	16	12	20	18	11	10	13	9	13	11	15	12	52	42
		40小时	43	40	49	49	67	61	64	64	69	64	67	67	69	66	17	19	23	20	24	22	27	24	91	85
		48小时	86	86	72	74	85	90	81	87	67	80	80	86	79	78	133	132	127	135	117	128	110	89	487	484
		50小时	9	5	8	5	20	17	23	18	32	32	51	42	37	40	23	25	21	26	24	23	28	24	96	98
		56小时以上	5	1	3	1	5	3	3	1	11	3	5	6	10	9	12	10	13	11	15	11	15	17	55	49
11	学习培训	有	144	119	159	144	170	147	174	167	188	178	188	172	143	157	100	91	117	88	134	108	135	120	497	408
		没有	33	41	13	20	26	25	11	14	19	27	32	41	42	54	78	92	77	86	66	94	63	78	284	350
12	专业对口	基本对口	117	89	155	140	163	129	157	128	164	136	181	145	165	127	98	92	115	88	131	106	134	114	489	415
		不对口	60	71	17	34	33	53	28	53	43	69	39	68	50	84	80	91	79	86	69	96	64	84	292	357

续表

序号	指标	等级	2001届 男	2001届 女	2002届 男	2002届 女	2003届 男	2003届 女	2004届 男	2004届 女	2005届 男	2005届 女	2006届 男	2006届 女	2007届 男	2007届 女	2008届 男	2008届 女	2009届 男	2009届 女	2010届 男	2010届 女	2011届 男	2011届 女	合计 男	合计 女
13	岗位匹配	基本适应	142	112	163	140	167	137	146	118	178	157	181	146	171	128	99	93	119	93	132	110	136	117	497	428
		不适应	35	48	9	24	29	45	39	63	28	49	39	67	44	83	79	90	75	81	68	92	62	81	284	344
14	单位性质	国营	72	65	72	68	74	64	60	52	62	57	50	47	57	53	22	20	20	19	25	21	26	22	71	82
		机关	18	13	45	41	29	25	35	29	33	26	30	27	24	18	3	2	5	3	6	3	6	4	22	12
		大三资	29	31	23	24	17	19	13	26	18	26	32	30	34	32	22	20	25	23	27	24	26	25	100	92
		大私营	29	24	23	21	34	34	41	42	54	58	66	57	63	64	22	20	32	28	34	27	30	25	118	100
		创业	5	3	3	1	5	3	7	2	8	3	6	2	5	2	3	2	8	4	9	4	11	5	33	14
		小三资	9	9	2	4	9	9	4	5	11	15	15	18	4	5	25	29	27	31	28	30	26	37	106	127
		小私营	15	15	6	3	26	28	21	23	23	19	21	32	26	35	65	67	71	75	82	85	87	92	305	319
		个体户	0	0	0	0	0	0	7	2	0	1	0	0	2	2	3	2	6	3	7	3	7	4	26	12
15	著名企业	是	38	26	40	25	33	19	32	18	27	16	26	9	28	9	8	5	7	6	9	6	11	9	35	20
		不是	139	134	132	139	163	163	153	163	180	189	194	204	197	202	170	168	183	168	193	196	199	206	746	685

表4-13 毕业生就业质量性别调查情况汇总（2012~2019届）

序号	指标	等级	2012届		2013届		2014届		2015届		2016届		2017届		2018届		2019届					合计	
			男	女	男	女	男	女	男	女	男	女	男	女	男	女	男	女				男	女
1	总收入	超过平均水平	0	0	0	0	0	0	1	0	1	0	1	0	2	1	2	1				7	2
		高于平均水平	1	0	3	0	4	0	5	1	5	1	4	1	2	10	3	2				24	6
		相当平均水平	159	95	157	97	156	101	154	104	150	107	157	118	152	115	149	128				1233	865
		低于平均水平	66	103	67	97	60	98	69	95	54	94	58	91	51	90	49	87				469	755
		远低平均水平	4	16	0	14	3	10	1	11	0	9	0	7	2	7	2	6				12	80
2	社会福利	享受	146	140	145	144	149	150	148	151	153	153	169	159	170	165	173	168				1314	1255
		未享受	63	65	61	63	60	60	57	57	53	52	48	59	47	50	45	48				434	453
3	养老保险	参保	157	153	159	154	163	159	190	186	219	205	241	217	282	260	280	268				1574	1511
		未参保	30	31	28	28	26	26	25	25	22	24	21	23	22	21	16	18				174	197
4	医疗保险	参保	155	148	157	149	161	154	188	181	216	200	239	212	282	250	281	265				1554	1509
		未参保	27	31	25	28	23	27	22	26	21	25	19	24	20	22	18	19				194	199
5	失业保险	参保	154	147	156	148	160	153	187	180	215	199	238	211	281	249	179	264				1545	1501
		未参保	28	30	26	27	25	26	23	27	22	26	20	25	21	23	19	20				203	207

续表

序号	指标	等级	2012届 男	2012届 女	2013届 男	2013届 女	2014届 男	2014届 女	2015届 男	2015届 女	2016届 男	2016届 女	2017届 男	2017届 女	2018届 男	2018届 女	2019届 男	2019届 女	合计 男	合计 女
6	工伤保险	参保	143	130	147	135	149	140	178	173	205	189	228	201	272	240	168	243	1465	1414
		未参保	39	39	35	38	35	36	33	37	32	36	30	35	30	32	30	31	283	287
7	劳动合同	签订	140	128	146	133	147	138	175	171	204	187	225	189	272	228	165	250	1449	1405
		未签订	40	41	38	40	36	37	36	40	34	38	32	37	33	38	31	32	299	303
8	工会组织	参加	139	127	145	132	154	142	171	165	198	186	226	188	271	227	162	249	1441	1397
		未参加	38	40	38	39	35	36	37	39	35	39	33	40	34	37	32	33	307	311
9	劳动保护	基本有	132	125	138	130	142	140	164	163	196	184	224	186	260	225	169	238	1425	1391
		没有	46	42	44	40	41	39	44	41	37	41	35	42	36	39	39	33	323	317
10	劳动时间	35小时	0	0	2	1	3	2	3	2	5	4	5	4	6	4	8	5	32	21
		40小时	22	21	23	22	23	22	25	24	23	22	22	21	26	27	27	26	191	185
		48小时	147	160	145	158	144	158	143	156	140	153	138	151	144	157	137	148	1138	1251
		50小时	44	32	42	30	40	28	39	27	37	25	34	22	31	17	29	16	296	198
		56小时以上	11	11	9	10	8	8	6	6	6	6	5	5	5	5	1	2	51	53
11	学习培训	有	130	121	136	126	140	135	162	159	194	180	222	184	228	221	197	233	1409	1359
		没有	48	46	46	44	43	44	46	45	39	45	37	46	39	43	41	38	339	349
12	专业对口	基本对口	121	110	127	115	133	134	151	158	185	169	213	173	214	210	192	212	1329	1278
		不对口	58	56	56	54	53	54	56	55	49	55	49	54	47	55	51	51	419	430

续表

序号	指标	等级	2012届 男	2012届 女	2013届 男	2013届 女	2014届 男	2014届 女	2015届 男	2015届 女	2016届 男	2016届 女	2017届 男	2017届 女	2018届 男	2018届 女	2019届 男	2019届 女	合计 男	合计 女
13	岗位匹配	基本适应	120	111	126	116	132	135	150	159	184	170	212	174	213	211	192	211	1337	1270
		不适应	57	57	55	55	52	55	55	56	48	56	48	55	46	56	51	52	411	438
14	单位性质	国营	48	36	46	34	46	34	48	36	49	37	53	41	54	42	55	32	399	302
		机关	0	0	2	1	4	2	4	2	4	2	5	2	7	4	6	3	32	14
		大三资	49	48	48	49	47	45	50	52	47	47	51	51	52	52	47	48	391	392
		大私营	53	52	49	57	54	53	50	54	51	55	55	59	55	60	51	55	418	447
		创业	6	0	7	0	8	2	11	1	11	2	13	2	15	3	16	5	87	15
		小三资	32	29	29	27	27	28	26	25	24	25	24	25	23	25	21	22	206	207
		小私营	33	32	30	29	31	30	32	31	30	29	29	28	28	28	26	26	239	319
		个体户	4	0	2	0	5	1	3	2	4	2	3	4	2	2	3	1	26	12
15	著名企业	是	38	26	40	25	33	19	32	18	27	16	26	9	28	9	8	5	35	20
		不是	139	134	132	139	163	163	153	163	180	189	194	204	197	202	170	168	746	685

（二）就业质量的性别差异日渐显现

根据调查结果与评价方法可计算出 2001~2011 年男女每届毕业生就业质量评价综合得分。设 D_1 为薪酬福利，D_2 为劳动关系，D_3 为个人发展，则就业质量 $M_1 = a_1D_1 + a_2D_2 + a_3D_3$，$a_i$（$i = 1$，2，3）为权重。

设 N_1 为劳动报酬，N_2 为社会福利，N_3 为社会保险，则 $D_1 = a_{11}N_1 + a_{12}N_2 + a_{13}N_3$；设养老保险为 C_1，医疗保险为 C_2，工伤保险为 C_3，失业保险为 C_4，则 $N_3 = a_{11}C_1 + a_{12}C_2 + a_{13}C_3 + a_{14}C_4$。

设 E_1 为学习培训，E_2 为专业对口，E_3 为兴趣与岗位匹配，E_4 为单位性质，E_5 为国内外著名企业就业率，则 $D_3 = a_{31}E_1 + a_{32}E_2 + a_{33}E_3 + a_{34}E_4 + a_{35}E_5$（其中 $a_1 = 0.4934$，$a_2 = 0.1958$，$a_3 = 0.3108$；a_{ij} 为每个指标的评价得分）。

依据上述计算公式，可以得到高校毕业生就业质量性别汇总的得分情况，依次为 77.50、71.24；84.91、79.76；77.52、70.40；78.75、72.06；76.11、71.43；73.42、64.06；68.12、61.97；56.80、55.45；60.54、55.19；62.37、56.81；63.68、58.95。依据同样的方法可计算出 2012~2019 届男女每届毕业生就业质量评价综合得分，依次为 67.82、67.10；68.90、67.89；68.82、68.14；68.85、69.96；71.15、70.67；74.21、71.64；76.56、67.00；73.65、67.01（见表 4-14 和图 4-10、图 4-11）。

（三）就业质量性别差异的原因分析

从上述方差分析和曲线图来看，近二十年来男女毕业生就业质量的性别差异日渐显现，并且有逐步拉大或进一步拉大的趋势。从调查资料看，我国当前高校毕业生就业质量性别差异的表现形式与产生的具体原因为：一是男女生就业岗位存在较大的差异。在大企业与著名企业及正规就业中的男性毕业生多于女性毕业生。二是男女毕业生工资收入存在差异。在同一地区、同一行业工作基本相同的条件下，女性毕业生的平均工资收入大

表 4-14 高校毕业生就业质量性别差异汇总（2001~2019 届）

年份	性别	总收入	社会福利	养老保险	医疗保险	失业保险	工伤保险	劳动合同	工会组织	劳动保护	劳动时间	学习培训	专业对口	岗位匹配	单位性质	著名企业	汇总
2001	男	6.42	8.00	8.00	8.00	6.00	6.00	9.00	8.00	4.00	6.75	10.00	8.00	10.00	9.00	10.00	77.50
	女	6.30	8.00	8.00	8.00	5.00	5.00	9.00	7.00	2.00	6.98	8.00	6.00	8.00	9.00	8.00	71.24
2002	男	6.31	9.00	9.00	9.00	9.00	9.00	9.00	9.00	8.00	7.21	10.00	10.00	10.00	10.00	10.00	84.91
	女	6.20	9.00	8.00	9.00	8.00	8.00	8.00	8.00	4.00	7.29	10.00	10.00	10.00	10.00	8.00	79.76
2003	男	6.49	9.00	8.00	8.00	7.00	7.00	9.00	7.00	4.00	6.49	10.00	10.00	10.00	8.00	8.00	77.52
	女	6.37	8.00	7.00	8.00	8.00	8.00	9.00	6.00	2.00	6.44	10.00	8.00	8.00	8.00	6.00	71.00
2004	男	6.61	9.00	9.00	8.00	9.00	9.00	9.00	5.00	6.00	6.40	10.00	10.00	8.00	8.00	8.00	78.75
	女	6.42	8.00	8.00	8.00	8.00	8.00	9.00	5.00	2.00	6.52	10.00	8.00	8.00	9.00	4.00	72.66
2005	男	6.86	9.00	8.00	8.00	8.00	8.00	8.00	7.00	4.00	6.29	10.00	8.00	10.00	8.00	6.00	76.11
	女	6.75	8.00	8.00	7.00	7.00	6.00	7.00	6.00	2.00	6.42	10.00	8.00	8.00	9.00	4.00	72.03
2006	男	6.61	8.00	7.00	7.00	6.00	5.00	8.00	5.00	4.00	5.84	10.00	10.00	10.00	10.00	6.00	73.42
	女	6.49	8.00	6.00	7.00	5.00	6.00	7.00	5.00	2.00	5.90	10.00	8.00	8.00	8.00	2.00	64.66
2007	男	6.20	7.00	7.00	7.00	7.00	7.00	8.00	5.00	2.00	6.05	8.00	8.00	8.00	9.00	6.00	68.72
	女	6.04	7.00	8.00	6.00	6.00	6.00	7.00	4.00	2.00	5.95	8.00	6.00	6.00	8.00	2.00	62.57
2008	男	5.66	8.00	8.00	7.00	7.00	6.00	6.00	5.00	2.00	5.56	6.00	6.00	6.00	5.00	2.00	57.40
	女	5.44	8.00	8.00	7.00	7.00	6.00	6.00	5.00	2.00	5.58	6.00	6.00	6.00	4.00	2.00	56.05

续表

年份	性别	总收入	社会福利	养老保险	医疗保险	失业保险	工伤保险	劳动合同	工会组织	劳动保护	劳动时间	学习培训	专业对口	岗位匹配	单位性质	著名企业	汇总
2009	男	5.65	8.00	8.00	7.00	7.00	7.00	7.00	6.00	2.00	5.68	8.00	6.00	8.00	5.00	2.00	61.14
	女	5.35	8.00	8.00	7.00	7.00	6.00	6.00	5.00	2.00	5.53	6.00	6.00	6.00	4.00	2.00	55.79
2010	男	5.46	9.00	8.00	8.00	7.00	7.00	7.00	7.00	2.00	5.55	8.00	8.00	8.00	5.00	2.00	62.97
	女	5.37	9.00	8.00	8.00	7.00	7.00	6.00	5.00	2.00	5.64	6.00	8.00	6.00	4.00	2.00	57.41
2011	男	5.34	9.00	8.00	8.00	8.00	7.00	7.00	7.00	2.00	5.55	8.00	8.00	8.00	5.00	4.00	64.28
	女	5.29	9.00	8.00	8.00	8.00	7.00	7.00	6.00	2.00	5.39	8.00	6.00	6.00	4.00	2.00	59.55
2012	男	5.37	6.00	8.00	8.00	8.00	7.00	7.00	7.00	2.00	5.12	8.00	8.00	8.00	7.00	10.00	67.78
	女	4.74	6.00	8.00	8.00	8.00	7.00	7.00	7.00	2.00	5.32	8.00	8.00	8.00	7.00	8.00	65.14
2013	男	5.44	7.00	8.00	8.00	8.00	8.00	7.00	7.00	2.00	5.24	8.00	8.00	8.00	7.00	10.00	68.93
	女	4.80	6.00	8.00	8.00	8.00	7.00	7.00	7.00	2.00	5.40	8.00	8.00	8.00	8.00	8.00	66.14
2014	男	5.44	7.00	8.00	8.00	8.00	7.00	8.00	7.00	2.00	5.31	8.00	8.00	8.00	7.00	8.00	68.90
	女	4.87	7.00	8.00	8.00	8.00	8.00	7.00	8.00	2.00	5.50	8.00	8.00	8.00	7.00	6.00	64.88
2015	男	5.44	7.00	8.00	8.00	9.00	8.00	8.00	8.00	2.00	5.40	8.00	8.00	8.00	7.00	8.00	68.95
	女	4.90	7.00	9.00	9.00	9.00	8.00	8.00	8.00	2.00	5.59	10.00	8.00	8.00	7.00	4.00	66.11
2016	男	5.55	7.00	8.00	9.00	9.00	8.00	8.00	8.00	2.00	5.44	8.00	8.00	8.00	7.00	6.00	70.65
	女	4.95	7.00	8.00	8.00	8.00	8.00	8.00	8.00	2.00	5.64	8.00	8.00	8.00	8.00	4.00	66.25

续表

年份	性别	总收入	社会福利	养老保险	医疗保险	失业保险	工伤保险	劳动合同	工会组织	劳动保护	劳动时间	学习培训	专业对口	岗位匹配	单位性质	著名企业	汇总
2017	男	5.53	7.00	9.00	9.00	9.00	8.00	8.00	8.00	4.00	5.50	10.00	10.00	10.00	8.00	6.00	74.22
	女	5.03	7.00	9.00	8.00	8.00	8.00	8.00	8.00	2.00	5.70	8.00	8.00	8.00	8.00	2.00	65.89
2018	男	5.64	8.00	9.00	9.00	9.00	9.00	9.00	9.00	4.00	5.61	10.00	10.00	10.00	8.00	6.00	76.56
	女	5.02	7.00	9.00	9.00	9.00	8.00	8.00	8.00	2.00	5.89	8.00	8.00	8.00	8.00	2.00	67.00
2019	男	5.74	8.00	9.00	9.00	9.00	8.00	8.00	8.00	2.00	5.82	10.00	10.00	10.00	8.00	4.00	73.65
	女	4.93	7.00	9.00	9.00	9.00	8.00	8.00	8.00	2.00	5.98	10.00	8.00	8.00	7.00	2.00	67.01

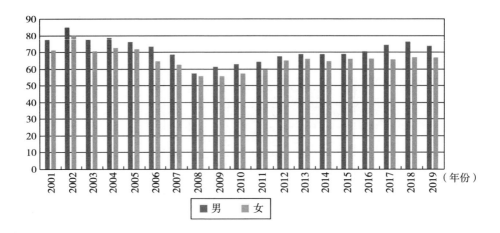

图 4-10　高校毕业生就业质量性别汇总柱状图

图 4-11　高校毕业生就业质量性别汇总折线图

多都低于男性毕业生。三是认为劳动保护不好或没有劳动保护的女性毕业生人数远高于男性毕业生人数。四是在专业对口率、工作岗位与兴趣爱好是否匹配方面，女性毕业生的得分约低于男性的 10%～15%。五是在是否参与过学习培训、是否能参与管理方面，男女毕业生的评价得分也存在相当大的差距，男性毕业生明显高于女性毕业生。

五、高校毕业生就业质量的区域差异

由于跨省高校毕业生就业质量调查难度大，在此采用其他学者的调查结果，进行区域比较。

（一）浙江省与河南省大学生就业质量对比

柯羽（2010）对浙江省2006～2008届高校毕业生就业质量进行了调查，选择毕业生就业流向、单位性质、薪金水平、人职匹配度、就业满意程度、职业发展前景6个指标来评价毕业生的就业质量（见表4-15）。

表4-15　2006～2008届浙江省高校毕业生就业质量调查情况

序号	指标	等级	2006届	2007届	2008届
1	毕业生就业流向	省会城市	21.82	18.49	13.91
		地级市	41.01	36.30	30.24
		县级市	24.62	32.52	37.53
		城镇或乡村	9.35	12.69	18.32
2	单位性质	党政机关或事业单位	14.15	11.36	9.49
		国有大型企业或外资企业	16.07	14.03	10.82
		知名私营民营企业或国有中小型企业	36.69	33.18	30.24
		中小型私营民营企业	33.09	41.43	49.45
3	薪金水平	2500以上	13.67	10.91	8.61
		2500～2000	25.66	19.38	10.82
		2000～1500	35.97	39.20	47.24
		1500以下	24.7	30.51	33.33
4	人职匹配度	符合	27.10	22.94	17.44
		一般	49.64	51.89	53.20
		不符合	23.26	25.17	29.36

续表

序号	指标	等级	2006 届	2007 届	2008 届
5	就业满意度	满意	28.06	23.83	20.97
		一般	47.24	45.66	44.81
		不满意	24.70	30.51	34.22
6	职业发展前景	好	27.1	22.05	19.20
		一般	47.24	46.1	46.14
		不好	25.66	31.85	34.66

资料来源：柯羽. 大学毕业生就业质量现状调查及趋势分析——以浙江省为例. 黑龙江高教研究，2010.7：106-108.

由表4-15可知，柯羽的调查结果表明2006~2008年浙江省大学生就业质量呈持续下降趋势。这与本书的实证调查结果一致。

柯羽的调查数据涉及6个指标，而本书的调查涉及15个指标，因而无法直接按照高校毕业生就业质量模型计算浙江省大学生就业质量。本书按照毕业生就业质量标准计算单项指标得分，比较两省大学生就业质量高低。

指标的对应性说明：在两项实证调查中，薪金水平指标具有一致性，人职匹配度与专业对口率一致；就业满意度对应工作适应指标，职业发展前景和学习培养一致。此外，柯羽的调查表明浙江省毕业生第一年的平均起薪多在1500~2000元，相应，柯羽关于薪金水平的调查可以分为四档，即远高于平均水平、高于平均水平、相当于平均水平与低于平均水平。据此，根据本书的评价标准，计算各指标得分，并与河南省大学生就业质量对比（见表4-16）。

表4-16　2006~2008年浙江省与河南省大学生就业质量得分对比

省份\指标\年份	薪金水平		人职匹配度		就业满意度		职业发展前景		单位性质	
	浙江	河南	浙江	河南	浙江	河南	浙江	河南	浙江	河南
2006	6.6	6.6	8	8	8	8	8	10	7	6
2007	6.21	6.1	8	8	8	8	8	8	6	6
2008	5.89	6.4	8	8	8	8	8	8	6	6

由表 4-16 可以看出，2006~2008 年，两省就业质量均呈现明显下降趋势。在薪金水平方面，2007 年浙江省略高于河南省，但 2008 年浙江省大学生就业质量下降幅度较大，反映了东南沿海省份大学生就业质量受金融危机影响更大。两省份的人职匹配度和就业满意度相等。在职业发展前景方面，2006 年河南省略高于浙江省，而 2007 年和 2008 年两省份相等。2006 年浙江省就业单位性质得分略高于河南省。

（二）宁波市与河南省大学生就业质量对比

张海波（2010）从工作质量、社会福利与个人发展及其就业稳定性四个方面综合评价了 2009 年宁波 15 所高校经济管理类毕业生的就业质量，在此基础上，从个人、高校和政府三个层面分析了经济管理类毕业生就业质量不高的原因，并提出相应的对策。在此，利用其调查数据对比河南省经济管理类大学生就业质量（见表 4-17）。

表 4-17　宁波市 2009 年经济管理类大学生就业质量调查数据

薪资收入（元）	1000 及以下	1001~2000	2001~3000	3001~4000	4001~5000	5001 及以上
	56	293	183	46	23	11
工作时间（小时）	35 及以内	36~40	41~45	46~50	51~55	56 及以上
	9	103	237	182	67	14
保险数量	不买保险	只买三险	只买五险	三险一金	五险一金	更多的保障
	107	91	61	232	91	20
学习培训	无	有，不多	有，很多			
	134	327	151			
专业对口	不对口	基本对口	完全对口			
	93	296	223			
劳动合同	无劳动合同	短于 1 年	1~3 年	3~5 年	5 年及以上	无固定期限合同
	98	161	192	93	9	59
单位性质	国有企业	政府机关	事业单位	三资企业	民营企业	个体经营
	25	48	74	213	236	16

资料来源：张海波. 经济管理类大学毕业生就业质量评价研究——以宁波为例. 浙江万里学院学报，2010（11）：109-112.

根据毕业生就业质量评价标准，得出宁波市经济管理类大学生就业质量单项得分，并与河南省经济管理类大学生就业质量相比（见表4-18）。

表4-18 2009年宁波市与河南省大学生就业质量对比

指标	宁波市	河南省
薪资收入	6.79	5.84
工作时间	5.75	5.73
保险数量	6.8	7.1
学习培训	8	8
专业对口	10	8
劳动合同	8	8
单位性质	—	9

指标计算说明：浙江省平均工资水平在1500~2000元，据此，将1001~2000元定为平均水平，张海波关于薪资收入的调查被分为4档，即低于平均收入、相当于平均收入、高于平均收入、远高于平均收入。

由表4-18可以看出，2009年宁波市经济管理类毕业生整体就业质量略高于河南省。其中，薪资收入的差距较大，2009年宁波市薪资收入指标得分为6.79，河南省仅为5.84，反映出东南沿海地区的工资水平普遍高于内地；宁波市工作时间略长于河南省，但保险参保比率却低于河南省，在一定程度上反映了东南沿海地区企业在就业社会保障方面的供给不足。根据张海波的分析，宁波民营经济发达，中小企业数量众多，对于经济管理类专业的学生需求旺盛，在一定程度上能解释其学习培训得分高于河南省。

六、高校毕业生就业质量的相对差异

将高校毕业生的就业质量和城镇其他劳动群体的就业质量作对比，可以明显的看到就业质量是下降的，而且下降的速度较快。农民工的就业质量较低，将大学生工资的增长率与农民工工资增长率做对比，可以充分说明大学生就业质量相对下降更快的问题。

近年来，在我国劳动力市场上出现了农民工相对短缺的问题，农民工的供不应求导致其工资水平有了较快增长。但高校毕业生群体却面临就业困难、工资福利提高较慢的问题。从就业率观察，高校毕业生的就业水平还不如青年农民工的就业水平。麦克思的调查数据表明：2008 届与 2009 届高校毕业生的就业率分别为 85.6% 与 86.6%，在这些实现就业的毕业生中，约有 1/3 是在毕业半年内找到工作的，还有相当一部分人是在毕业半年后才走上了工作岗位。人力资源和社会保障部发布的数据显示，2009 年到城市找工作的 97% 的农民工都顺利地实现了就业，近年来，农民工的就业率基本都在 90% 以上。

从工资增长水平来观察，近年来农民工工资的增长幅度明显快于高校毕业生的工资增幅。2009 年 9 月 8 日中国社会科学院发布《2009 人口与劳动绿皮书》称，随着高等教育规模的日益扩大、毕业生人数的增加以及有经验的青年农民工的短缺或抢手，农民工与高校毕业生的工资待遇出现了持平的趋势，甚至还出现了刚毕业的大学生工资待遇不及农民工的现象。中国社会科学院人口与劳动经济所所长蔡昉表示，随着我国高校毕业生供给数量的增加与青年农民工供给数量的减少，二者之间的工资水平有持平的趋势。国家统计局国民经济综合统计司司长、国家统计局新闻发言人盛来运于 2011 年 4 月 15 日在介绍第一季度我国国民经济运行情况时指出，农民工的工资收入水平呈继续上涨态势，第一季度人均名义增长 20.6%，实际增长 14.3%，月工资收入突破 1800 元的水平，这是少有的增长速度。

对比农民工与高校毕业生的工资问题是一个复杂而艰难的工作。怎样看待农民工工资快于大学生工资的增长呢？本书的判断与看法是：一定条件下或在特定经济发展阶段，农民工工资的较快增长是客观并合理的；部分农民工工资相当于甚至超过大学生的工资也是正常的和必然的；但大学生的实际工资在相当长的时期内停步不前甚至下降，农民工的平均工资接近甚至超过大学生的平均工资却无论如何都是不正常、不合理的，同时还是有害的。

近年来，我国农民工工资的快速度增长是和"民工荒"联系在一起的。"民工荒"中的"民工"是从农村进城务工的我国特有的"农民工人"。从 20 世纪 80 年代末开始，伴随着我国改革开放的深入、工业化的推进与城市化的快速发展，进城打工的农民日益增加并逐渐成为庞大的劳动群体。但在 2003 年，其形势却发生了较大的出人意料的变化，在东南沿海部分地区出现了不同程度的招工难现象，即"民工荒"问题。2004 年这种现象进一步波及福建、广东与浙江等地区。2008 年国际金融危机后，"民工荒"现象蔓延到全国，并有愈演愈烈之势，成为政府、企业、专家与社会关注的焦点问题。"民工荒"的产生有着深刻的社会经济背景。一是随着我国经济规模的扩大，对农民工的需求逐步增加。二是由于东部向中西部产业的转移，中西部地区需要的农民工开始逐步增加，从而直接造成向东部流动农民工的减少。三是我国经济的发展已经到了新的阶段，可以说已发展到可以大幅度提高农民工工资的阶段。在改革开放的 40 多年中，我国国民经济以平均 8% 左右的增长率增长，创造了"中国奇迹"，当前已经成为世界工厂与第二大经济体。人们大都认为，创造中国奇迹的核心要素就是廉价的"农民工"的劳动力。潘毅等（2009）在《农民工：未完成的无产阶级化》一文中指出："中国经过 30 年改革开放制造了一个世界工厂，我们的特殊性在于制造了一个新的工人阶级，我们的新工人阶级是由农民工这种特殊主体形成的①。"正是农民工这支新生的工人阶级队伍给资本带来了高额的利润，给社会创造了巨大的财富。因此，随着我国技术的进步、生产力的提高、经济的发达与社会财富的日益增加，可以说，现在已经具备了大幅度增加农民工工资的技术、生产力等条件。四是新生代农民工相对数量的减少。一方面是由于计划生育政策的实施，我国正在或已进入"老龄化社会"，年轻人逐渐减少，"人口红利"渐渐消失。因此，"民工荒"的出现既是我国计划生育政策实施的结果，也是社会经济发展到一定阶段的一种正常现象，即所谓的"刘易斯拐点"。另一方面是由于我国社会经济的发展，农村农民收入增加与生活及其发展条件的改善，出现了新生代农民工回流的现象。五是新生代农民工维权意识的觉醒。随着我国社会经济的发展，农村农民的收入在逐渐增加，其文化水平与维权意识的提高，特别是新生代农民工的出现，他们用脚投票的方式表达了对低工资的抗争，从而逐步提高了工资水平。六是政府政策的完善，如最低工资标准的提高等，也推动了农民工工资的提高。

部分农民工工资接近或超过大学生的工资是和其努力奋斗、从事行业特殊性相联系的。有的农民工刻苦学习，勤奋工作，从而有一手技术，有一定的能力与经验，甚至具备了一些理论知识，他们给企业创造了超过大学生的价值，当然工资会高于大学生。有些或更多的农民工从事着艰苦行业的工作，如建筑业等，这种工作强度大、环境差、时间长与危险性高，其工资高既是客观的也是合理的。

从长期和总体上看，农民工的平均工资水平接近甚至超过大学生的平均工资是不正常的，马克思主义原理已经清楚地说明了这个问题。马克思在《资本论》中写道，工资是劳动力的价格，它决定于劳动力价值。劳动力价值包括满足自身生存、繁衍后代以及再教育所需要的生活资料价值三个部分。高校毕业生的劳动力价值在一般情况下肯定会高于农民工的劳动力价值。首先，从自身生存所必需的生活资料看，相对于农民工大学生的

---

① 潘毅，卢晖临，严海蓉，陈佩华，萧裕均，蔡禾. 农民工：未完成的无产阶级化［J］. 开放时代，2009（6）：5-35.

需求具有刚性。为躲避工资收入的不足与不断攀升的物价水平及生活的压力，农民工可以放弃进城，回乡靠种地也能生活。但是，不少大学生在农村已经没有可以用于耕作的土地。所以，他们只能在城市生活，必须承担昂贵的但又不能缺少的生活资料。其次，从繁衍后代所需要的生活资料看，现阶段大学生在培育后代上的花费大于或高于农民工。当前孩子的生活费用与教育费用城市远远大于农村，而且与农民工相比，大学生更愿意对孩子的教育投入更多。因此大学生在生养培育下一代上的支出远高于农民工。最后，从再教育所需要的费用看，一般情况下大学生可能要高于农民工许多。这是由于大学生从事工作的性质与追求发展的愿望及社会经济技术发展的要求、特点、趋势决定的。

农民工的平均工资接近甚至超过大学生的平均工资不仅是不正常的，而且也是有害的。需要注意的是，虽然现在高校毕业生的平均工资水平仍高于农民工的工资水平，但二者的差距正在缩小，其差异并不明显。从人力资源与社会保障部发布的数据看，高校毕业生与农民工的月平均工资收入的差别才只有 300 元左右，这清楚地说明我国当前高等教育的回报率较低，人力资本趋于贬值，会引起"新读书无用论"的产生，进而影响整个国民素质的提高，最终阻碍国民经济的发展，国民经济发展放缓又会制约高等教育的发展与公民素质的提高。若如此，社会经济的发展可能会陷入恶性循环之怪圈。

七、高校毕业生就业质量的文献分析

近年来，我国有关大学生就业的理论研究成果已相当丰富。一部分学者直接提出了高校毕业生就业质量的概念并对其变化进行了分析。例如，杨清河和李佳（2007）认为，北京市高校毕业生的就业质量从 2002 年以后就呈现出了实际下降的趋势。但更多的人则是从就业难的角度，间接地分析了大学生就业质量的问题。对这些成果予以分析概括，一方面可以从更广阔的视野、更深邃的目光去认识高校毕业生就业质量的变动情况；另一方面也是对本书所研究的结论进行验证。

（一）毕业生的起始工资相对下降

从近二十年的情况看，高校毕业生的绝对工资水平是处于上升的，但相对于国民经济与其他劳动群体收入水平的增长速度，其工资水平是相对下降的。根据杨清河和李佳于 2006 年 8~11 月对北京市大学毕业生进行的调查，1990~2000 年大学生的工资水平一直处于北京城镇在岗职工月平均工资线以上，2001 年、2002 年与北京城镇在岗职工月平均工资基本持平，2003 年开始处于北京城镇在岗职工月平均工资线以下并迅速拉开了距离。根据上海市人力资源和社会保障局 2004 年发布的《大学生工资指导价位》的资料，2003 年各类毕业生平均工资收入高位、低位与平均工资分别为 61974 元、11180 元和 26498 元，与 2003 年相比，在每档学历中，高位工资均有不同程度的下降，其下降幅度在 4000~24000 元。根据第一部大学生就业蓝皮书——《2009 年中国大学生就业报告》的资料，2008 年大学生的工资收入较 2007 年有明显的下降，国家重点大学、一般大学和高职高专毕业生毕业半年后工资收入依次为 2549 元、2030 元和 1647 元，与 2007 年相比分别下降了 14%、11% 和 5%，并预测 2009 年将会是有增无减。据智联招聘推出的"2009 年上半年职场人与大学生薪酬盘点"显示：不同城市大学毕业生的起薪较上年相比均有不同程度下降，其中上海下降了 9.73%，为 2691 元，北京下降了 7.56%，到 2655 元，深圳则下降了 5.2%，为 2575 元。

根据北京大学教育学院 2015 年对我国东、中、西部地区 17 个省份的 28 所高校毕业生的调查：从名义收入来看，2003~2015 年毕业生的收入逐年增加，似乎就业质量越来越高。但是，应该考虑物价上涨的因素看实际工资。为简单起见，采用相对收入的比较方法，与我国城镇单位就业人员平均工资相比较，相对于城镇单位就业人员平均工资的起薪指数，2003～2009年收入呈现显著的下降趋势，之后保持基本平稳，尚未出现回升的势头。因此，从实际工资或者相对工资来看，高校毕业生的就业质量在下降。

汪昕宇等（2018）运用麦可思公司2010～2015届毕业生就业状态的调查数据进行计算分析并得出以下结论：一是毕业生就业质量总体平稳，略有波动。2010～2015届毕业生的就业质量指数看，除2011届的就业质量指数较低外，其他几届毕业生的就业质量指数均处在66%～68%，总体有轻微上升但不显著，就业质量总体水平比较平稳。2015届毕业生的就业质量指数略有下降，当前毕业生较大的就业压力反映到了就业质量上，毕业生就业压力依然较大。

二是毕业生名义工资上涨，相对工资水平快速下降，其表现：①毕业生名义工资水平持续上涨，但涨幅下降且低于城镇在岗职工平均水平。2011～2015届毕业生毕业半年后的名义工资都有明显增加，从2011届毕业生的2766元增加到2015届的3726元，但同比涨幅在波动中呈下降趋势。2012届毕业生的工资涨幅为10.2%，2015届毕业生的工资涨幅下降到了6.9%。城镇在岗职工月平均工资不仅绝对水平高于毕业半年后毕业生的工资收入，且涨幅也高于毕业生，2015届毕业生的工资涨幅比城镇在岗职工低3.4个百分点。②毕业生毕业半年后的相对工资水平明显下降。鉴于名义工资的上涨受宏观环境的影响较大，不能完全反映毕业生劳动报酬的真实状况，特将毕业生的工资与城镇在岗职工的工资进行比较，用毕业生的相对工资水平来体现毕业生在劳动力市场上的相对地位，同时也能反映毕业生劳动力市场的供求状态。毕业生的工资比率是指毕业生毕业半年后的月收入占当年全国城镇在岗职工月平均工资的比重，计算结果显示：这一比重在下降，由2010届的80.4%下降到2015届的70.7%。毕业生刚入职，月收入低于城镇在岗职工月平均工资是很正常的，但持续下降的占比反映出毕业生在毕业半年时的相对待遇在下降。如前所述，工资待遇是衡量毕业生就业质量的重要方面，相对工资水平下降将直接导致毕业生就业质量的下降。③毕业生毕业 3 年后的工资比率也呈下降趋势，毕业生的相对优势在减弱。根据麦可思的调查数据，高校毕业生毕业 3 年后的工资涨幅普遍可观，多数都能实现翻一番，且均高于对应年份的城镇在岗职工的工资水平，但与相应年份我国城镇在岗职工月平均工资的比例却是在逐年下降的，从 2007 届的 141.7%下降到 2012 届的 108.1%。这一数据显示了高校毕业生的长期工资比率也在下降，毕业 3 年后的工资正在与城镇职工工资趋同，毕业生在劳动力市场上的优势在逐渐减弱。④不同就业背景下毕业生工资比率存在明显差异。通过计算不同雇佣形式、性别、就业地、就业行业、院校类型的毕业生工资比率，可用于比较不同背景下毕业生的工资差异，也用于探寻影响毕业生工资比率的因素。结果显示，无论哪种分类情况下，毕业生的相对工资水平都呈现明显的持续下降趋势。受雇全职工作毕业生的相对工资水平高于受雇半职工作的毕业生，同时，降幅也高于受雇半职工作的毕业生。在汪昕宇等（2018）所调查的四种雇佣形式中，有全职工作且同时自主创业毕业生的工资比率最高，2015 届为 89.4%；其后是从事与专业相关或无关的受雇全职工作的毕业生，2015 届均为 70.4%；工资比率最低的是从事受雇半职工作的毕业生，2015 届为 54.6%。这与国际劳工组织的判断一致，即受雇全职作为高质量就业的表现，其工资待遇普遍高于受雇半职的情况。从事信息服务、金融行业毕业生的相对工资水平较高，医疗、教育、商务服务行业毕业生的相对工资水平较低，从事采矿、金融、建筑、文娱行业毕业生的相对工资水平降幅最大。在毕业生所从事的 17 个行业中，信息服务、金融行业毕业生的相对工资水平较高，2015 届毕业生的工资比率分别为 84.2%和 82.3%；其后是房地产、电力燃气和水、文娱、物流邮政运输、制造业的毕业生工资比率处于 70%~79%；建筑、教育、农林牧渔、批发零售、商务服务、其他服务、医疗、政府机构、住宿餐饮业的毕业生工资比率最低，均在 70%以下。2015 届与 2011 届相比，从事采矿、建筑、电力燃气和水、金融、文娱行业毕业生的工资比率下降幅度最大，均在 20%及以上。211 院校毕业生的相对工资水平最高，高职高专毕业生的相对工资水平最低，但 211 院校毕业生相对工资水平的降幅最大。在三种类型毕业院校中，211院校毕业生的工资比率最高，2015届为88.9%；其次是非211本科院校毕业生，2015届为73.5%；高职高专院校毕业生的工资比率最低，2015届为64.5%。但是2015届与2011届相比，211院校毕业生工资比率的降幅最大接近20%，其次是非211本科院校毕业生为15%，高职高专院校毕业生的降幅最低为9%。

李彤彤（2016）对大学生城乡户籍就业质量的差异进行了调查，农村户籍大学生的就业率（42.4%）低于城镇户籍大学生（43.5%），农村户籍大学生工资水平（2562.7元）低于城镇户籍大学生的平均工资水平（2863.4元）约300元。城乡户籍大学生职业类型、工作单位类型存在差异。概括来说，对城乡户籍大学生就业率、工资水平、职业类型工作单位类型方面的考察可以发现，农村户籍大学生就业率相对较低，工资水平不高，职业类型分布上略逊于城镇户籍大学生，而在就业单位的分布上，在政府部门、事业单位和国有大中型企业中就业的比重比城镇户籍大学生低一成。可见，农村户籍大学生的就业质量低于城镇户籍大学生。

大学生的期望收入与实际收入的差距即期望收入的变动情况间接地说明其经济地位或收入水平的变化。尽管大学生一般都会高估自己的预期收入，但预期收入最终还是以实际收入水平为基础的，现实收入水平的下降必然会拉大二者的差距和期望收入的走低。根据何渊（2006）于2004年与上海市高校毕业生就业指导中心、上海教科院高教所联合组织的一次调查，博士、硕士、本科和专科毕业生的期望收入的平均值依次为7777.85元、5294.71元、3379.39元、2656.88元，而月实际收入的平均值则依次为4553.33元、3596.46元、2678.51元、2158.59元；期望收入与实际收入差距分别为2924.45元、1697.65元、699.88元、498.29元。王丽萍等（2005）采用教育部设计的《高校毕业生择业行为及意向》调查问卷，于2003年6月对广东5所高校2003届毕业生进行了调查，其具体情况如下：期望月薪在3000元以上者达25.6%；2000～3000元的占25.6%；1000～2000元的占19.6%；1000元以下的占1.72%，而实际上大学生的初次就业工资区域却在 1500~2000 元，远远低于期望值。根据梁英 2006 年的调查，北京地区大学毕业生月薪期望集中在 2000~3000 元，而京外地区则为 1000~2000 元。结果显示：大学生工资期望水平较前相比有所下降。根据黄敬宝（2009）于 2008 年 5~6 月对北京地区大学生就业状况的抽样调查，毕业生期望月薪选择 3000~3999 元的占 31%，2000~2999 元的占 23.7%，5000 元以上的占 22.2%，4000~4999 元的占 13.5%，2000 元以下的仅占 1.9%。根据算术平均数公式"平均数 = ∑组中值×频率"可得平均期望月薪为 3525 元。单位承诺月薪比重最大的为 2000~2999 元，占 35.4%，其次是 3000~3999 元，占 24.7%，再次是 2000 元以下占 11.3%，4000~4999 元和 5000 元以上，分别占 9.5% 和 9.3%。平均承诺月薪为 2801.5 元，比期望月薪下降了 723.5 元，下降了 25.8%。根据北京大学教育学院 2015 年对我国东部、中部、西部地区 17 个省份的 28 所高校毕业生的调查，对实际收入与期望收入进行比较，有 38% 的毕业生找到的工作实际收入低于期望收入。根据张凡（2019）对河南省高校的调查，2018 年高校本科生首年平均月薪在 2000~4000 元，占 66%，其中 2000~3000 元和 3000~4000 元各占一半左右，说明河南省本科毕业生整体薪酬不高，居于起征税点以上的只有 3.78%，河南省本科生毕业首年平均月薪整体偏低，可能与河南省劳动者平均月薪偏低有关，也可能是毕业首年经验不足但是具有充分的成长空间，他们对于薪酬的普遍期望值在 5000~6000 元。

　　赵明（2019）认为，大学生的薪酬期望是在对就业进行理性认识基础上结合自身能力而做出的一种职业选择标准。根据麦可思的调查①，2015 届大学生毕业半年后的月收入为 3487 元，3 年后（2018 年）的平均月收入为 6723 元，几乎翻了一番，大学教育的长期回报比较明显。但是，这个收入与大学生的薪酬预期相比还存在一定的差距。麦可思《2018 年中国大学生就业报告》显示，2018 届大学毕业生对就业现状不满意的主要原因就是收入低，其中本、专科毕业生的不满意率达到 65% 与 67%。以江苏省

---

　　① 王向东．高校毕业生就业质量调查及其对高校教育教学的启示——基于浙江省 4 届毕业生的实证调查［J］．大学教育科学，2016（4）：100-105.

为例，2018 年全省人均可支配收入 47200 元，而 2018 届毕业生的起薪为 4624 元，两者比较可以发现，大学毕业生的薪酬略高于平均水平，对年轻人来说，经济确实也有一定的压力。就业地域体现了就业预期与现实的差距。由于我国城乡差距明显，毕业生更倾向于城市就业。有关数据统计显示，2017 年江苏省高校本科及以上毕业生中选择在南京就业的 4.7 万人，占毕业生总数的 21.75%，而当年南京生源数的毕业生只有 1.2 万人，所以，毕业生更倾向于在大城市就业。但是麦可思的数据表明，2018 届本科生在一线城市或者"新一线"城市就业的人数只有 37.3%，在直辖市就业的比例为 17%，而有在这些城市就业意愿的本科生占比达到 81.5%。据麦可思的调查发现，53% 的毕业生认为发展空间小，由此很多毕业生产生离职意愿。

大学生工资收入的下降、学习成本的攀升与就业成本的急剧增加导致高等教育人力资本个人收益率走低。由于发展中国家的社会经济发展比较落后，接受高等教育的人数较少且成本较低，大学生相对稀缺，从而使其工资收入较高。因此落后国家高等教育的个人收益率一般总是高于发达国家。由于历史与市场化改革进程等多种原因，我国高等教育的收益率一直较低。近二十多年来，随着高等教育的大众化与普及化，高校毕业生的人力资本收益率不断走低。其主要原因一方面是大学生工资收入的下降，另一方面是学习成本的攀升与就业成本的急剧增加。在国家的严格管理与支持下，名义学费没有增加，助学贷款却增加较多，但考虑到物价上涨与所有学生的因素，大学生的平均学习成本实际上还是上升的。由于就业竞争的日益激烈，大学生的就业成本急剧增加。就业成本既包括直接在求职过程中所支付的成本，如通信交通费用与自荐材料的制作打印服装费用等，也包括机会成本等间接成本。根据史永江等对 2008 年毕业生的调查，就业实际消费在 500~3000 元，在 3000 元以上的毕业生占了相当比例。根据黄敬宝 2008 年 5~6 月对北京地区大学生就业状况的抽样调查，求职费用在 100 元以下的最多，占毕业生总数的 28.1%，100~499 元的占 24.1%，500~999 元的占 15.4%，1000~1999 元、2000~2999 元和 3000 元以上的分别占 8.9%、5.9% 和 4.9%。随着物价的上涨，大学生的学习成本与寻找工作的成本恐怕增长很多。王向东（2016）对浙江省的 2011～2014 届毕生的调查显示，毕业生就业时间成本升高。就业时间成本指高校毕业生开始求职到签订真实的就业三方协议或落实真实的全职工作所耗费的时间，就业时间成本可以反映高校毕业生的"畅销"程度。高校毕业生毕业离校时间均在当年 7 月 1 日前，本书也将 7 月 1 日作为毕业生就业时间的节点进行统计。数据显示，浙江省 2013 届、2014 届毕业生在离校前落实全职工作的人数比例较前两届有明显降低，毕业生就业时间成本升高。浙江省 2011～2014 届毕业生毕业前落实工作的比例全省平均为 66.6%、66.1%、54.5%、55%，其中本科生为 65.7%、61.1%、57.7%、52.6%；专科生为 67.4%、63.2%、57.8%、57.7%（王向东，2016）。

（二）私营企业就业的人数迅猛增加

高校毕业生就业单位的所有制性质可以在一定程度上与一定条件下反映其就业质量，这是当前我国政治制度背景、社会文化与就业意识决定的。从现实的就业岗位看，政府机关、国有企事业与民营单位，特别是中小民营企业存在一定差异是客观存在的；从毕业生的心理期望看，他们更愿意把政府机关、国有企事业单位以及大的外资企业作为就业去向。因此可以说，高校毕业生就业更多地流向民营、私营及个体企业，这既反映了我国改革开放与社会主义市场经济发展及其大学生就业的发展方向，也说明了当前高校毕业生就业的所有制性质期望与现实就业情况的矛盾及就业质量变动状况。

王涛与张成科（2005）对广东工业大学 2003 届本专科毕业生就业单位的实际流向进行了调查统计，到三资企业的占 18.1%，国有企业占 32.2%，民营企业占 18.1%，政府机关（非营利机构）占 16.7%，高等学校占 2.5%，军队为占 0.2%。市场营销专业有 23.6% 的学生进入了 5000 人以上的工作单位，其余专业有 22.9% 的学生进入了 50 人以下的企业，这一类企业超过一半是私营或民营企业。根据孙树枫（2006）的调查统计，从大学毕业生初次就业的单位所有制类型流向看，"十五"期间到机关、科研设计单位、高等学校、其他教学单位、国有企业就业的比例呈逐年下降的趋势。非国有企业已经成为大学生就业的主渠道，2005年达到82%，与2001年相比增加了31.1个百分点。陈钧浩（2006）于2004年12月对宁波大学的毕业生就业情况进行了问卷调查，期望到政府机关的占35.76%，外资企业占30.3%，国有企业占16.06%，私营企业占13.51%，创业者占8.74%。何渊（2006）于2005年的调查显示，虽然外资企业为大学生择业时的首选，但流向外资企业的高校毕业生实际不到15%，而不受青睐的民营、私营企业及个体企业则迅速发展，吸纳毕业生就业达25%，另有15%的学生到其他性质的单位就业。根据人事部网站调查，2006年不同性质单位需求高校毕业生的数量和比例分别为：党政机关64528名，占3.9%；事业单位242789名，占14.6%；国有企业418336名，占25.2%；非国有单位937333名，占56.3%。根据任庆雷（2007）的调查，大学生毕业后选择教学科研领域的有293人，占42%；选择行政管理领域的有161人，占23%；选择生产经营领域的有126人，占18%；选择其他工作领域的有49人，占7%。教育部新闻发言人王旭明指出，2007年全国高校毕业生到民营、三资企业就业的有143万人，约占毕业生总人数的40%。北京大学教育经济研究所与高等教育研究所的调查资料显示，国有企业、私营企业和国家机关是毕业生最主要的就业单位，分别占34.5%、31.0%和10.9%，三者合计达76.4%；科研单位、高等教育单位、中初教育单位、医疗卫生单位和其他事业单位分别占1.7%、3.4%、2.6%、1.4%和2.6%，事业单位合计为合计11.7%；三资企业占6.8%。

王向东（2016）对浙江省2011~2014届毕业生的调查数据显示，选择在民营企业工作的人数在增长，而作为个体户形式就业的比例则明显降低，其他就业单位的比例无明显差异。2011~2014届毕业生在私营企业就业的比例分别为42.9%、54.%、54.8%、55.9%。

石云生和宗胜旺（2020）的调查数据显示，国有企业、民营企业、事业单位及科研院所、党政机关4种性质的就业单位是大学本科毕业生就业的主要去向，共占就业大学生人数的84.82%，其中到国有企业就业的占

13.83%，到民营企业就业的占 60.62%，到事业单位及科研院所就业的占 7.64%，到党政机关就业的占 2.73%。

（三）中西部地区和基层就业的比例明显提高

由于我国城乡与区域社会经济发展的不平衡，相近或同样工作的工资水平存在明显的差异。尽管大学生就业向中西部、乡村基层的流动可能成为必然或趋势，并且推动城乡与区域社会经济的协调发展，但必须承认，在现有的社会经济发展阶段、政治经济制度背景、毕业生的就业意识与心理预期的状态下，这种流向在一定意义、一定程度上反映着高校毕业生就业质量的变动状况。

2004 年全国高校毕业生在东部地区与城市就业的比例达 83% 左右，其中东部城市占 63% 以上，中西部的省会城市只占 11.6%，在中西部城市就业的仅为 4.8%。2005 年后到中西部和基层就业的毕业生比例明显提高。教育部发言人王旭明指出，2007 届高校毕业生到基层工作的人数稳步增加，到县和县级以下单位就业的达 58 万人，占就业毕业生人数的 16.6%；到中西部地区就业的毕业生人数增加了 55 万人左右，约占毕业生总人数的 10%。根据北京大学高等教育研究所的调查，2003 届、2005 届、2007 届、2009 届、2011 届高校毕业生在大中城市就业的比例分别是 76.%、76.7%、80.02%、83.7%、80.02%；在县级市或县城就业的分别是 17.1%、21.9%、14.1%、12.1%、15.5%；在乡镇就业的毕业生分别为 5.3%、5.5%、4.4%、3.4%、3.8；在农村就业的毕业生分别为 0.9%、1.9%、1.4%、0.8%、0.5%（岳昌君，2012）。

从就业的区域期望来看，大学生还是希望到东部与大城市就业的，他们向中西部与农村流动更多的是现实所迫或无奈的选择。王丽萍等（2005）采用教育部设计的《高校毕业生择业行为及意向》调查问卷，于 2003 年 6 月对广东 5 所高校 2003 届毕业生进行的调查，具体情况如下：65.4% 的毕业生期望到沿海城市就业；11.5% 希望到中小城市和省会城市工作；10.25% 希望到京津沪渝四大直辖市就业；希望到农村就业的只占

0.5%。根据陈钧浩（2006）于2004年的调查，期望到沿海城市就业的占81.21%，到乡镇农村的占16.06%，到西部地区的占2.73%。2004年10月，上海市妇女研究中心联合上海市部分高校，就上海市应届大学生就业状况进行了大范围调查。调查显示，有98.4%的上海市生源大学生和68%的外地生源，将上海作为自己的工作首选地，而且也确实有99%的学生如愿到了上海，有62.3%的非上海生源大学生顺利签沪；上海高校毕业的大学毕业生中，每15名中只有1人到长江和珠江三角洲以外的地区工作，而28名中只有1人到中西部地区工作。根据梁英（2006）于2005年的调查，北京地区的大学毕业生的就业区域集中在北京、深圳、上海等地区，其中实际留京的比例达40%，虽然流向内地和西部的绝对学生人数有所增加，但其比例还较低。根据黄敬宝（2009）于2005年的抽样调查，从地区选择看，最希望在北京就业的为545人，占样本数的63.1%，最希望在上海和广东就业的分别占7.8%和7.1%，其他沿海地区占9.5%，愿意去中部地区和西部地区的只有2.1%和3.9%，其他包括香港地区、国外等占1.3%；从城乡选择看，有229人愿意去农村工作，占样本数的26.5%；566人不愿意去农村工作占65.5%。根据何渊（2006）对上海地区2005年的调查，86.2%的学生首选地是在上海，但实际只有50%的学生如愿，其他的或去珠江三角洲，或在长江三角洲，或者回到原籍，也有1.3%的学生去了西部地区。实际上，即使留在上海的学生，其生存状况也令人担忧。其中有25.4%的学生抱怨薪酬待遇福利差，有20.2%的毕业生觉得单位离家太远，有14.7%的毕业生承受了巨大的工作压力。根据何亦名和张炳申（2006）对全国30所高校毕业生的搜寻调查，有88.4%的毕业生希望在东部地区就业，其中又有高达62.2%的毕业生期望在四个特大城市就业，而愿意到中西部地区就业的仅占7.7%。国家统计局北京调查总队在2006年底对北京市高校已就业、未就业的毕业生和即将毕业的在校生的就业现状进行了调查：有60.02%的高校毕业生即便毕业时在本市找不到工作也不愿意到基层、偏远地区及中小城市去就业。安少华与周巍（2008）对东莞理工学院、广州大学、深圳大学等珠江三角洲7所地方高校进行的调查，希望在广州、深圳就业的学生占76.9%，而该地区企业的用人需求只占总需求的38.3%；在广东招收应届毕业生的企业中，有17.1%的学生来自粤东、粤西、粤北地区，但愿意去这些地区就业的学生只占3.1%。王向东（2016）对浙江省的2011~2014届毕业生的调查显示，在省会或发达地级市就业的2011~2014届的学生分别为40.1%、39.3%、39.1%、38.9%。

汪昕宇等（2018）运用麦可思公司2010~2015届毕业生就业状态的调查数据进行计算分析，得出以下结论：在经济相对发达地区就业的毕业生相对工资水平普遍高于经济欠发达地区，但在发达地区就业的毕业生相对工资下降幅度较大。在泛珠江三角洲区域经济体就业的毕业生相对工资水平最高，在泛东北区域经济体就业的毕业生工资水平最低。在麦可思调查的8个就业区域中，在泛珠江三角洲区域经济体就业的毕业生工资比率最高，2015届为76.4%；其后是在泛长江三角洲区域经济体、泛渤海湾区域经济体就业的毕业生，2015届分别为74.5%和71.6%；再是西部生态经济体和西南区域经济体，2015届分别为69.7%和66.3%；工资比率最低的是在陕甘宁青区域经济体、中原经济体和东北区域经济体就业的毕业生，2015届分别为61.7%、61.6%和61.1%。从工资比率的降幅看，2015届与2011届相比，在西部生态经济体、泛珠江三角洲、泛长江三角洲区域经济体就业的毕业生相对工资下降幅度较大，均下降了20个百分点以上。

石云生和宗胜旺（2019）的调查数据显示，2018年河北省本科高校毕业生在河北省内就业的占就业人数的58.23%，到河北省外就业的占就业人数的41.77%，直辖市、省会城市、地级市是本科毕业生主要就业地域，分别占就业人数的30.42%、19.37%、25.93%，到县级市或县城工作的占16.25%，到乡镇及农村工作的本科大学生仅占8.02%。

（四）劳动权益的受损比较严重

首先，从社会保障来考察，我国高校毕业生的社会保障参与率需进一步提高。根据杨清河和李佳（2007）的调查研究，从20世纪80年代到2001年，未全部参加三项保险的样本比例为42.86%，2001年后先下降后又有所上升，处于低比例运行的状态。根据张凡（2019）于2012年对河南省某高校2001~2011届毕业生四项参保情况的调查，2001年没有参保的比率为13.3%，此后有所下降，2005年后有所上升，2008年达到了17.1%，2011年为17.2%。2018年高校本科生没有社保的占25.94%，具备部分社保和全面社保的均为37.03%，不具备社保福利的工作占比偏高，对于现代企业来说，配备相应的社保福利是为员工的将来做保障，不具备社保的工作无疑会增加失业退休风险，影响就业质量。

其次，从劳动时间看，工作时间超短超长的情况比较严重。我国实行每周48小时工作制或40小时工作制，但由于工资较低，为了生活，不少劳动群体的劳动时间都超过了48小时；且因为存在激烈的就业竞争，资方掌握着雇佣与解雇的主动权，即使加班工资也很少甚至是没有工资，为了不失去工作，劳动者只能答应加班的要求。这种现象在非正规就业岗位或较低层次劳动者中间表现较为突出，在高校毕业生群体中在一定程度上也是存在的。杨清河和李佳（2007）的调查分析显示，21世纪90年代，工作时间超短或超长的样本占当年总样本比例的10%（每周30小时以下或50小时以上），2001~2003年这一比例逐年上升并达到20%，2004~2005年其比例由降到升，基本维持在12%左右。工作时间过短可能意味着大学生的隐性失业，但工作时间太长或超过法定工作时间，又说明劳动者的权益受损，这一切都可能影响毕业生的就业质量。

再次，工会参与率处于较低的水平。近年来，我国劳动者与资本方关系紧张甚至冲突的情况越来越严重、越来越多。1993~2002年，劳动争议的案件每年平均增长36.3%，涉及的人员每年平均增长41.3%，其中私营部门占了较大比重（刘海宁和张建超，2009）。有些地方政府为了地方经济的发展和个人的政绩，在劳资纠纷中，往往屈服于资本，偏袒资方，不惜使劳动者权益受损。根据我们对郑州某高校2011~2019届毕业生的调查，在2019年居然还有约22%的毕业生没有参加工会组织；有将近20%

的毕业生认为自已的工作岗位没有或缺乏劳动保护。

最后，就业歧视现象越来越严重。肖盟（2006）指出，大学生就业危机实际是经济危机，而政策加剧其危机，造成大学生就业的矛盾凸显出来，"就业歧视"现象越来越严重。近年来的种种迹象显示，普遍存在于供求双方博弈中的"就业歧视"已经成为人们不可回避的论题。除去隐性的"就业歧视"，公开的如年龄、学历、健康、婚育、经验甚至语言、姓氏、血型等歧视已屡见不鲜。在用人单位已成为"买方市场"的今天，各种歧视现象侵害了求职者的权力，给求职者心理上造成了损伤与压力。

（五）学非所用的矛盾日渐突出

所谓专业对口，就是指高校毕业生的就业岗位与所学专业基本一致。岗位与专业相符合或基本一致不是绝对的，只要毕业生的工作性质属于某种行业或职业群，可以说，其专业就是对口的。当前专业对口率是评价毕业生就业岗位专业对口程度的主要指标，其计算方法为：已就业毕业生中专业对口人数比已就业毕业生数。近年来，高校毕业生专业对口率和专业对口倾向的不断下滑，既反映了我国高等教育考试制度的弊端（学生报考专业时具有盲目性，不少学生学习了自己并不喜欢的专业），又说明了我国高等教育体制、高等学校管理体制存的问题（大学的专业设置与社会需求不适应），更体现了毕业生就业困难的现实问题。随着高等教育的大众化，毕业生就业难现象日渐显现，毕业生首要的选择是就业，专业是否对口就没有那么重要了。专业不对口造成了教育与人力资源的巨大浪费。因此，专业对口率毫无疑问地能反映毕业生的就业质量。

从专业对口情况来观察，近二十年来，高校毕业生就业专业对口率不断下降，学非所用的问题或矛盾日渐严重；从专业对口倾向来看，无论是已经就业的大学生，还是即将毕业的大学生，其专业对口的倾向或意向都在下降。在高等教育精英化和大学生由国家统一分配时期，毕业生专业不对口的情况并不严重。武汉大学对毕业生的抽样调查表明，2000年以前专业不对口的毕业生只占毕业生总数的7.8%，2000年以来，我国大学毕业生专业对口率逐年下降，专业不对口的矛盾日益尖锐，如学临床医学的做了医药代表，学市场营销的当了营业员，学计算机的卖起了电脑（杨碧玲，2010）。北京大学高等教育规模与劳动力市场研究课题组于 2003 年 6 月对我国高等教育进行了大规模的调查，约有 40% 的高校毕业生认为就业时专业可以不对口。根据涂晓明（2007）于 2006 年的问卷调查，在已经找到工作的 145 人中，所学专业与将要从事工作保持一致的有 74 人（占 50.8%），不一致的为 71 人（占 49.2%）。根据任庆雷（2009）于 2007 年的调查，对于问题"如果你找到一份与你的专业不太相符的工作你会怎么办？"认为会干一行爱一行的占 47.4%；认为会马上放弃它，重新找一份与自己专业相符工作的占 6.6%；认为可以先凑合干着，待时机成熟时立即跳槽的占 32.9%；认为无所谓，只要有钱就行的占 13.1%。2010 年麦可思调查研究显示，全国 2009 届本科毕业生专业对口率为 67%，高职高专毕业生为 57%。杨碧珍（2010）对某高校 8 个理工科学院 15 个专业部分毕业生进行质量跟踪调查，2005~2008 年从事与本专业相关工作的学生比例依次为 48.9%、49.1、52.8%、47.3%；从事非本专业工作比例依次为 38.6%、36.0%、32.1%、35.7%。

王向东（2016）对浙江省 2011~2014 届毕业生调查数据显示，2011~2014 年浙江省大学高校毕业生专业对口率呈缓慢下降趋势，具体如表 4-19 所示。

表 4-19　浙江省 2011~2014 届毕业生专业对口调查　　单位:%

届别	专业对口率	完全对口	对口或基本对口	不太对口	完全不对口
2011 届	62.4	27.2	35.2	17.8	19.8
2012 届	62.2	23	39.2	19.2	18.6
2013 届	62.2	24.4	37.8	20.1	17.8
2014 届	62.4	24.3	38.1	21.4	16.2

根据北京大学教育学院于 2015 年对我国东部、中部、西部地区 17 个省份的 28 所高校毕业生的调查数据，超过三成半的毕业生工作与专业不

对口。近年来，我国产业结构调整很快，第三产业在增加值中的占比超过50%，高校的专业结构也应相应地及时做出调整。另外，在第三产业中工作是否与专业对口衡量起来比第二产业难。有 21.6%的毕业生存在过度教育情况。很多学生为了增加求职成功率而追求更高学历的教育，造成人才和资源的浪费。

汪昕宇等（2018）运用麦可思公司 2010~2015 届毕业生就业状态的调查数据进行计算分析，得出以下结论：毕业生工作与专业的相关度整体不高，2013~2015 届毕业生均维持在 66%的水平。

《2018 年中国大学生就业报告》指出，2018 届大学毕业生的工作与专业相关度为 66%，其中，本科、专科毕业生的相关度分别为 71%与 62%，本科毕业生所学专业就业岗位直接相关的只有 44.57%，间接相关的只有26.43%，29%的毕业生从事与专业毫不相关的工作。

石云生和宗胜旺（2020）的调查数据显示，52.04%的本科毕业生认为所从事的工作与自己专业是完全对口的，专业对口就业的比例在个别院校高达 75.09%，专业对口就业比例最低的院校只有 27.33%，同时，专业完全不对口就业的比例为 13.56%，专业不对口就业比例较高的院校为 19.46%。

（六）就业质量性别差异逐渐显现

高校毕业生就业性别差异的出现与我国市场经济的发展、高等教育的大众化、普及化、传统观念、法制不完善等紧密相连。在计划经济体制条件下，高校毕业生由政府统一分配，男女毕业生初始的就业质量几乎没有差别。但随着改革开放的深入，特别是大学生就业体制的改革和毕业生供给数量的大规模快速增加，且有关法制建设相对滞后，高校毕业生就业质量的性别差异问题逐步出现并有逐渐拉大的趋势。当前我国大学生就业质量性别差异的主要表现为：

1. 就业率的性别差异明显

江苏省《妇女权益保障法》实施 10 周年时对妇女的调查数据显示，

在同等的情况下，在获得就业机会方面男性明显强于女性，签约率女性低于男性约 8 个百分点。黑龙江省教育厅 2001 年统计数据显示，女性就业率比男性低了 9 个百分点。厦门大学福建女性发展研究中心对厦门大学 2002 届 1068 名本科毕业生进行就业问卷调查发现，女大学生的就业机会比男生低了 14%。夏德峰和蔡枚杰（2006）调查发现，在求职过程中是否曾因为性别而影响到顺利求职，回答结果反映出大多数女毕业生在求职过程中因性别歧视遭遇求职不畅，高达 69.15%，有明显性别歧视的女生占女生总人数比例依次为南京大学 60%、南京农业大学 70%、南京理工大学 82%、东南大学 58%、南京审计学院 69%、江苏教育学院 68%。谭琳通过对报纸、杂志等印刷媒介、网上人才市场、大型人才招聘会、高校就业指导中心招聘活动的调查研究发现，各种招聘方式中都存在程度不同的性别限制，绝大多数提出性别限制的职业和职位既不符合法律规定的范围，也不属于具有合理性别要求的特殊职业和职位；甚至在招考国家公务员和事业单位人员的过程中，也广泛存在"男性优先"的性别歧视现象。另外陈婷（2010）发现，20 世纪 90 年代市场化改革以来，企业正在由原有的福利机构变成追求经济效益的实体。伴随企业职能的转换，企业开始按照经济规律运行，追求低成本高效益。由于企业利益化倾向加剧的影响，从利益化的角度看劳动力的使用，就会发现妇女劳动力的成本高于男性，因此企业在招收员工上更多地选择男性。

2. 工作收入的性别差异较大

根据谢嗣胜和姚先国（2005）的分析计算，在男女性别的工资报酬差异中，54.4%归结于个体特征差异的影响，45.6%归结于歧视的影响。一些企业尽管录用了女职工，但是一旦她们入职后的岗位或者薪酬却比同等条件的男职工偏低。根据 2017 年 12 月 23 日发布的《广州高校校园招聘性别歧视调查报告 2017》显示，限定或者倾向招男性的理工科职位的薪酬普遍比女性的文职工作薪酬高，这种现象便是前文所称的"隐性性别歧视"。此外，在智联招聘《2017 中国女性职场现状调查报告》中，44% 的女性表示到目前为止尚未晋升，而男性的这一比例为 31%；获得晋升的女性表示她们的晋升机会比男性少；28%的受访者表示她们的直接领导是女性，而绝大多数都是男性领导者。报告还发现另一个现象：从学历角度看，女性的学历与其面临的就业性别歧视呈正相关关系，尤其是具有硕士学位的女性群体，高达43%的女性认为就业中存在严重的性别歧视，而同等学历的男性中仅有18%有这种观点。

麦可思调查发现，在同样能力水平下女性薪资略低于男性。女性在大学毕业半年后的平均月薪为2300元，而男性则为2616元，女性薪资是男性的87.9%。在高职专科毕业生中也存在这样的现象，女性毕业半年后的平均月薪为1570元，而男性则平均为1856元，女性薪资是男性的84.6%。即使是在女性就业最高的专业领域中，男性的平均薪资仍高于女性。例如，男、女薪资差异最大的三个专业，分别是个人理财顾问专业，女性的平均薪资为3540元，男性为3992元，女性的薪资是男性的88.7%；日常的主管专业，女性的平均薪资为3318元，男性为3565元，女性的薪资是男性的93.1%；还有证券和期货销售专业，女性的平均薪资为3405元，而男性为3573元，女性是男性薪资的95.3%。

汪昕宇等（2018）运用麦可思公司2010~2015届毕业生就业状态的调查数据进行计算分析，得出以下结论。男生的相对工资水平普遍高于女生，女生相对工资下降幅度更大。2011~2015届毕业生男生的相对工资水平均高于女生。以2011届为例，男生的工资比率为77.4%，女生只有64.6%。并且，2015届与2011届相比，女生工资比率下降的幅度（19%）大于男生下降的幅度（17%），女生在劳动力市场上处于弱势地位的问题依然存在。

魏巍（2018）对2017年高校毕业生调查数据显示，男女高校毕业生起薪月收入存在显著的性别差异。这一差异在西部地区、竞争性行业、私营企业的劳动者群体以及受教育程度为学术型硕士的劳动者群体中表现得更为显著。这种就业起薪性别差异，部分是由于人力资本、社会资本和就业状况三方面平均水平差异引起的。进入职场前，女性毕业生的条件和准备总体高于男性毕业生。如果男性和女性在同等条件下进入职场，女性毕业生遭遇的歧视实际上要比我们观察的更多。

3. 就业中专业的性别差异明显

石彤和王献蜜（2009）的调查发现，女性的就业领域仍然集中在传统的女性专业上。就业比例最高的专业是护理学，其次为小学教育、英语、法语、日语、教育学、心理学等。女性仍然无法进入传统的男性专业领域。例如，女性就业比例最小的 10 个专业依次为机械工程及其自动化、石油工程、应用物理学、微电子学、机械电子工程、热能与动力工程、车辆工程、机械设计制造及其自动化、工程力学、农业机械化及其自动化等。

4. 就业中行业的性别差异明显

就业行业的性别差异主要表现在行业进入的差异和行业内工资收入的差异。女性毕业生在行业进入方面和行业内部岗位安排、工资收入方面面临较严重的就业歧视。麦可思的调查发现，大多数的女性仍然进入以传统的女性为主的行业里。2007 届本科女大学毕业生就业比例最高的 5 个行业分别是旅行业务（72.5%）、纺织成品制造业（62.3%）、服装及饰品业（61.8%）、教育业（61.8%）、旅店及其他食品业（59.7%）。在传统男性为主的行业中女性的就业比例相对较低。例如，石油天然气开采（20.7%）、重型建筑承建商（22.9%）、初级金属制造业（24.2%）、交通运输设备制造业（24.4%）、煤矿业（25%）等。对于受过高等教育的女性来说，存在显著的行业进入方面的不利（现有劳动力市场上的环境和制度安排不利）性别偏向。

（七）就业岗位的稳定性明显下降

"次级劳动力市场"的概念最早产生于二元制劳动力市场分割理论。20 世纪 60 年代末到 70 年代初，Thurow、Doeringer、Piore 等学者提出了二元劳动力市场分割理论。该理论认为，劳动力市场由一级市场（又称主要劳动力市场）和二级市场（又称次要劳动力市场）所组成。在一级市场中工资较高、工作条件优越、就业稳定、安全性好、作业管理过程规范、接受培训和获得升迁的机会多。在二级市场，工资较低、工作条件较差、就业不稳定、管理武断且粗暴、缺乏升迁机会。二级市场最引人注目的特点是工资低、极易失业等。此外，良好的教育和培训无助于提高劳动者的报酬，甚至不允许向一级劳动力市场流动（何亦名，2008）。该理论出现后，不少国家的学者对自己国家的市场进行了实证研究，大多数研究结果表明，这种现象或问题在很多国家都是存在的，区别只是程度的大小。劳动力市场分割现象在我国也存在。近年来，我国大学生在次级市场就业的人数逐步增加，并表现出岗位流动过快、工作稳定性较差的特点。

大学生流动过快是和次级市场企业的性质与雇佣动机的机会主义联系在一起的。转换工作次数是衡量就业稳定性的常用指标，但这个指标统计难度大，从现实与方便出发，可以用劳动合同期限的长短来替代转换工作次数。根据魏明凯（2006）的调查，私营企业和部分三资企业中1年期劳动合同的比例很高，也有很多根本就没有劳动合同。这样一来，企业主便可以比较随意地侵犯劳动者的利益，而劳动者只能频繁地更换工作。杨清河和李佳（2007）的调查数据分析结果显示，大学生签订不满1年超短期劳动合同的比例在2001年达到了高峰，在国家日益加强监管的条件下，以后虽有所下降，但在2004年、2005年仍在10%左右。

大学生岗位流动性过快也和大学生的就业期望或观念联系在一起。当前我国很多毕业生都抱着先就业后择业的"打算"在次级市场就业，随时跳槽是他们的当然选择。夏德峰和蔡枚杰（2006）于2005年5~8月对南京市6所大学（南京农业大学、南京理工大学、南京大学、东南大学、南京审计学院、江苏教育学院）进行了职业流动预期问卷调查，数据显示，南京大学预期工作1年的学生占调查总人数比例高达60%，2~3年的占12%，5年左右占25%；南京农业大学的三个比例为45%、26%、26.5%；南京理工大学、东南大学、南京审计学院、江苏教育学院的三个比例依次为61%、18%、17%；63%、17%、19%；59%、16%、30%；48%、39%、40%。有的大学毕业生毕业后到单位没多久就急着离开单位，违约的大学生数量不断增多。不少毕业生由于自身与家庭的压力而签约，还有一些学生在还没有毕业之前就已经违了约，有些因学校的规定（如定向学生）

签约后，表面上似乎没有毁约而实则就根本没到所签单位去工作。

张海波（2010）的调查数据显示，工作合同在 3 年以内及并没有签订劳动合同的毕业生数量较多，占样本总量的 73.7%，其中工作合同在 1 年以内及并没有签订劳动合同的毕业生占总量的 42.3%，表明大学毕业生的就业稳定性较差。从单位性质来看，被调查的毕业生中有 37.8% 的毕业生在三资企业工作，38.6% 的毕业生在私营企业工作，两者占总量的 76.4%，这两种类型的就业者被认为稳定性较差。

王向东（2016）对 2011~2014 届毕业生的调查的数据显示，毕业后一年内，2011~2014 届有过工作经历的毕业生中分别有 45.4%、42.4%、42.4%、45.5% 的人发生过离职。其中，离职过两次的分别为 9.4%、7.7%、7.5%、5%，两次以上的分别占 2.9%、1.5%、1.4%、0.9%，说明受雇工作毕业生的离职率有所提高。其中，高职高专院校毕业生在毕业一年内发生过离职的人数比例和离职次数都明显高于本科院校（见表 4-20 和表 4-21）。

表 4-20　浙江高校 2011~2014 届受雇工作毕业生离职率比较　单位:%

	2011 届	2012 届	2013 届	2014 届
全省	45.4	42.4	42.4	45.5
本科	35.5	33.6	35.1	38.0
高职高专	55.2	53.0	51.0	54.0

表 4-21　浙江高校 2011~2014 届毕业生离校前
落实工作的比例比较　　单位:%

	2011 届	2012 届	2013 届	2014 届
全省	66.6	62.1	54.5	55.0
本科	65.7	61.1	51.7	52.6
高职高专	67.4	63.2	57.8	57.7

汪昕宇等（2018）运用麦可思公司 2010~2015 届毕业生就业状态的调查数据进行了计算分析，得出以下结论：毕业生就业稳定率相对稳定略

有波动且水平不高。毕业生就业稳定率除 2011 届毕业生较低外，其余几届毕业生的就业稳定比率基本维持在 66%~67%，即毕业生在毕业半年内没有转换过工作的人数占已就业毕业生总数的 66%~67%，稳定性不高但变化不大。总体上，本科毕业生的就业稳定性远高于专科毕业生，且变化不大，专科毕业生的就业稳定性略有提升。

赵明（2019）认为，毕业生就业稳定性长期处于较低水平。就业的稳定性直接影响就业者的满意度，还会直接影响就业者的消费意愿以及家庭经济行为，根据我国的现有情况，大学毕业生的就业稳定性较低主要体现在首份工作的持续时间较短、单位变换与城市变换的频率高等方面。通过对麦可思公司发布的各年份的《中国大学生就业报告》进行分析可以看出，我国大学本科生毕业半年后的离职率基本维持在 33% 上下，而 2017届的毕业生半年后离职率达到了 37.6%，并且其中 98% 左右的离职者是主动离职。这说明尽管这些年我国大学毕业生的就业率保持了较高水平，但是，毕业生的稳定性没有得到改善，甚至还有下滑的趋势。麦可思的调查表明，60% 左右的大学毕业生在毕业 3 年后出现离职，2018 届大学毕业生中，98% 的本科生和 99% 的高职高专生发生过主动离职，在毕业后的 3 年内，这些毕业生平均服务的雇主数达到 2.1~2.4 个百分点左右，有 4 个及以上雇主的本、专科毕业生分别占 7% 和 16%，只有 39% 的本科毕业生在毕业后 3 年内没有更换工作。还有调查发现，毕业大学生首份工作不超过1 年的占 65%，超过 2 年的只有 9.3%。

（八）主观满意程度不高

高校毕业生对就业的满意程度是指其对工作收入、岗位环境、劳动关系、社会地位、工作时间与个人发展等方面的心理满足。近年来，我国高校毕业生的就业满意度处在较低的水平。教育部发展研究中心 2002 年的调查数据显示："毕业生对其所从事的工作不满意或不太满意者占毕业生总数的 35%~40%"（冷天琼，2008）。根据 2002 年 9 月复旦大学青年研究中心的调查研究资料："在上海工作的大学生有 30% 以上对其现在所从事的工作不满意或不太满意"（冷天琼，2008）。何亦名（2006）以利克特五级量表测验毕业生的就业满意度得到，2006年全体毕业生的平均工作满意度为3.6，专科的工作满意度最低，硕士工作满意度仅高于专科，博士工作满意度最高，本科则排在第二位。调查结果分析表明，签约时间、就业单位的性质、就业地区对于毕业生的就业满意度具有重要影响。如果签约时间较晚、就业单位为正规部门、工作地点在东部大城市，毕业生的就业满意度则较高。毕业生的就业满意度与实际起薪呈正方向变化，而与期望起薪呈反方向变化。即实际起薪越高，毕业生就业满意度就越高；但期望起薪越高，毕业生的就业满意度就越低。根据涂晓明（2007）于2006年的问卷调查，在已经找到工作的145人中，对自己将从事的工作很满意的有4人（占2.8%），满意的有7人（4.8%），基本满意的有70人（48.3%），不满意的有56人（38.6%），很不满意的有8人（5.5%）。其中，将前三类归为满意组，比例为55.9%，后两类归为不满意组，比例为44.1%。张静华（2009）对河南省高职高专院校2008届毕业生进行抽样调查，结果为对所找工作非常满意的占0.6%，比较满意的占31.6%，选择一般的占59.4%，比较不满意的仅占7.1%。根据第一部大学生就业蓝皮书——《2009年中国大学生就业报告》提供的资料，2008年大学生的雇工满意程度为70%。研究分析表明，雇工规模越大，其满意程度就越高，政府机关与科研事业单位满意程度最高，民营企业与个体雇工满意程度最低。

王向东（2016）对浙江省2011~2014届毕业生的调查，其满意度总体情况是下降的（见表4-22）。

表4-22　浙江高校2011~2014届受雇工作毕业生就业满意率比较

单位:%

	2011届	2012届	2013届	2014届
全省	79.3	74.9	76.3	78.6
本科	78.0	74.8	74.5	76.6
高职高专	80.7	74.9	78.4	80.8

根据北京大学教育学院 2015 年对我国东部、中部、西部地区 17 个省份的 28 所高校毕业生的调查数据，在已经确定就业单位的毕业生中，有25.9% 的毕业生对找到的工作非常满意；53.6% 的毕业生感到满意；19.0% 的毕业生感到一般；1.2% 的毕业生不太满意；只有 0.3% 的毕业生很不满意自己的工作。如果按照百分制计算平均得分，总体满意度的平均分为 76 分，这一分值并不算高。

根据张凡（2019）的调查，2018 年高校本科生就业满意度情况基本服从正态分布，均为居于中等满意程度的占多数，采用 7 分量表主观打分制衡量，满意度为 3~5 分区间的占 60% 左右，除人际关系满意度为 6 的占12.09% 外，其余满意度为 6 的均在 10% 以下。

汪昕宇等（2018）运用麦可思公司 2010~2015 届毕业生就业状态的调查数据进行计算分析，得出以下结论，毕业生就业满意度呈现阶段性上升特点，但总体满意度不高。2011~2015 届毕业生就业满意度的变化分为三个阶段，2011~2012 届毕业生的就业满意度呈增长趋势，由 47% 增长到55%；2012 届、2013 届毕业生的就业满意度接近，分别为 55% 和 56%；2014 届、2015 届毕业生的就业满意度比较接近，分别为 61% 和 62%，较2012 届、2013 届毕业生增加了 6%~7%。总体上，毕业生的就业满意度2015 届较 2011 届提高了 15 个百分点，但总体满意度仍然偏低。本科毕业生和专科毕业生的就业满意度没有明显差别，且变化趋势一致。

第五章
提高毕业生就业质量的政策建议

一、新时代高校毕业生就业政策的目标取向

当前，我国的高等教育已进入普及化的新阶段，教育部发布的数据显示，2018 年的毛入学率为 48.1%，2019 年已达 50% 以上。在高等教育大众化中后期，我国出现了比较严重的并成为社会关注焦点的大学生就业难问题。考虑到我国人口众多与高等教育基数大的实际情况，大学生的绝对人数日益巨大，就业形势恐怕还将"异常严峻"与"日趋复杂"。党的十八大以后，我国已进入了新时代，社会经济的高质量发展要求给予大学生高质量就业创造了条件；而大学生的高质量就业又会推动社会经济高质量发展。如果说过去 15 年政府政策的目标是解决大学生的充分就业问题，那么在新时代与高等教育普及化阶段，政策的目标就是高质量的充分就业。国务院《关于印发"十三五"促进就业规划的通知》明确提出"开发更多适合高校毕业生的高质量就业岗位"，到 2020 年要实现"就业规模稳步扩大，就业质量进一步提升"的目标。大学生就业是质与量的统一，其质的提升可以促进量的增加，但量的增加不一定会引发质的提升。因

此，从新时代社会经济发展的现实出发，立足高等教育普及化的实际，依据当前大学生就业质量的态势，吸取国内外大众化、普及化进程中促进大学生就业政策的经验，探索提升大学生就业质量的政策体系，其意义在于推进国民经济与高等教育的互动发展及大学生高质量充分就业的实现（史淑桃和李宁，2021）。

（一）我国就业优先战略的形成与发展

就业是一个国家或地区的民生之本、经济增长之源、政治稳定与社会和谐发展之基。放眼世界，在现代科学技术迅猛发展的条件下，经济增长并没有或不一定带来就业的同步增长；尽管世界各国特别是发达国家的人口增长率有所下降，但就业仍然是困扰政府最为复杂棘手且似乎是越来越严重的问题。因此，当今世界各国都把促进就业、充分就业作为经济增长与社会发展的优先目标。改革开放前我国实施的是计划经济的就业模式。改革开放后特别是 21 世纪以来，随着我国市场经济的日益发展，就业优先战略逐步确立并渐渐强化。我国就业优先战略的形成大体可分为三个时期。

1. 初步确立时期

2002～2007 年是我国就业优先战略的初步确立时期。随着经济体制改革和对外开放的不断深入，20 世纪末与 21 世纪初，我国的就业问题已日渐显现。根据这一问题，中央相继出台了一系列文件与法规，就业优先战略初步确立。2002 年的《关于进一步做好下岗失业人员再就业工作的通知》，建立了我国积极就业政策的基本构架；2002 年 11 月 14 日在北京召开的中共十六大，提出我国实施促进就业政策的战略；2003 年的《关于完善社会主义市场经济体制若干问题的决定》，要求把促进就业放在社会经济发展更加突出的位置；2005 年的《关于进一步加强就业再就业工作的通知》，强调探索实施社会主义市场经济下促进就业的措施与长效机制；2006 年的《关于构建社会主义和谐社会若干重大问题的决定》，明确把促进就业作为社会经济发展和经济结构调整的重要目标；2007 年颁布的《中华人民共和国就业促进法》，为就业优先战略的实施提供了基本的法律依据；2007年10月15日召开的中共十七大，又提出实施积极的就业政策与实现充分就业的奋斗目标。

2. 基本形成时期

2008～2012年是我国就业优先战略的基本形成时期。伴随着改革开放进入深水区，就业优先战略迈入深化阶段。2008年1月1日《就业促进法》和《劳动合同法》生效施行，预示着我国就业工作进入法治轨道新阶段；2008年《关于做好促进就业工作的通知》、《关于切实做好当前农民工工作的通知》、《关于加强普通高等学校毕业生就业工作的通知》、人力资源和社会保障部《关于促进以创业带动就业工作指导意见的通知》与《关于采取积极措施减轻企业负担稳定就业局势有关问题的通知》等系列文件的发布，标志着促进就业政策体系的初步建立；2009年与2010年的中国共产党中央委员会经济工作会议进一步清楚的指出，"坚持更加积极的就业政策，努力扩大就业，把促进充分就业作为社会经济发展的优先目标"；2011年的国家"十二五"规划提出了实施就业优先战略；2012年党的十八大在确定全面建成小康社会目标时，明确提出实施就业优先战略和更加积极的就业政策。

3. 发展深化时期

党的十八大以来，我国的就业优先战略进入创新与发展阶段。该阶段的就业优先战略内容更加丰富翔实，方针政策更加符合国情，办法措施也更加具体有力。2013年的《中共中央关于全面深化改革若干重大问题的决定》，要求创立社会经济发展和促进就业的联动机制，建立各级政府扩大就业的责任制；《关于做好2014年全国普通高等学校毕业生就业创业工作的通知》、《关于继续实施支持和促进重点群体创业就业有关税收政策的通知》、《关于支持和促进重点群体创业就业税收政策有关问题的补充通知》等文件给就业优先战略的全面实施注入了新的动力；2015年的《关于进一步做好新形势下就业创业工作的意见》，明确要求推行就业优先战略与实施积极的就业政策；2016年发布的"十三五"规划，再次强调了实行更为积极的就业政策，创造尽可能多的工作岗位，实现我国的充分就业；2017 年的《关于印发"十三五"促进就业规划的通知》，是战略性、综合性与基础性的深化实施就业优先战略的纲领性文献，它标志着我国就业优先战略进入了创新发展与深化实施阶段。2019 年的《政府工作报告》在继续关注就业问题的同时，首次突出了就业在宏观经济中的作用，并且将就业优先政策置于宏观政策的层面，进一步加强了政策之间的协调配合，并促进经济健康的持续发展；2020 年随着新冠疫情席卷全世界，各地纷纷停工停产，经济停滞不前，我国政府明确提出了"稳增长，稳就业"，将就业放在了更加突出的位置。到了 2021 年，我国发布了"十四五"规划，继续深入实施就业优先战略，依然把促进就业作为我国的基本原则，并提出了当前就业领域的主要矛盾是高质量工作岗位供给与需求不均衡、不充分之间的矛盾，进一步强调了以实现更加充分高质量就业为主要目标。

（二）就业优先战略之重点是高校毕业生充分就业

一般来说，发展战略包括发展目标、重点、步骤与方法等。因此，一个国家或地区在确定就业优先战略目标的同时，还必须根据国情确定实施战略的重点等。根据大学生就业的现实情况及就业对社会经济发展的特殊作用，我国当前就业优先战略的重点是做好高校毕业生的就业工作。《关于印发"十三五"促进就业规划的通知》指出："坚持突出重点，加快完善更加积极的就业政策，统筹做好高校毕业生等重点群体就业工作，兜住民生底线"。党的十八大、十九大报告明确要求，"做好以高校毕业生为重点的青年就业工作"，"实现高校毕业生更加充分的就业"。

重点做好高校毕业生就业工作，实现其更充分的就业是严峻与复杂的就业形势决定的。2001～2019 年，高等学校毕业生人数从 114 万人增至 909 万人，19 年增长了 8 倍。在就业市场容量增长不匹配或并不完全匹配的情况下，高校毕业生规模的迅猛增加会直接冲击就业市场，引致高校毕业生的就业问题。根据教育部的统计，2001～2006 年高校毕业生的一次性就业率分别为 90.10%、80.10%、70%、73%、72.16%、71.9%。根据麦可思的《中国大学生就业报告》，2007～2019 年学生毕业后半年的就业率依次为 87.50%、85.60%、86.60%、89.60%、90.20%、90.90%、91.40%、92.10%、91.20%、91.60%、91.60%、91.9%、91.5%。该数据至少从三方面说明高校毕业生就业问题的严重性与复杂性：一是若把这些数据转化为失业率，那么失业率是相当高的；二是与同期国民经济的快速增长相比，高校毕业生就业率的提高是缓慢的甚至是徘徊的；三是考虑到我国高等教育规模基数大的情况，失业的毕业生绝对数量是相当大的。2016 年全国高校毕业生总人数为 765 万人，按 91.60% 的就业率计算，失业人数约 60 万人，再加上往年积累下来和"被就业"的毕业生，这个数字实际上可能还要大。2021 年全国高校毕业生总人数为 1040 万人左右，就业率约为 90%，按此计算还有 100 万上下的大学生没有就业。

重点做好高校毕业生就业工作，实现其更充分的就业是当前我国劳动力市场中存在的主要矛盾或最为突出的问题。21 世纪初的十几年，我国经济呈现高速增长，而人口增长率则趋于稳定甚至有所下降。一般来说，国民经济发展较快或持续增长，劳动者工作岗位会相应扩大；人口增长率下降或稳定，劳动力的供给会相应减少，从而市场会出现劳动力供给小于需求的情况，现实中则呈现所谓的招工难现象，如"民工荒"问题。这一现象至少说明在我国的劳动力市场中出现了短期的卖方市场信号，即有利于供给方的状况。与此同时，高校毕业生特别是本科毕业生就业难的问题则始终没有化解，甚至有日益加剧、复杂的趋势。

重点做好高校毕业生就业工作，实现其更充分的就业有利于国民经济的发展和其他劳动者就业的扩大。大学生是技术含量高、知识含量多的劳动者，相对于其他劳动群体，他们的就业可能更加有利于管理创新、制度创新与技术创新，从而能更好地推动国民经济的增长，进而创造更多的就业岗位，促进其他劳动群体的就业，此所谓高校毕业生就业的"倍增效应"。从国内外大多数毕业生创业成功看，一定的工作经历与经验是必不可缺少的。如果有更多的大学生在工作历练与取得经验之后，由就业者转化为成功的创业者，这便能在更大程度上推动国民经济的增长和扩大其他群体的就业，大学生创业的"倍增效应"会远远大于其就业的"倍增效应"。

重点做好高校毕业生就业工作，实现其更充分的就业有利于高等教育的发展与国民素质的提高。一个人从小学到中学再到大学，其家庭与国家都有较多的资金投入；一个人选择读高中上大学，也等于放弃了七八年的工作与收入，即所谓学习的机会成本。可以说，高学习成本与高技术含量是大学生劳动者区别于其他劳动群体的突出特点。因此，失业人数过多与失业时间过长，一方面，意味着教育资源的浪费与人力资本的损失，另一方面也会造成人力资本收益率走低。久而久之，就可能产生读书无用的思维与行为，从而影响高等教育的发展、国民素质与社会文明程度的提高。

重点做好高校毕业生就业工作，实现其更充分的就业有利于和谐社会的构建。大学生就业既是一个国家或地区首要的经济问题，又是关系社会发展与稳定的重大政治问题。大学生受过长期的教育，积累了较多的社会资本，建立了较为广泛的社会网络；大学生拥有较丰富的知识，具有较强的分析认知和语言文字表达能力，能够认识揭示社会发展中存在的主要问题及本质；大学生掌握现代信息传播技术，知晓表达思想与社会问题的渠道方法；大学生受传统文化的影响，参与政治的欲望极其强烈，对政治、政府与社会的诉求较多。

（三）优先提升就业质量是高校毕业生充分就业政策的战术思路

任何社会、任何劳动群体的就业都是质与量的统一。就业质量可以反映就业率，但就业率不一定必然反映就业质量。在完全自由竞争的市场经济条件下和成熟的劳动力市场中，就业质量上升则就业率可能上升，反之就业率则不一定下降；就业率走高则就业质量不一定走高，反之就业质量则不一定走低。就业质量与就业率之间是可同方向同比例、可不同方向不同比例变化的对立统一关系（史淑桃和李宁，2019）。一般来说，好的就业质量与高的就业率是国民经济发展与就业的良性互动；高就业率与劣就业质量可能是国民经济与就业的低层次甚至恶性循环。根据二者关系的变化原理与发展趋势，政府在确定就业政策的总体指导思想时可能有如下几种选择：着力提高就业率放任就业质量；着力提高就业质量放任就业率；优先就业率兼顾就业质量；优先就业质量兼顾就业率；等等。根据我国高校毕业生就业质量、就业率与二者矛盾运动的主要特点，以及国民经济的发展水平，优先就业质量兼顾就业率应是大学生就业政策体系的切入点或战术思路。2012年秋季召开的党的十八大在确定我国2020年全面建成小康社会蓝图时，明确提出将推动实现更高质量的就业。《中华人民共和国国民经济和社会发展第十三个五年规划纲要》和国务院《关于印发"十三五"促进就业规划的通知》都明确提出了"开发更多适合高校毕业生的高质量就业岗位，到2020年要实现就业规模稳步扩大，就业质量进一步提升"的目标。

社会经济发展是就业质量的决定性影响因素，就业质量的高低最终决定于社会经济的发展水平，但就业质量的提高也可以为社会提供高素质的劳动力并促进经济结构的升级优化等，从而推动社会经济的发展。经济发展水平越高，就业质量水平则越高；就业质量越高则越有利于社会经济的发展。西方发达国家经过长时间的发展，经济与就业总体上已走过了这个历程，其政府政策经历了由只关注宏观就业总量转而注重就业质量全面提升的演变。早在1999年，国际劳工组织就提出了"核心劳工标准"，并提醒督促各国政府把提高就业质量作为政府工作的一项重要目标。1949~1977年，由于体制、资金与技术等因素的制约，我国的工业化进程比较缓慢，对于人口众多而又一穷二白的国家来说，谈不上提高就业质量问题。1978年我国进入了改革开放的新时期，工业化与整个国民经济快速发展，就业人口总量剧增的同时就业质量逐步提高，但与发达国家对比，我国的就业质量还处于较低水平。党的十八大后，我国社会经济发展进入新时代。新时代的社会经济发展，一方面要求提高劳动者的就业质量，另一方面也为就业质量的提高奠定了基础。党的十九大报告指出，当前我国社会主要矛盾已经转化为人民日益增长的美好生活需要和不平衡不充分的发展之间的矛盾，带领人民创造美好生活是我们党始终不渝的奋斗目标，就业是最大的民生、要坚持就业优先战略和积极就业政策，实现更高质量和更充分就业。

就我国高校毕业生就业质量与就业率互动关系、矛盾运动之演变进程的实际情况看，就业质量的下降引起就业率的走低，就业质量是矛盾的主要方面。2001～2019 年，就某一时段或几年的短周期看，高校毕业生的就业质量可能是上升的，但从整体来说，其就业质量是绝对上升相对下降。尽管就业质量的定义与内涵仍然没有一个统一的权威说法，但劳动报酬是其最重要的内容已达成共识。根据国家统计局发布的数据，2001 年城镇单位职工平均工资为 10834 元，2016 年为 67569 元，约增长 6.5 倍。根据麦可思《中国大学生就业报告》，2007 年本科生毕业半年后月工资收入为 2483 元，2016 年为 4376 元，10 年增长不到一倍，同时期专科生为 1735 元和 3599 元，增长了 1 倍多（史淑桃和李宁，2019）。该数据足以说明高校毕业生相对工资的下降问题，尽管有不可比因素。正因为高校毕业生就业岗位的质量相对走低，才出现大学生的有业不就，即选择性失业问题。当前选择性失业在失业大学生总人数中占有较大比重，可以说是高校毕业生失业的重要表现形式。有资料显示，高校毕业生自愿失业者占失业总人数的约 19.6%。根据本书对河南省某高校 2001～2017 年毕业生的跟踪调查，其选择性失业占失业总人数的比例约在 50% 以上。对于高校毕业生来说不是没有就业岗位，而是没有自己满意的就业岗位，其背后原因就是就业质量的相对下降。所以，要实现高校毕业生充分就业就必须首先提高就业质量。

二、提高毕业生就业质量的供给政策建议

关于高校毕业生就业率与就业质量下降的供给方面的原因，我国学者有多种解释。有人认为是高等教育发展速度过快与规模过大造成的；也有

人认为是高等教育的质量下滑与结构失衡决定的；还有人认为是学生就业能力不高与就业观念落后引起的；等等。而上述实证研究的结论告诉我们，从高等教育的供给看，近年来大学生就业质量趋势下降的主要原因是由于高等教育的质量提高缓慢与结构不合理。因此，当前我国提高高校毕业生就业质量的供给政策的核心，是提高教育教学质量和调整高等教育的结构，并适时合理地调控高等教育的发展速度，还要做好大学生的就业服务工作。

（一）提高教育教学质量

从全世界看，在高等教育大众化、普及化的进程中出现不同程度的教育"质量危机"，可谓是较为普遍的现象。相对于发达国家，我国的高等教育大众化的时间更短，普及化来得更快更早，因而对教育教学质量的冲击可能会更大，"质量危机"或许更严重一点。赵迎红等（2010）对39国的高等教育质量状况或水平进行排名研究，我国排在第23位。大学生找不到工作与用人单位招不到所需人才，可能是高等教育质量问题在大学生就业中的一种表现形式。前程无忧2016年上半年发布职位数量1590万个，与2015年同期相比增加了28.7%。根据教育部与麦可思发布的数据，2016年全国高校毕业生总人数为765万，就业率为91.6%，约有70万人没有就业；2021年全国高校毕业生总人数为1040万人左右，就业率约为90%，按此计算还有100万上下的大学生没有就业。如果扣除就业率水分，没有就业的学生可能还要多。数据说明，一方面，企业对人才需求较多，但寻觅所需人才难度增大；另一方面，不少学生找不到工作，高素质人才的供给与需求之间存在较大缺口。大学生能力是其就业质量的重要影响因素，毕业生的综合能力强，给企业与社会创造的价值大或贡献多，其薪酬福利等待遇好，就业质量当然会较高。而毕业生的综合能力在很大程度上取决于高等学校的教育教学质量，所以，要提升大学生就业质量就必须提高教育教学质量（史淑桃和李宁，2019）。

从高等教育自身的发展规律看，影响教育教学质量的主要因素有教师队伍水平、教育教学方法与学生的考核方法等。因此要提高教育教学质量，首先是要提高教师队伍的专业知识与职业道德水平。随着我国近年高等教育的发展，高等学校教师的学历水平已有较大的提高，其专业知识水平已达到相当的高度。根据当前我国高校的实际情况，提高教师队伍水平的关键在于激发其内在的工作积极性与提高其职业道德水平，诱导或激励教师去进行学术研究与专业建设，推动教师去认真教学。其次是要改革教育教学方法。当前我国高校教育教学中存在的最突出问题就是教育教学方法落后。要提高教育教学质量，就必须改变这种情况，创建符合教育教学规律并与现代技术紧密结合的教育教学方法。最后是必须加强对学生的考核。就学生来说，当前我国的高等教育体制与环境是"严进宽出"，进大学校门难，出大学校门易。要提高教育教学质量就必须改变这种情况，一是要严格大学各门课程考试制度，严惩徇私舞弊者；二是改革学生的考核内容，如除考核知识，还要考核能力；三是改革考核方法，考出水平与效果；四是建立末位淘汰制度，每学年都要淘汰一部分不努力学习、成绩差的学生。

（二）调整高等教育结构

大学生所学专业与从事工作岗位不匹配或匹配率低，既浪费了高等教育资源，也影响着大学生个人的发展与人力资本的积累。因此，专业匹配率或对口率是毕业生就业质量的重要内容，在理论上已基本达成共识，在实践中已开始广泛应用，不少专家和就业服务机构都把专业对口率列入高校毕业生就业质量评价体系，有的地方政府教育行政部门也已将其纳入大学生就业竞争力指数，用于考核高等学校的教育教学质量。在计划经济和高等教育精英化时期，高校毕业生是稀缺资源，其专业对口率非常高。在改革开放不断深入、国民经济迅猛发展和高等教育快速大众化的进程中，高等学校因"大锅饭"的依然存在而缺乏适应市场的动力与活力，没有或欠缺预测市场社会需求变动趋势的技术与能力，造成专业建设出现严重问题：学校规模的扩大变成了原有专业学生人数同比例增加；新专业开办一哄而起；更换专业名字，"新瓶装旧酒"；专业建设的能上不能下，上新专业多，下老专业少；等等。这些问题直接造成高校专业结构与社会需求结构的错位与脱节，引致大学生专业对口率下降。根据本书对河南省某高校2001~2019届毕业生的跟踪调查，2006~2007年专业对口率下降明显，2008~2019年时有上升与下降，进入了平台期，但总水平不高。中国社会科学院发布的《大中专学生蓝皮书》显示，大学生的专业对口率2011年为64%，2015年为66%。麦可思的数据是，2008届本科生为71%，2009年为67%，2010年则为69%；2013~2015年维持在66%的水平。2018届毕业生的工作与专业相关度为66%，其中专、本科分别是62%与71%，本科生专业与岗位的直接相关度为44.57%，间接相关度为26.43%，毫不相关的是29%（史淑桃和李宁，2019）。赵明（2019）的分析显示，33.3%的毕业生半年后找到的工作存在与专业不匹配的情况，而欧美各国专业对口率为80%~90%（史淑桃和李宁，2019）。总体上看，文献数据和本书调查的情况大约一致。当前毕业生的专业对口率在较低的区间，并已经成为就业质量相对下降的重要原因之一。因此，要提高就业质量就必须调整高等教育的专业结构（史淑桃和李宁，2019）。

政府要加强对高等教育的宏观结构调整，建立以市场需求为导向的、不同层次的高等教育模式。当前我国教育的高等层次发展模式存在较严重的问题。首先，不少"双一流"大学、一流学科大学没有正确认识与把握自己的角色，为了经济利益，滥用国家对其大量的资金投入与政策支持等条件。其次，在现有的政治经济制度背景下，很多普通高校把学校的发展目标定位于重点大学，一心要把学校的科学研究做大做强，不惜斥巨资引进所谓的高层次人才，实施"高精尖"发展规划，集中学校资源，把学校的中心或重点工作放在建设重点学科、名牌专业、重点实验室、科研项目、硕士点与博士点上，拼尽所有，一心要跻进"双一流"大学的圈子。再次，在计划经济体制下，一些行业或区域高校经过几十年的办学，形成了特有的办学风格、鲜明个性以及行业、区域优势。可惜的是，不少学校已经或正在放弃这种几十年形成的办学风格、鲜明个性以及行业、区域优势，把综合性大学作为办学目标，进而不断地扩充专业、扩大招生人数，或通过合并与改校名、圈地与建新校区，最终发展为综合性院校或升格为大学。最后，在这种高等教育扩张的氛围中，许多专科学校也想方设法寻求政策的帮助与支持，千方百计筹措资金，仿效本科高校的办学模式与升格思路，扩充专业，增加学科，层层拔高，直至实现升格为本科院校。上述这种现象直接造成我国高等教育层次分工不明、定位不清，千校一面的趋同化、单面化日益严重。高校趋同化的结果就是学生缺乏个性与特长，导致高等教育宏观层次结构的失衡，造成毕业生结构性就业难与就业质量的下降。

综观美、英、法、德、日等发达国家，20世纪五六十年代，也经历了高等教育的高速发展阶段，入学学生人数增加了3~5倍，实现了高等教育的大众化。但是，他们高等教育大众化的任务是原有精英高等院校系统外，在市场中逐步形成的不同类型、不同层次的高等学校所承担并完成的，并不是传统精英高等学校规模的简单放大与扩张。例如，德国的技术学院、美国的州立大学与社区学院、英国的多学科技术学院、日本的短期大学与高等专科学校及技术科学大学等。高等教育的发展历史说明，精英教育的高等学校并不承担大众化教育的任务。分层发展是西方国家高等教育大众化、普及化过程中的一个重要现象。

我国是人口大国，经济发展水平不高且发展不平衡。按人均大学生人数衡量，我国高等教育总体上比较落后。目前，中国有2700多所高校，其情况千差万别，模式复杂交错。政府要制定高等教育的发展模式战略，加大对高等教育的调控，推动各高校根据自身条件，彰显特色、发挥个性，就要通过分层，找准定位，各安其位，各司其职，促进高校理性协调发展与大学生充分就业，并不断提高其就业质量。

随着我国社会经济的发展，国民经济与产业结构的转型升级将是我国社会经济发展的目标与改革发展的主线，新经济、新技术、新产业、新基建必然对高等学校的人才培养方案、专业结构提出新的要求与挑战，其专业人才培养的基本走势可能是向多样化、精益化方向发展。但是，当前我国高等教育的专业设置机制、高等学校的办学理念与技术能力还无法或不能完全满足这种要求,这种情况的存在必然加剧人才结构的不平衡,进而诱发并加剧大学生就业率与就业质量的下降。因此,要解决这些问题,除要加强宏观学校层次的专业调整与增加高等学校自身发展动力活力外,还必须推动高等学校研究教育规律,提高专业建设的技术与能力。

目前,我国高等学校在专业建设模式与方法方面存在的主要问题有:"术业有专攻"的过度强调与突出的专业培养的模式与方法不利于现代复合型人才的培养。"术业有专攻"是原有教育体制下专业人才培养的基本模式,标志着对一门专业的专门而深入的学习,曾对我国社会经济的发展发挥过积极而重要的作用。但是,在当前的社会经济发展的形势下,过于的"专"意味着学生单一的专业选择。且在我国的高校,学生经高考进入学校后,绝大部分一般只能选择一个专业,在这种情况下,专业符号或专业所包含的能力、专业应有的能力已经成为人们对学生能力评判的基本甚至唯一的依据。但是,这种"术业有专攻"的专业人才培养模式与方法在很大程度上限制了学生的个人发展,并不符合或不完全符合社会经济发展对复合型人才的需求。一是过早、过细、过于单一的专门化人才培养,可能会使大学生的思维方法与习惯、应变能力、知识结构等受到局限,其现实的表现或工作中的缺点就是专业岗位适应性较差。在高中阶段就分文科、理科的学制,实践已经证明其缺陷:限制了学生的知识结构和全面发展,导致学生发展后劲不足与适应社会的能力不强等问题。当前高考这一方面的改革正在进行。二是从高等学校专业建设的数量上看,近十多年来大多增设了很多专业,但却没有或很少撤销不适合社会发展需求的专业。从这里可以明显地看到,高等学校专业设置与调整的灵活性和适应性明显不足,其背后的原因除高校体制的因素外,就是高校对专业建设的规律与发展趋势的认识与把握能力不够。三是高等学校专业建设与设置的市场适应能力、应变力还不够。当前,高等学校的市场意识确实有一定提高,但对市场的认识能力、理解能力、判断能力与预测能力等还有待进一步提高。高等教育年年在扩招,每一所高校的规模都在扩大,但如果专业设置与专业结构不能适应社会经济发展及市场需求，部分学生就难以就业或就业困难，毕业生的平均就业质量就难以提高。四是专业建设特色或品牌观念不强。我国从高等教育大规模扩招开始，大多数高等学校都出现了一个突出的情况：同一个专业在校生规模逐渐扩大，各校之间专业的区别与特色不明显。这是因为大多数高校开设新专业的目的是扩大学校学生人数、专业数量与学科门类，并非是为了充分发挥自身的优势与提高教育教学质量。由于这些新设专业缺乏建设基础与氛围，在与原有的具有较长历史的特色专业的对比与竞争中，自然而然地处于边缘地位，学生怎么能够得到高质量的教育。借鉴国外高等学校在专业建设与设置方面的理念与经验，根据我国社会主义市场经济的发展趋势与高等教育的发展规律，高等学校专业结构调整的原则、趋势与方向为专业设置市场化、专业课程综合化、专业板块职业化与专业特色品牌化。但由于高等学校受制度缺陷与技术能力的约束，对市场需求的认识、分析、预测与应变力不够，专业特色化、精品化、品牌化建设动力不足、办法也不多。因此，中央政府与各地方政府的教育行政部门，必须实时适度加大加强对高等教育的层次结构与专业结构的精准调控，以确保高等教育的层次结构、专业结构与社会经济需求基本相适应。

（三）提高就业服务质量

20 世纪 90 年代以前，与高度集中同一的计划经济体制相适应，我国高校毕业生实行国家统一分配工作的就业制度，部委隶属院校的毕业生基本上在系统内就业，省属院校的毕业生基本在省域内工作，可以说政府机关与国有企事业单位是学生就业的主要去向甚至唯一去向。这时候所谓的毕业生工作模式和运行机制就是毕业生分配办公室。90 年代末，全国高等学校中的就业服务与指导机构，如招生就业处、学生就业指导服务中心等基本上都建立起来。高等学校就业服务与指导机构的建立与完善，专业管理人员与专职师资队伍的建设，对于提高学生的就业率与就业质量作出了一些贡献，但从总体上看，高校的就业指导服务机构和队伍建设还不够完善，其服务质量也不高，不能适应毕业生就业形势的需要。高校要提高就业服务质量须做好下列工作：

1. 完善就业服务的机构与功能

做好就业服务工作，首先就要建立一个完善的就业机构与运行机制（见图5-1）。学校党委和行政部门必须高度重视毕业生就业工作，要把大学生就业与学校的生死存亡联系起来，落实一把手是大学生就业第一责任人的领导制度。要专设一名副书记或副院长具体负责学生的就业指导和就业服务工作。学生就业指导服务中心是学校负责全校就业指导和服务工作的专门机构。一般来说，学校就业指导机构设置为党委书记与校长（院长）——副书记与副校长（院长）——学校就业指导服务中心下面再设：管理部、教研室与实验室、人才需求研发部、信息室与资料室等部门。学校就业指导工作由党委书记与校长（院长）或副书记与副校长（院长）主抓。学校就业指导服务中心下设的管理部，主要负责制定本校就业工作的有关规章制度、就业工作人员培训、毕业生资格审查、就业推荐表、协议书的管理以及办公室日常事务的管理等。教研室负责毕业生的教育管理、就业指导课程建设、教学安排；实验室负责职业生涯规划、职业倾向测试、心里调整、面试技巧训练、学生咨询等。人才需求研发部负责毕业生的跟踪调查、就业市场的预测与开拓，组织各种招聘活动，接待用人单

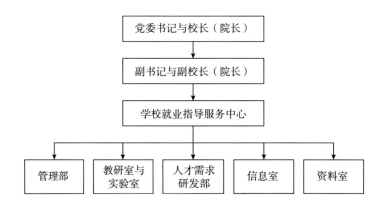

图5-1 就业服务机构设置的总体设想

位。信息室负责中心机房的管理、就业网站的维护、就业信息的收集发布、提供便捷的信息服务查询等。资料室负责毕业生档案、就业案例、就业政策规定及相关法律文献、各种就业指导参考书及有关杂志、报纸、协议书、推荐书与自荐表范式等、建设校友信息库和用人单位信息库等。

2. 建立专业化职业化就业指导队伍

根据我国当前的制度环境和高校现有的运行机制，就业指导工作应该是"学校就业中心+辅导员"模式。从就业指导服务中心的职能看，其工作的任务与性质决定了从事这项工作的人才在组成结构与知识结构等方面应是跨专业、跨部门、以专家为带头人的专兼职相结合的队伍。从就业指导与服务者个人方面看，首先要有高度的责任感、使命感，要关心爱护学生，乐于奉献。其次必须要具备扎实的、过硬的专业知识与业务素质，能熟练掌握各级政府与大学生就业有关的政策法规，拥有丰富的知识结构，如心理学、教育学、经济学、人力资源管理等方面的知识。最后还要具备较强的科学决策及实施决策的能力与魄力。目标是培养建立一支具有扎实专业知识、拥有丰富实践经验、道德高尚的专业化与专家化的就业指导与服务队伍。

3. 改革就业指导课程的内容与方法

当前我国就业指导的内容存在一些问题，需要进一步改革，应重点充实三个方面的内容。首先，加强大学生就业观念方面的教育，帮助大学生树立符合现代社会主义市场经济的就业理念。其次，加大职业生涯的指导与教育，帮助学生设计自己的职业生涯规划，提高就业能力。最后，要加强创业教育，推动大学生创业。1998年世界高等教育大会提出，"毕业生将越来越不再仅仅是求职者，而首先将成为工作岗位的创造者。要使他们不仅成为求职者，而且逐渐成为工作岗位的创造者"。近年来，我国党中央特别重视大学生的创新创业教育与创新创业问题，出台了很多政策与措施，推动高等教育创新创业教育的发展与大学生创新创业实践。在高等学校的教育教学中，能否有意识地教育、引导与鼓励学生学会创新创造，是传统高等教育和现代高等教育的重要区别或分水岭，是高等学校办学的目标与宗旨。同时，教育、引导与鼓励高等学校毕业生走自主创业之路，既是毕业生个人发展的要求，也是推动我国社会经济发展、实现中华民族伟大复兴的要求。

当前的就业教育主要是课堂讲授，是典型的灌输式教育，学生是被动地参与，没有充分发挥学生的积极性和主动性，使学生仅停留在感知程度上。而就业是一个实践的过程，需要理论与实践的结合，才能提高就业者的综合素质，提高就业成功率与就业质量。首先，采取多种形式的教学方法。例如，带领学生参观人才交流会；举办毕业生交流会，由毕业生现身说法介绍经验与技巧，以增强学生的就业信心，提高就业教育的效果；建立大学生就业论坛；开展就业调查活动。其次，建立就业教育实验室。在实验室举办模拟招聘和面试，并对其全过程进行录像；由任课教师和"评委"指出不足，学生可观看录像，寻找其优势与缺陷，体会或总结其解决问题的办法，通过体验或实践的就业教育历练学生的就业能力。最后，建立"合作教育"制度。借鉴国外"合作教育"的经验，探索建立符合我国国情的大学生"合作教育"制度。例如，缩短寒假时间，延长暑假时间，或者是每年实行三学期制，规定学生每年必须有三个月或一个学期从事一份有工资收入的全职工作；学生工作的成效要计入成绩，成绩的评定依据是用人单位的评价和学生个人的总结报告；学生从事合作教育的情况，学校要进行监督，学生从事的工作要得到学校的批准。

4. 加快激励与监督的制度建设

为了提高工作人员的积极性，必须建立科学而稳定的激励机制。根据现有高校的工资分配制度，可建立长、中、短相结合的激励分配制度。工资的晋升，如两年一次晋级和提前、越级晋级等，与工作人员的长期绩效相挂钩。工资晋升可作为长期激励；把学生就业率、就业质量与收入挂钩作为中期激励；根据就业指导专兼职教师上课的时间、指导人数和效果，发放奖金与津贴；管理干部按开发市场份额或直接增加的学生就业人数领取奖金；信息室工作人员根据提供信息的数量与质量以及实际效果领取奖金或津贴。当前，几乎所有的学校都发放岗位津贴，可把它视为短期激励。每个月都对工作人员进行考核，根据绩效发放津贴。

激励与约束是相辅相成的。激励是绩效产生的动力，约束或监督是绩效的保证。因此，与激励制度相适应，必须建立一整套科学的监督制度。首先，要对就业指导服务工作队伍的岗位职能进行界定，做到岗位分明，职责清楚；其次，建立一套评价岗位职责的指标体系，能够较好地反映与评价岗位绩效；再次，与岗位划分、绩效评价相适应，建立一套奖罚分明的分配与处分制度；最后，为了给工作人员制造压力和激发活力，还可引入竞争机制，如竞争上岗等。

5. 充分发挥学校的功能直接帮助学生就业

（1）举办校内学生供需见面会。十几年来，几乎所有的高等学校每年都举办校内学生就业供需见面会，取得了较好的实际效果：有一部分毕业生以极短的时间与极低的经济成本解决了就业问题，可以说是一种大学生就业的优质服务项目。在我国当前的政治经济制度背景与社会文化条件下，举办校内大学生供需见面会，对于大学生来说，仍然是一种成本低、效果好的就业途径。因此，应当在总结原有供需见面会经验的基础上，克服形式主义等缺点，努力提高与扩大校内大学生供需见面会的质量与规模，并适度增加次数。同时，还可以改进举办的方法方式，如具有互补性院校之间的合作，这样学校不仅可以节约投资与成本，又可以提高大学生就业的成功率，还能扩宽大学生的就业选择范围，几所院校同时展开横向合作，会进一步提高学生校内供需见面会的层次与规模，进而提升就业率和就业质量。

（2）在校友较集中的地区设立校友会。国外不少著名大学都建立了规模宏大、组织严密的校友会系统，校友和母校联系密切，有些校友或校友会还可以参加母校的决策、管理与运行，甚至有选举校长的权利。很多校友关心与热爱母校，积极为母校捐资与筹款，给毕业生提供就业信息，为母校的发展与进步做出了较大的贡献。借鉴国外高校校友会运行的方法与经验，根据我国的国情与政策，有条件的高校也可以在全国各区域、中心城市、大中城市建立校友会，选举热爱母校、有奉献精神的校友担任会长与副会长，并定期举办活动与召开会议，设立与安排专门机构与校友收集整理就业信息，为母校毕业生就业提供力所能及的帮助。例如，校友会及其系统组织、管理好，运行效率高，它在提高毕业生就业率、提高就业质量方面至少可以发挥以下作用：给母校毕业生提供就业岗位信息；作为公司老板或高管的校友直接可以接收毕业生；校友及校友会可以直接介绍毕业生就业；在当地就业市场上宣传母校，增进当地企业界对母校的了解，扩大母校的美誉度与知名度，从而扩大母校毕业生就业的机会；校友或校友会如能对到当地求职的校友给予接待与就业方面的指导等，肯定可以提高母校毕业生求职的成功率。

（3）加强高等学校与社会的联系。适应社会主义市场经济的发展，高等学校必须转变办学理念，放下"象牙之塔"的架子，主动、积极地宣传、"包装"与"推销"自己，尽可能扩大学校与社会的联系，增进社会对学校的了解，塑造和树立学校的品牌与形象。哪些学校能够首先转变自己的观念，坚定地迈向市场、积极主动联系社会的第一步，谁就能抢得主动，获得推荐学生就业的优势地位。可以肯定地说，现在高校面临的政治经济制度背景与社会经济发展形势正如 20 世纪 80 年代改革开放初期的国营企业一样。回顾分析 40 多年国有企业改革与发展的历史，可以清晰地告诉我们，应当怎样正视现实与面对未来。因此，为了高等学校的发展与未来，必须从教学与科研等方面加强与企业及社会的联系：一方面，根据企业与社会需要进行科学研究与技术开发，并把企业家、技术、管理人员请到学校来，参与人才培养方案的制定与修改，积极推动产学研深度融合，这既能促进高等学校教育教学质量的提高，又能促进企业对学校的了解，有利于毕业生的就业率与就业质量的提高。另一方面，可以运用现代技术、利用多种途径来宣传学校，包括适合教育特点的宣传片与各种广告等。学校能够根据社会经济需求办学，积极主动紧密地融入生产与社会，必然会给毕业生创造出更好更多的就业岗位。

（四）适时适度调控高等教育的发展速度

高等教育是国民经济系统的重要构成部分，在其他条件不变的情况下，国民经济的发展速度与水平决定着高等教育的发展速度与水平，高等教育的发展要适应国民经济的发展。从现实看，1999~2021年，我国高等教育的增长率已在幅度上超过了国民经济的增长率。根据教育部与国家统计局的数据，我国的高等教育从1999年开始大规模扩张。1999年招生159.7万人，比上年增加了47.3%，到2002年，在校生人数与1998年相比正好翻了两番。到2008年，招生人数已高达599万人；2009年更是达到629万人，是1990年招生人数的10倍。2003年中国高等教育毛入学率达到17%，明显进入了国际公认的高等教育大众化阶段。2008年全国高等教育毛入学率达23.3%。中国高校的扩招把中国高等教育全面推进到大众化发展阶段，实现了中国高等教育的历史性跃进。2001年与2021年高校每年毕业的学生人数分别为114万人与1040万人左右，2021年比2001年增长将近8倍，平均每年增长率约为11.69%，同期GDP平均每年增长率约9%左右。2021年我国高等教育的毛入学率达到52%左右，已经进入了高等教育的普及化阶段。高等教育的发展速度超过了国民经济发展速度约3个百分点，从这些数据来看，在这段历史时期内我国的高等教育确实存在发展过快的问题。

高等教育的大众化与普及化，除可以提高中学生的升学率，让更多的青年人拥有接受高等教育的机会外，就我国来说还有以下的作用：首先是可以提高国民人口的文化技术素质，加快我国城乡从二元经济结构向一元经济结构的转化；也加速推动了我国从一个人口大国向人力资源强国的转变，提高了我国人力资源的国际竞争力，为我国社会经济的发展与中华民族的伟大复兴奠定了人力资源基础。其次是可以促进地方，特别是地市（县）级以下以职业教育为主的高校建设，使高等教育逐步布局下移，为地方经济、农村经济，尤其是落后地区社会经济的发展带来了机遇。最后是高等教育的扩招，直接或间接地推动了教育事业、出版印刷、建筑建材、电子信息与餐饮服务及交通运输等相关产业的发展，创造了成千上万的工作岗位，推动了国民经济的增长与社会的发展。

高等教育的快速发展在为社会经济发展做出贡献的同时也产生了一些

问题。大学生就业率、就业质量下降与高等教育的发展速度过快过猛具有一定的相关关系。高等教育发展过快可以通过毕业生起始工资的相对下降反映或表现出来。在市场经济中，当高等教育规模过大，毕业生总供给大于总需求时，由于供求规律的作用，就会引致毕业生总体工资水平的下降，从而降低就业质量。尽管就业质量的定义与内涵仍然没有一个统一的说法，但劳动报酬是其最重要的内容已达成共识。如前所述，根据国家统计局公布的有关数据，2001 年和 2016 年城镇职工平均工资分别为 10834 元和 67569 元，16 年增长了约 6.5 倍。麦可思的《中国大学生就业报告》，2007 年与 2016 年本科生毕业半年后月工资收入分别为 2483 元与 4376 元，10 年增长还不到 1 倍；同时期专科生毕业半年后月工资收入分别为 1735 元与 3599 元，增长了 1 倍多一点。汪昕宇等（2018）提出了毕业生工资比率的概念，即毕业生毕业半年后的月收入占毕业当年全国城镇在岗职工月平均工资的比重，其计算结果以较快的速度下降，2010 届为 80.4%，2015 届下降到 70.7%。从毕业生毕业 3 年后看，尽管工资的绝对量增长比较可观，但其工资比率也是下降的，2007～2012 年依次为 141.7%、125.6%、119.9%、121.4%、114.7%、108.1%（史淑桃和李宁，2019）。

以上数据说明，合理的国民经济发展水平的高等教育发展速度是实现高校毕业生高质量充分就业的重要方法或途径。根据我国当前高等教育存在的基本问题，政府必须制定科学的高等教育发展规划与宏观调控政策，正确处理高等教育的规模、速度与质量的关系，正确处理扩大招生规模与毕业生高质量充分就业的关系，促进高等教育可持续发展，实现高等教育与社会经济的互动、协调发展。高等教育适度超前发展是当前的客观要求和必然选择。这是因为教育的发展必须与社会经济的发展相适应，为此必须适度；教育的周期较长，需要有适当的超前量。从我国高等教育发展与大学生就业的现状分析，高等教育招生规模由"加快发展"转为"稳步发展"应成为当前的主导性政策取向。根据我国教育专家测算，从长期看，GDP 每增长 3%，毕业生人数相应增长 2% 较为合理。当前我国经济增长已进入新常态时期，每年增长率在 6% 左右。因此，高等教育的增长率就应该在 4% 上下。再考虑我国社会经济高质量发展的现实背景、高等教育绝对量基数大、人口增长率下降、高等教育发展速度降低可以使高等学校把更多的资源与精力用在提高教育教学质量方面等多种因素，高等教育的发展速度可以再低些，保持在 2%～3% 的水平是比较符合实际的（史淑桃和李宁，2019）。

（五）加大财政投入力度

财政教育投资占 GDP 的比重是衡量一个国家或地区有多少资源用于教育的重要指标，基本可以衡量各国或地区政府对教育的重视程度与投入水平。1949～1980 年，我国教育经费投入无论是绝对量还是相对量都处于较低水平。改革开放以后，随着国民经济发展与政府对教育的重视，我国教育经费的投入水平基本处于上涨的态势。我国财政教育投资占 GDP 比重为 1995 年，2.32%；1996 年，2.34%；1997 年，2.35%；1998 年，2.40%；1999 年，2.55%；2000 年，2.58%；2001 年，2.78%；2002 年，2.90%；2003 年，2.84%；2004 年，2.78%；2005 年，2.82%；2006 年，3.00%；2010 年以后都在 4.00% 以上，2020 年为 4.22%（白玉峰，2009）。从这些数据可以看出，改革开放以来我国财政教育投资的绝对量与相对量（占 GDP 比重）都有了较快增长，但从比较视野来看，其增长速度与水平还是较慢的。一方面，与改革开放 40 多年国民经济与高等教育的高速度增长相比，政府财政教育投资的增长速度显得较为缓慢。另一方面，与西方发达国家相比还存在相当大的差距，与全世界平均投入水平相比也有一定差距。从世界范围看，北美、西欧的比率最高，平均已经达到了 5.7，拉美等国家也已达到了 5.0，中东欧为 4.9，东亚等国为 4.7，阿拉伯国家大都达到 4.5%。

当前在我国，就绝对多数公办高等学校来看，政府财政投入是办学经费的主要来源。因此，政府财政资金投入的不足，必然会造成高等学校教育资源的短缺，从而直接影响高校教育教学质量的提高。当前不少高等学校面临的问题是：学生人数的日益增大与教学设施不足的矛盾加剧，如教室、实验实训室、图书馆时时处于饱和与短缺状态，学生人均教学设备比值不达标；教师数量少，甚至远远低于教育部规定的师生比例红线；有些学校靠贷款进行基本建设，背上了沉重的债务与利息负担，严重影响了正常的教育教学工作。

一方面，高等教育具有公共产品或准公共产品的性质，政府应该承担其主要投入的责任，从制度与法律层面切实保障对高等教育的投入，对于社会主义国家与公办高等院校来说更应如此，因为政府的财政投入在某种程度上决定着高等教育的发展。另一方面，加大政府财政对高等教育的投入，会直接与间接地推动社会经济的发展，因此也可以说，加大高等教育的投入在一定条件下也就是对国民经济的投入。

当前国际竞争日益激烈，而竞争的核心就是技术与人才的竞争。要提高我国的国际竞争力，就必须大力培育人才，就必须推动高等教育的稳定、持续发展。在我国当前的政治经济条件下，要推动高等教育的发展，政府必须加大对高等教育的投资。首先，根据我国国经济的发展情况，可适时适度开征教育税。其次，政府可以发行高等教育公债，专门用于高等教育事业。鼓励大学自由发行普通公债，以按市值支付利息或学费，激励调动学生家长购买高校公债的积极性，对高等教育进行长期投资。最后，完善监督制度与机制，确保政府高等教育的财政投资落实到位及使用效果与效率。具体可从以下三个方面来做：一是加强对政府权力机关的有效监督；二是明确政府行政机关对教育经费的管理和使用的督查；三是加强新闻媒体与社会的监督。

三、提高毕业生就业质量的需求政策建议

高等教育大众化、普及化能促进社会经济的发展，但同样也会给社会经济带来问题与挑战，如当大学生的总供给大于总需求时，就会产生毕业

生的就业难问题。因此，要实现社会经济与高等教育协调互动发展，要在高等教育普及化健康发展的基础上毕业生能高质量充分就业，就必须根据新时代社会经济发展的特点与趋势，研究需求政策体系。从社会需求侧看，其政策的核心就是创造质量更高更多的工作岗位。这里之所以把劳动权益保护与工资指导机制列入需求政策，一方面是因为我国当前劳动法、劳动者权益保护与工资政策主要靠企业去执行；另一方面从某种意义上说其本身也是需求政策（史淑桃和李宁，2019）。

（一）提高国民经济对大学生的吸纳力

根据我国的实际，当前扩大毕业生就业岗位的具体途径有：

1. 坚持实施就业优先的战略

根据中国人口众多和高校毕业生规模大、基数高的特点，政府应坚持实施就业优先的发展战略和更加积极有效的就业政策，选择以就业为中心的经济增长模式。在就业优先战略中，应把大学生的就业问题放在首位。因为大学生的充分就业不仅有利于社会经济与高等教育的互动发展和科技兴国战略的实施，而且能够为其他劳动者创造就业机会，以实现大学生就业的"倍增效应"。同时，还要处理好经济发展速度与效益的关系，推动经济增长方式的转变，切实提高经济效益与劳动者就业岗位的工资福利水平，实现就业率与就业质量的同步提高（史淑桃，2013）。

2. 实施积极的公共部门就业政策

从发达国家大学生就业构成的发展趋势看，在公共部门工作的人数明显增加。有些西欧国家在公共部门就业的大学生人数占就业总人数的比例已超过30%。就当前我国来看，一方面，可适度加快政府机关与事业单位中没有受过正规、系统、规范高等教育，或者受教育程度较低及不注意更新知识而难以适应岗位技术要求的干部的减员速度，给高校毕业生增加就业岗位。另一方面，根据社会经济发展的需要和居民不断增长的公共服务需求，适时适度发展、壮大社会公共组织与非营利机构，并对其就业岗位的学历、专业等予以相应规定，以吸纳更多的大学生就业（卫铁林和史淑桃，2018）。

3. 引导高校毕业生到特殊岗位就业

鼓励大学生从事特定的职业，世界上很多国家都是这样做的，可以说是一种国际惯例。在我国引导与鼓励高校毕业生到特殊岗位就业具有重要的现实意义。其一，大批高校毕业生到西部地区、城乡基层与特殊岗位就业，进行教育与技术等工作，将直接推动西部地区、城乡基层社会经济的发展。其二，在大学生就业难的情况下，可吸引更多的毕业生到西部与农村工作，可在一定程度上缓解学生的就业问题，有利于国民经济的区域、城乡与部门的协调发展。其三，增强了高校毕业生的社会责任感和经验。近年来，我国各级政府已陆续出台了一些相关政策，如大学生支农与支教等。这些政策在一定程度上推动了大学生的就业，但也存在一些问题，如经济刺激与再就业或发展出路支持力度不足等。要继续鼓励与引导高校毕业生到特殊岗位就业，就必须加大货币补偿鼓励政策。一方面，要考虑大学生的学习与机会成本加大补偿额度，为其未来学习及发展奠定较厚实的经济基础；另一方面，进一步完善在特殊岗位工作满年限后的再就业或发展扶持机制，如报考公务员、事业单位工作人员与继续深造的优惠政策等，保证向其他岗位流动路径与发展空间的畅通。唯有如此，才能将更多的毕业生引导到特殊岗位就业（史淑桃，2013）。

4. 运用经济政策创造就业岗位

失业率的高低反映着一个国家宏观经济运行的基本状况，财政和货币是政府调控国民经济运行的基本经济政策，会对就业产生重大影响。在市场经济中，财政与金融政策对就业的影响呈现促进就业、抑制就业两种基本态势。就我国来说，主要是怎样实现促进就业。政府可以通过减免税收、扩大信贷等扩张性政策，激励与推动企业增加就业岗位，从而吸纳更多的毕业生就业。根据当前国民经济运行与发展的情况，实施扩张性的经济政策创造就业岗位，重点应放在中小企业。当前我国有 4300 万家中小企业，在总数量上占全国企业的 99%，提供了 75% 的城镇就业岗位，贡献了 50% 以上的 GDP 和约一半的全国税收总额。改革开放 40 多年来，我国国民经济能够实现持续快速增长，中小企业做出了重大贡献。同时，政府在设计扩大就业的税收、信贷刺激政策及目标时，应特别注意与专门制定高校毕业生的针对性就业政策。这是因为，高校毕业生的就业具有一定的"倍增效应"，也就是说，高校毕业自己就业可能会推动生产更快的发展，进而可以为其他劳动者创造就业机会。

5. 进一步完善创业支持政策

如何有效推动大学生创业是一个亟待解决的理论与现实难题。根据发达国家的经验与中国的政治经济文化的国情及当前的现实情况，政府应担负起主要责任，制定出具有相当力度与切实可行的政策。创业精神与专业技术是大学生创业的内因与条件，政府要完善高等教育改革的政策，推动高校实现教学内容与方法的创新，培育提高学生的创业意识与能力。资金支持是大学生创业的外在硬性条件，发达国家大学生创业的资金主要来源于风险资本，而我国的风险投资市场还不发达，对于大多数毕业生创业者来说，仍然是可望而不可即的事情。因此，要推动创业，政府必须在资金上予以充分的支持，包括启动资金、税收及各种规费的保护。同时，还要大幅简化创业者注册公司的程序，提高工商税务等市场管理人员的服务水平，为创业者营造一个良好的社会与市场环境（史淑桃，2013）。

（二）推动国民经济结构转型升级

21 世纪初的十几年是我国国民经济飞速增长的时期。尽管国民经济发展非常快，但却出现了大学生就业难和就业质量相对下滑的问题。从需求侧看，其主要原因就是制造业增长很快，而服务业增长相对缓慢，从而形成了以制造业为主的经济结构，对大学生就业吸纳力不强。根据世界银行的数据，服务业在 GDP 中所占的比重，2012 年的美国、日本、德国、英国与巴基斯坦分别为 77.4%、70.5%、72.7%、78.2%、54.6%，而我国仅为 43.2%；在第三产业中就业人数占全国就业总人数的比重依次为 81.2%、69.7%、70.0%、78.9% 与 35.2%，而我国则只有 34.6%。服务业还可细分为高端服务业与低端服务业。高端服务业具有科技含量高、知识与人力资本密集的特点，能吸纳较多毕业生高质量就业，素有"大学生密集型产业"的称谓。近年来，我国服务业也有了较快的发展，占 GDP 的比重已超过 50%。但高端服务业在总服务业中所占比重较低，与发达国家相比还存在不小差距。根据发达国家的经验，在服务业总收益中高端服务业所占的比例一般为 70%，按此计算，我国高端服务业在 GDP 中所占的比例应保持在 35% 以上，而当前却只有 20%。

张一持和於康（2017）提供的资料显示，2015 年，杭州市余杭区接收应届高校毕业生 8193 人，占全市接收总量的 10.68%，同比提高 1.41%，且接收的毕业生中，计算机科学与技术、软件工程专业的居多，拥有未来科技城（海创园）、梦想小镇、淘宝城的余杭区，集聚了大量创新创业企业，为毕业生提供了可供选择的高质量就业岗位，人岗匹配度较高，对高校毕业生的吸引力和吸纳力正在增强。曾以纺织、钢结构等制造业发达闻名的杭州市萧山区，在转型升级背景下对高校毕业生的吸引力和吸纳力都有所减弱，全年共接收高校毕业生 6341 人，占全市接收总量的 8.26%，同比下降 3.01%。社会经济发展的历史与现实及统计数据都说明，在高等教育普及化时期，要提升大学生的就业质量就必须加快经济结构的转型升级（史淑桃和李宁，2019）。

（三）加强大学生劳动权益保护

首先，要进一步提高劳动合同的签订率。近年来，随着大学生非正规就业人数的增加，没有签订劳动合同的大学生有所增加。根据本书对河南某高校的调查，2019 届本科生没有签订劳动合同的占毕业生总人数仍有 12% 左右。不签订劳动合同，权益受损者往往是毕业生。其次，要加大违反劳动合同的惩罚力度。这里的违反合同是指企业恶意辞退职工与毕业生"跳槽"的离职情况。从近年实际看，毕业生主动跳槽离职的现象较多，是违约的"主角"。根据麦可思历年的《中国大学生就业报告》，本科毕业生工作半年后的离职率为 33% 左右，2017 届的离职率更高达 37.6%，其中约 98% 是主动离职；60% 上下的毕业生在工作三年后出现过离职。孙莹（2018）的调查表明，三年内不跳槽毕业生的收入明显高于跳槽者的收入，同时这种"裸辞"或"闪辞"离职也降低了毕业生的忠诚信用度，可能会影响用人单位招录毕业生的意愿，事实上也影响了毕业生的就业，降低了就业质量。再次，要强化生产过程中大学生权益的保护。当前一些单位违反劳动法的现象比较严重，如加班过多与时间过长；不发或不按国家规定金额发放加班工资；不遵守国家有关法规进行劳动保护与发放劳保福利等。根据本书调查，2019届约15%的毕业生劳动时间每周超过50小时，13%没有劳动保护。大学生对这些问题反映非常强烈，已成为影响就业满意度的重要因素。又次，提高社会保险参与率和参与水平。根据本书对河南省某高校2001~2019届毕业生的调查与访谈，当前大学生参加社会保险方面存在的主要问题为：参与率提升较为缓慢，灵活就业的毕业生没参加保险者增多；参保种类少，主要集中在养老和医疗保险；企业存在按最低额度与推后办理等逃避责任的现象。最后，要提高企业民主管理水平。不少毕业生认为，企业特别是私营企业的工会形同虚设，存在领导或老板谩骂职工的语言暴力等现象，毕业生表示了高度的反感，从心理上影响着就业满意度，进而降低了就业质量。因此，加强执法力度，较好地保障毕业生合法的劳动权益，建立规范与和谐的劳动关系，也是提高毕业生就业质量的重要举措（史淑桃和李宁，2019）。

健全完善企业组织，充分发挥工会在劳资谈判中的作用，加强工会在保护劳动者权益方面的作用与地位。毫无疑问，一个或单个劳动者在与企业的竞争中肯定处于弱势地位，但是若工人组织起来，情况就会发生根本改变。在现代市场经济比较发达、成熟与法律比较完善的国家，工会组织在维护工人权益方面发挥着非常大的作用，如在美国，工人工资的提高、劳动时间的缩短、养老金的增加等权益都是由工会组织与企业协商、谈判完成的。但是当前我国的社会主义市场经济体制、运行机制与法制都还需进一步完善，在一些私营、三资企业中工会机构不健全甚至长期缺失。很多私营与三资企业工会的主要负责人由董事长、经理兼任，或有企业资方委托亲信担任，真正能够代表工人权益者反而被排除在工会之外，从而造成工会成为私营、三资企业应付政府检查的空头或虚设机构，或者成为搞一些文艺、体育活动的可有可无的部门，工会在保证工人权利方面作用基本上没有发挥出来。针对这些比较严重的问题，我们必须严格遵守《中华人民共和国工会法》，发展完善我国的基层工会组织，特别是要加强外资与合资及私营企业的工会建设，在工资福利、安全生产、集体谈判、劳动时间、下岗分流、人格尊严、破产关闭、民主权利、社会保障、兼并收购与搬迁转产等各种关系劳动者权益问题上，要充分发挥工会的作用，使基层工会组织能够切实代表职工的利益和主张，进而提高大学生和其他劳动者的就业质量。

党的十九届六中全会明确提出，在社会主义新时代要实现共同富裕。因此，必须加强对企业的引导与教育，增强其社会责任感；加强社会主义法制建设，追求不法企业的责任。在现代市场经济中，追求利润是企业的生产目的。但企业生存发展于社会，社会与民众是其发展壮大的土壤与基础。国家与社会为企业提供了自然与人力资源，企业财富的来源是劳动者的劳动，企业的发展壮大是劳动者创造的，企业必须认识到这些并承担社会责任，自觉自愿的保护劳动者的合理权益。如果忽视和处理不好这些问题，任由矛盾积累，就有可能给企业与工人双方造成损失。所以，要加强对企业的教育，让企业切实承担起社会责任，这对于社会的和谐发展具有重要的意义。

（四）构建大学生工资指导机制

在起始工资水平相对下降的同时，大学生的工资收入差距也出现拉大的趋势，其主要表现为：第一，收入水平的行业差异拉大。根据周丽萍（2017）的研究，我国毕业生行业收入基尼系数2009年达0.315，2009~2017年毕业生最高和最低行业收入的平均比值在1.8左右。第二，收入水平的性别差异扩大。根据汪昕宇等（2018）的计算，2015届男性毕业生的工资比率为77.4%，女生为64.6%；2015届和2011届相比，女性的工资比率下降19%，男性下降17%。第三，收入水平的校际差异扩大。根据汪昕宇等（2018）的统计分析，211、非211本科及高职院校2015届毕业生的工资比率分别为88.9%、73.5%和64.5%。第四，大学生工资收入水平的区域差异拉大。麦可思的调查数据显示，泛珠江三角洲、泛长江三角洲、泛渤海湾区的2015届毕业生的工资率分别为74.5%、71.6%、69.7%，西部生态、西南区域、陕甘宁青和中原区的工资率依次为66.3%、61.7%、61.6%和61.1%。第五，受雇全职与受雇半职的收入水平差异扩大。汪昕宇等（2018）的研究证明，2015届毕业生全职工作并且自主创业者的工资比率为89.4%；岗位与专业无关或相关的全职工作者为70.4%；半职工作者为54.6%（史淑桃和李宁，2019）。

当前，我国的高等教育已迈入普及化阶段，大学生的就业竞争会更加激烈，从而造成大学生之间收入差距的进一步拉大，甚至可能产生低工资收入的群体。这一问题的存在日益严重，一是会降低大学生的平均工资收入水平和总体就业质量。二是大学生就业质量下降，可能会产生"新读书无用论"的社会言论，从而影响高等教育普及化的进程及社会经济高质量发展。三是给社会的稳定带来潜在风险。20世纪中后期，德法等国在高等教育普及化的进程中，由于大学生的工资收入相对下降等就业问题，曾经发生过规模与影响较大的学潮，政府不得不通过《大学生最低工资法》等法律与政策来维护其基本工资水平与就业，韩国等亚洲国家也出现过类似问题。因此，国家应在尊重市场的基础上建立大学生工资水平指导机制，使处于"就业底层"的毕业生也能获得公平的工资收入（史淑桃和李宁，2019）。

四、提高毕业生就业质量的供求匹配政策建议

大学生就业岗位匹配包括微观职业匹配和宏观职业匹配。微观职业匹

配主要是指专业、兴趣与能力等方面的匹配。职业微观匹配的效率和程度一般取决于信息的对称、数量与畅通；劳动力市场的完善与法制；市场主体的决策动力与能力等。宏观职业匹配包括总量与结构的平衡，它既取决于政府宏观调控的机制、方式与效率，又取决于宏观调控的微观基础，即市场的主体活力与自我约束力。相对于其他部门与行业改革开放不断深化的情况，我国高等教育体制的改革严重滞后，高等学校与政府教育行政部门的很多行为已不适应社会主义市场经济的发展，可以说，已成为阻碍大学生就业岗位匹配的重要因素。因此，在高等教育普及化相当长的时期内，供求匹配的就业政策主要就是高等教育体制的进一步改革（史淑桃和李宁，2019）。

（一）建立现代大学制度

高等学校是高等教育运行与发展的主体，是高等教育政策的执行者与落实者。改革开放以来，我国高等学校运行体制的改革取得了一些突破和成果，如大学生自主就业等。但总体来看，高等教育的运行体制依然是计划性的，政府与学校边界不清，高校缺乏办学自主权，"职工吃学校、学校吃国家"的大锅饭问题并没有实质性改变。这种具有一定市场因素的计划体制确实推动了高等教育的发展。改革开放以来我国高等教育所取得的发展成就，主要得益于政府的政治激励、推动与财政的持续投资，而高等学校自身的、内在的创新发展与贡献并不多。同时，这种体制的固有弊端，即高等学校缺乏内在发展动力、活力与自我约束力，也引发了一系列影响高等教育发展与毕业生高质量充分就业的问题，如教育教学质量提升缓慢与学生综合能力不强；专业结构与市场需求脱节且缺乏特色；招生规模的扩大与学校基础设施的盲目扩张所引致的债台高筑；层次升格的冲动与学校的同质化而导致的高校层次结构不合理；管理水平低下造成的效率效益差；等等。从我国改革开放的历史进程与经验看，要消除高等学校固有的弊端，就必须加快加大高等教育运行机制改革的速度与力度，明确界定政府与高校的边界，赋予高等学校核心权利，构建自我发展、自我约束、充满活力与现代市场经济体制相适应的中国特色的现代大学管理制度（史淑桃和李宁，2019）。

在大多数发达国家中，大学自从产生的那天起就是自主独立的办学实体。随着社会经济的发展与科学技术的作用日益重要，有些国家的政府才逐渐介入高等教育，并制定规范高等教育运行的法律及其促进其发展的政策，不少国家开始向高等教育投资。但无论是中央政府还是地方政府，对私人或法人团体的高等教育机构的投资，实际上都是一种资助性质的投资，其目的不是取得高等教育机构所有权，也不是为了得到对高等学校的管理权。高等教育法律，既是规范高等教育机构的行为，也是保护高等教育机构的权利。国立与公立高等教育机构的所有权归国家与地方政府，但其校长与董事，一般是由教授选举产生的。公立高等学校的校长与董事即使由政府任命也并不改变其法人地位，这是由西方国家的政治经济制度与所谓的自由民主的文化决定的。高等学校具有自己独立的发展权利与责任，使高等教育制度内在充满动力与活力，高等教育的质、量在内在激励、外部竞争中不断向前发展。

无论是从高等教育理论看还是从发展历史看，要推动我国高等教育的高质量稳定的发展，就必须从高等教育的源头出发，改革高等教育的运行机制，扩大高等学校的自主权，调动其办学的动力与活力、主动性与积极性。从理论上来看，现代的高等学校的自主权应包括办学所有的权利，主要有以下几个方面的权利：一是独立的经济权利，即自主收取学费与面向社会筹集资金、决定职工工资福利的权利及独立承担盈亏的责任。二是独立的人事权利，主要是自由地招聘、解雇管理人员与教师的权利。三是教育教学事务相对独立，主要包括自主招生、专业的设置、课程的设置等教育教学活动。改革开放40多年来，高等学校已经拥有较多较大的自主权，但还不是一个健全的、完善的自主办学实体。因此，必须加大加快高等教育运行机制的改革，进一步扩大、落实高等学校的自主权。

在现代、发达的社会主义市场经济体制下与市场经济中，一般来说，政府的作用主要是：在借鉴国内外经验教训的基础上，健全完善具有中国特色的高等教育法律法规，使高等学校的行为在法制的轨道中规范、有序运行；随着我国社会经济的进一步发展，政府逐步应加大对高等教育的投资；政府制定精准的政策，采取灵活的手段，对高等教育进行适时适度的调节；根据国内外社会经济、科学技术与高等教育的发展情况与趋势，制定我国高等教育的发展规划与战略；政府更多地利用社会中介机构等形式，间接地对高等学校进行经常性的评估与监督，以促进高等教育质量的提高。

综上所述，扩大高等学校的自主权，界定清楚学校和政府的边界，正确处理二者的关系，是改革完善我国高等教育运行机制的核心问题。动力与活力充足的高校管理体制与科学、有力、有限的政府管理相结合，是我国高等教育体制改革的方向或目标。

（二）完善大学生就业市场

随着我国改革开放的日益深入和社会主义市场经济的发展，随着我国高等教育大众化的完成以及高等教育进入普及化进程的开启，随着我国劳动就业制度与大学生就业的不断改革，高校毕业生的就业形式由"计划分配"到"双项选择"再到"自主就业"，当前已经基本实现了自由就业或就业市场化。在社会主义市场经济进一步发展、高等学校运行机制进一步改革与高等教育普及化日益进展的态势下，市场会在高校毕业生就业中发挥基础性的作用。因此，要提升高校毕业生的就业率与就业质量，就必须进一步加快体制的改革，发展与完善高校毕业生就业市场。

首先，必须加快人事管理制度的改革，消除地区、部门、行业之间的正式制度与非正式制度的壁垒与垄断，建立流动性、竞争性、公平性、统一性符合现代市场经济的全国性劳动力市场。劳动力市场是在价值规律、供求规律与竞争规律等作用下，通过劳动力供求双方自由进行交换与流动，实现其合理配置的运行机制。社会主义劳动力市场的形成与发展是社会主义市场经济发展的必然产物。在现代的中国特色社会主义市场经济中，劳动力市场对人力资源也发挥着基础性的作用。因此，完善的有序的公平的劳动力市场，是有效化解当前我国高校毕业生就业问题并实施其合理配置的关键。尽管我国改革开放已经进行了 40 多年，但现阶段我国劳动力市场依然存在一定的地区与部门的分割、垄断。有些地区、城市与部门或明或暗、或通过非正式的制度限制了高校毕业生的流动、准入与就业，直接造成高校毕业生对政府与社会产生不满，影响了高校毕业生的就业率与就业质量。因此，破除市场壁垒，加快劳动力自由流动，建立全国统一的市场，实现平等竞争，对解决大学生的就业问题具有重要的作用。

其次，要加强就业信息平台建设。所谓就业信息不对称，主要是指用人单位无法充分获得高校毕业生数量与结构等总体的信息、毕业生个人的专业知识与能力等方面的信息，而高校毕业生也不完全了解市场需求信息和用人单位的详细情况，再加上信息在传递过程中出现的失真、滞后等现象，从而会影响高校毕业生的就业。近年来，由于互联网技术的快速发展，毕业生的信息与用人单位需求信息已逐步向网络汇总，用人单位的网络招聘与毕业生在网上应聘都呈直线上升趋势。因此，政府要加大财政经费投入，推动毕业生就业信息系统的创新与完善。

再次，要加强中介服务机构的建设。随着社会主义市场经济的进一步发展，我国的劳动力市场也在逐步发展与完善的过程中。但就高校毕业生的就业市场来看，还没有权威性、全国性的高校毕业生就业研究与中介服务机构。在发达国家，如美国就有很多非营利性的就业中介服务组织，其中尤以每年为 100 多万名高校毕业生提供就业服务的全美高校和雇主协会（NACE）最为著名。随着我国高等教育的普及化，高校毕业生人数会越来越多，仅仅靠高等学校自己的就业指导中心来给毕业生就业提供服务显然是不够的。隶属教育行政部门的大学生就业指导中心，由于体制等复杂原因，发挥的作用也十分有限。因此，我国需要组建、培育与发展非营利性大学生就业专门中介服务机构。这些中介服务机构既可以是隶属政府有关部门但相对独立的专门办事机构，也可以是民间非营利组织。有了这类中介机构的发展与壮大，大学生就业市场才更为成熟、完善，可以为供需双方提供更好的、更全面的、更加精准的服务，进而提高高校毕业生的就业率与就业质量。

最后，要高度注意大学生就业市场分割现象的出现与发展。市场分割理论认为，由于制度与内生的两大基本原因，劳动力市场可分为主要与次要市场。主要市场劳动者工资高、工作稳定、具有较多的晋升机会与良好的发展机制，次要市场正好相反，并且劳动者一旦进入次要市场就很难有机会再进入主要市场。当前我国高校毕业生在非正规部门就业的人数逐渐增加，这事实上标志着大学生已有更多的人进入了次要市场。大批大学生进入并滞留在次要市场，对大学生总体就业质量的严重影响是不言而喻的。因此，必须密切关注这一大学生群体，一方面，加强市场本身的建设，开辟或拓宽其向主要市场流动的渠道；另一方面，积极开展培训工作，提高就业竞争力，使更多的大学生进入主要市场（史淑桃和李宁，2019）。

（三）构建高等教育宏观调控体系

在与社会主义市场经济相适应的高等教育运行机制中，宏观调控是政府最重要的职能之一。政府要充分发挥宏观调控的职能或作用，就必须建立科学的调控体系（史淑桃和李宁，2019）。

1. 供给与需求政策的匹配

就高等教育来说，其毕业学生的人数之和就是总供给，社会经济发展给高校毕业生提供的所有就业岗位就是总需求。总供给与总需求政策的核心作用是实现供给与需求的总量及其结构的均衡。在总供给大于总需求的情况下，要紧缩供给，扩大或刺激总需求；反之亦然。从当前我国大学生就业的总体情况看，总供给显然是大于总需求的。因此，政府一方面要降低高等教育的发展速度，适度减少毕业生的人数；另一方面要扩大总需求，以增加大学生的就业岗位。结构平衡包括高等教育层次结构、专业结构与社会经济需求结构相适应。因此，政府在调控供给与需求的同时，要加大对高等教育与产业结构的调整，以总量调整推动结构调整，以结构优化推动总量调控，最终实现高等教育发展与高校毕业生的充分就业、高等教育与国民经济互动发展的目标（史淑桃，2013）。

2. 长期与短期政策的匹配

不同的提升政策发挥作用的时效是不同的，一些是短期性的对策，如激励用人单位增加工作岗位和压缩高等教育规模等；另一些是长期的政策，如完善规范、创新发展劳动力市场与就业信息系统，转变国民经济结构与提高高等教育质量等。一般来说，在大学生就业形势平稳的条件下，重点是长期政策；当大学生就业遇到明显困难时，重点是短期政策。因此，要把应急性的短期政策与长期政策结合起来。就压缩高等教育规模的政策来说，短期内它能够缓解大学生的就业问题，但从长期看对国民经济的发展是不利的。因为，尽管我国近十多年来高等教育有了高速度的发展，存在一定的"过度教育"现象，出现了大学生就业难的问题，但从国民经济的长期稳定高速发展、经济增长方式转型与国民经济结构升级对高质量大学生的迫切需要相比，与发达国家每万人中占有的大学生人数相比，我国高等教育的发展又是落后的。这说明我国高等教育规模的失衡是暂时的、短期的，而层次结构不合理与质量不高则是主要或长期的。所以就对高等教育的调控看，短期重点是规模，长期是层次结构与教育教学质量的提高。唯有如此，才能实现高等教育的快速发展与高校毕业生充分就业的目标（史淑桃，2013）。

3. 正效应与负效应的互补

一般来说，政策都具有两面性，即正效应与负效应。再好的政策也可能产生副作用，只是负效应或副作用较小而已。如规定高校毕业生岗位最低工资，会使用人单位尤其是私营企业减少高校毕业生的雇佣数量；加强大学生工作岗位的劳动保护，可能会增加企业的生产成本，影响企业的利润和扩大再生产；在财政收入既定的情况下，增加高等教育的投入，就会相应减少其他社会经济部门的投入，通过增加教育税或提高税率加大对高等教育的投入，会减少企业的利润与消费者的收入，进而影响国民经济的增长，最终又制约高校毕业生的就业等。基于政策这一特性，在构建高校毕业生就业质量提升体系时，要注意各种措施方法之间的互补性，力争整个高校毕业生就业质量提升体系没有负效应（史淑桃，2013）。

4. 经济与行政政策的匹配

在市场经济中，政策的制定及其实现措施只有满足市场主体的需要与利益时才能得以较好地执行，这是市场经济的本质特点与运行一般规律决定的。因此，提升高校毕业生就业质量政策体系的构建与实施，要更多地运用经济手段，并注意行政与经济政策的组合。当前我国对高等教育的调控与管理主要是通过行政手段进行的，如以招生计划控制招生人数，用各种检查与评估督促高校提高教育教学质量等。在我国现有的高等教育制度背景和以学生人数进行财政拨款的条件下，高校存在着巨大的扩大招生规模的冲动，为达到学校规模扩大与利益增加的目标，他们会运用各种手段实现多招生，结果是政府的招生计划往往突破上线，高等教育的规模也总是"压而不缩"。检查与评估在一定程度上能够促进教育教学质量的提高，但这种"运动式"缺乏内在激励性，一方面造成严重的形式主义与官僚主义，引致教育资源的巨大浪费；另一方面教育教学质量的提高没有持续性，检查与评估之后高等学校的教育教学经常又回到旧轨道或老路上。严峻的现实与太多的历史经验告诉我们，政府对高等教育的管理与调控必须遵守市场经济规律，逐步改革或减少行政政策，学会更多更好地运用经济政策，需要行政手段时，也要注意匹配好相应的经济手段。把毕业生的就业竞争力作为向高校进行财政拨款的依据之一，这是比较符合市场经济规律与当前高校实际，并能够推动高校提高质量的一项改革措施，可在进一步完善"就业竞争力"指标的条件下尽快推行落实（史淑桃，2013）。

5. 要注意质量保障，即教育教学质量的提高是高等教育大众化、普及化进程中的主要任务和核心工作

根据国外高等教育大众化、普及化的经验教训和我国高等教育大众化、普及化的实践经验，从高等教育自身的发展规律出发，立足中国特色社会主义的国情，探索建立"政府宏观管理、学校自我保证、中介评估服务、社会需求调控"的高等教育质量保障体系，以有效推动政府、社会和高等学校对高等教育教学质量实施经常的、持续的质量监控，进而切实提

高我国高等教育的办学水平和办学质量。具体来说包括以下几方面：

（1）树立现代性、多样性、科学化的质量观。质量是高等教育大众化、普及化持续发展的基础。不同时期、不同制度环境与不同条件有不同的质量观，不同的高等学校有着不同的质量定位与评价标准。当前，我国的高等教育已迈向普及化阶段，截至 2020 年底，全国高等教育毛入学率已高达 52%左右，强化质量意识与质量保证是高等教育普及化的内在要求。同时，普及化的高等教育意味着高等学校的多样化。因此，必须坚持多元化的质量标准与质量保证标准措施，以促进、引导高等学校的特色发展，在特色的基础上提高教育教学质量。具体来说，就是不同类型、不同层次的学校应有不同的质量标准，如研究型大学、研究教学型大学、教学研究性大学、一般本科院校、高职高专院校都应该有自己的质量观与质量标准。

（2）充分发挥学校、政府与社会多元主体的高等教育质量保障作用。党的十九大从新时代社会经济发展与中华民族伟大复兴的全局出发，对"十四五"时期我国高等教育的改革与发展做出了明确的战略部署。集中力量提升高等教育的教育教学质量，办好能推动我国技术创新、促进社会经济发展与人民满意的高等教育，是新时代赋予高等学校的崭新的重大的历史使命。因此，转变教育教学理念，增强质量意识，强化教育教学管理，建立教育教学质量评价与保障体系，切实提高教育教学质量，已成为当前我国高等教育普及化进程中，各级各类高等学校改革和发展的重中之重或核心工作。因此可以说，探索建立以"学校为核心、政府为主导、社会为中介"的具有中国特色的高等教育质量保障体系，是当前我国高等教育改革与发展的当务之急的工作。

（3）健全高等教育质量保障体系的机构组织。完善健全高等教育质量保障体系的组织机构是质量建设的基本条件和运行基础。根据我国的实际情况，一方面可以从社会经济与高等教育发展状况出发，创建新的质量保障机构，另一方面也可以对现有的质量保障机构进行改革与调整，同时，明确界定各机构的职能，形成一个各司其职与高效运作的高等教育质量保障机构系统。要鼓励质量评估运作的外部监督机构适度发展，促进他们之间开展公开、公平竞争，使其行为更为客观、公正和透明，提升其评估评价的权威性。要加强教育教学质量评估评价专家队伍的建设，完善专家遴选的制度与程序，将那些学术造诣高、教育评价理论根底深厚、方法与技术先进、教育教学管理实践经验丰富、判断能力强、思想品性优秀的专家选进专家库，并对专家队伍进行动态化、科学化、规范化管理，一方面确保稳定，另一方面要经常更新。要进一步深化高等学校内部的教学管理体系的改革，结合中国特色现代大学制度的建设，逐步建立起完善的、高效的校、院、系三级相结合的教育质量监控网络系统。为了保证教育教学质量，当前不少高校已经建立了教学评估与质量控制中心，要进一步完善教学评估与质量控制中心的管理与运行机制，突出其在教育教学质量评估与控制方面基础性的作用。

（4）加强高等教育质量保障制度的建设。从当前的质量保障制度看，高等教育质量保障制度还不完善。当前的首要任务是以《高等教育法》等为基本依据，从新时代社会经济发展需求和高等教育普及化的实际情况出发，对《普通高等学校教育评估暂行规定》进行全面的、系统的修订，界定国家、社会和学校的地位及其相互关系；对高等教育教学质量保障的意义、组织、程序、周期与结果公布及其教师奖惩等予以具有可操作性的明确的规定。

五、提高大学生就业政策效率的建议

（一）大学生就业政策的演进历程

1949 年以来，我国高校毕业生的就业政策、就业模式随经济体制改革、改革开放与社会经济的发展大体上经历了三个阶段：改革开放前的计划经济体制下"统包统分"模式的就业政策与就业模式阶段；高等教育体制改革下的"供需见面"为主、"双向选择"的就业政策和就业模式阶段；社会主义市场经济下以"自主择业"为主要特征的就业政策与就业模式阶段。

党的十五大通过的《面向 21 世纪教育振兴行动计划》指出，到 2000 年左右，建立起比较完善的由学校和有关部门推荐、学生和用人单位在国家政策指导下通过人才劳务市场双向选择、自主择业的毕业生就业制度。在接下来的七八年中，所有的改革与政策都是围绕这一高校毕业生的就业模式进行与制定的。在对毕业生就业服务上，2004 年人事部颁布了《关于加快发展人才市场的意见》，明确指出要进一步发展完善基础性人才市场，加强其资讯化建设和监管力度，构建积极引导、竞争有序的为人才服务的市场环境。在对毕业生创业的帮扶上，2003 年国家工商总局发布了《关于 2003 年普通高等学校毕业生从事个体经营有关收费优惠政策的通知》，规定自主创业的应届高校毕业生可以免交 1 年的个体工商户登记注册等多项费用。在对毕业生就业帮助方面，2003 年中组部、人事部、团中央、中央编制办、教育部联合颁布了《关于选拔高校毕业生到西部基层工作的通知》，决定组织选拔 600 名 2003 届高校毕业生到西部基层政府工作。2004 年共青团中央、教育部联合发布了《关于实施大学生志愿服务西部计划的通知》，决定每年都组织选拔一部分高等学校应届毕业生到西部贫困县的基层政府从事志愿服务工作。2006 年中组部、人事部、教育部、财政部、农业部、卫生部、国家扶贫开发办公室、共青团中央联合颁布《关于组织开展高校毕业生到农村基层从事支教、支农、支医和扶贫工作的通知》，规定 2006~2010 年，组织选拔 10 万名（每年 2 万名）大学毕业生到乡、镇政府从事"三支一扶"工作。2007 年《中华人民共和国就业促进法》的颁布，为实施积极的高校毕业就业政策奠定了法律基础。综上所述，我国的高校毕业生就业政策在这一时期已经建立了基本的体系架构。

2008 年，从美国开始的金融危机引发了全球的金融危机，也加剧了我国的就业形势，高校毕业生就业难的问题进一步加剧。因此，我国各级政府推出了大量地促进高校毕业生就业的政策，从而使我国的高校毕业生就业政策构架与体系进一步完善。2008 年底到 2009 年 3 月底，仅中央人民政府颁布的促进高校毕业生就业的文件与政策就多达 11 部，成为 1949 年以来出台高校毕业生就业政策数量最多的时期。2009 年 1 月国务院办公厅颁布了《国务院办公厅关于加强普通高等学校毕业生就业工作的通知》，从宏观层面对促进高校毕业生就业的各项政策进行了全面、系统的整合，成为这一时期我国促进高校毕业生就业政策的纲领性文件。该通知促进毕业生的主要举措为：制定与完善了高校毕业生到城乡基层就业的补偿与奖励及其促进办法，进一步鼓励、引导、促进其到城乡基层、农村就业，制定了中小企业和非公有制企业接受高校毕业生就业的补贴与奖励办法，促进与推动高校毕业生到该类企业就业；为了实现毕业生的流动，取消了非直辖市城市对高校毕业生户口落户的限制；为了创造更多的就业岗位，鼓励大型、骨干企业、科研院所的项目研究与开发积极接受高校毕业生就业；推出规费减免、无息小额贷款、担保贷款、开展创业培训等系列扶持政策，鼓励、支持、推进大学毕业生自主创业；推动高等学校教育教学改革，规定将就业指导课设为必修课，加强实践教学，强化就业创业的指导与服务，提升毕业生的就业能力；提出了对困难毕业生进行就业援助的要求与办法等。

（二）大学生就业政策存在的主要问题

高校毕业生就业政策体系的逐步建立与落地实施，在提高就业率与就业质量方面发挥了较大的作用，在一定程度上缓解了高校毕业生的就业及就业的压力。但是，我们不得不承认，当前的高校毕业生就业政策还存在不少的问题，主要体现在以下几个方面：

首先，政府提供的就业服务有待提高质量。当前的就业市场在一定程度上还存在条块分割的问题。例如，人才供需见面会由人力资源与教育等部门分别举办。这就势必造成用人单位和高校毕业生的重复性"奔跑"，既浪费了时间，也没有招到合适的人选（用人单位）或找到合适的单位

（高校毕业生）。再如，学生办理有关派遣等就业手续时经常遇到等待时间过长、推脱扯皮等"脸难看，事难办"等问题。

其次，政策的执行力度不强。2000年以来，从中央到地方各级政府出台了一系列促进高校毕业生就业的政策，但有些促进政策在某些地方、有些部门没有很好地落地，甚至成了摆设与空中楼阁。有不少毕业生反映，申请创新创业无息贷款门槛高、程序繁，跑了两个多月也没有办成贷款；也有些地方政府、部门、高校的工作人员反映，只是从新闻媒体上知道到了高校毕业生就业的优惠政策，但具体有什么优惠、优惠多少不知道，甚至有些学校、部门却没有收到相关文件。

再次，有些政策刺激力度不够。相当多的就业政策是向大学毕业生的利益倾斜的，但刺激力度不够，就业政策的利益倾斜性与大学生的就业实际诉求之间发生了偏差，出现了大学毕业生不买账的问题。例如，愿意到基层与西部就业的大学生不多，到基层与西部就业时间不长等现象就很清楚地说明了这个问题。

又次，部分就业政策可操作性欠佳。例如，学生的户口与档案由学校代管的问题。毕业生离校时，与学校签订了户口与档案代管协议，但是，有相当多的毕业生不能按协议在2年内返回学校办理相关户口与档案等有关手续，甚至有部分毕业生已失去联系，此时学校处境尴尬：不强制进行户口与档案的处理，则超过了户口与档案办理规定的期限；主动把户口与档案派遣回生源地，但学生却迟迟不来，甚至干脆就不来学校办理手续，因而存在大量的长期的无人问津的档案，给学校的档案管理工作带来很大的麻烦与困难。又如，将就业率、就业质量作为评估高校的重要指标，并和招生与财政拨款联系在一起，所带来的就业率、就业质量的造假问题等。

最后，高校毕业生就业促进政策的评估体系不健全。当前只能看到从中央到地方各级政府、各部门出台的关于促进高校毕业生就业的规划、通知、实施细则等，却没有完善的、可操作性强的对政策实施效果评价及其奖励处罚的文件与规定，即使有一定的落实文件的要求与评估，也只是政府内部系统的上级对下级的要求与评估，而没有一套客观、有效、科学的评价标准指标体系，也没有相应的政府外的社会评估机构对政策的评价。这种情况说明了政府对就业促进政策的评估能力不强、重视不够的问题。

（三）提高政策效率的建议

1. 提高政府服务水平

一方面要加快政治体制改革，实现政府职能的转换，建立服务型政府；另一方面要加强公务员的服务意识教育。政府的政策是人制定的，执行政策的行为也是人的行为。要提高政府服务的质量，要规范公务人员的行为，就必须建立科学的管理制度，要把权利束缚在笼子里，对服务质量的优劣要有相应的奖罚措施。思想与意识是人们内心的原则，一般条件下它决定着人们的行为，人们行为的方式与结果是其思想与意识的表现。先进的思想意识可以促进制度创新，并有效地降低创新的成本。在制度供给不健全与制度不完善的情况下，在正式制度难以充分发挥作用的情况下，先进或优秀的思想意识可以自动约束、规范与调整人们的行为。随着我国改革开放的不断深入与社会主义市场经济的进一步发展，各级政府的公务人员必须要"不忘初心、牢记使命"，也必须树立服务于现代市场经济的思想意识与工作理念，做到全心全意为人民服务，为人民谋幸福。

2. 完善高校毕业生就业促进政策体系

首先，要完善政策制定的民主程序，避免主观主义、形式主义与官僚主义，提高政策的科学性。其次，要注意每一种政策、各部门政策的相互协调、相互支持与相互促进，形成完整的政策系统。再次，政策条文规定要规范，具有可操作性，能够落地。最后，政策的目标要清楚明确，具有针对性。

3. 提高就业政策的行政执行力度

2010年以来，中央与各级地方政府部门日益重视大学生的就业工作，相继颁布了一系列促进大学生就业率与就业质量的政策，但由于政策的执行力度有所欠缺或落实不到位等各种因素的影响，其总体政策实施效果并不特别理想，有个别的政策甚至成了一纸空文或摆设。要使大学生就业政策具有较强的执行力和较好的落实力度，把各级政府的各项文件与政策落到实处，切实提高毕业生就业政策的效率与效果，就必须创建大学生就业政策执行、落实的奖罚制度，加大对毕业生就业政策执行力与落实效果的处罚与激励，把政府的绩效评价、公务人员浮动工资的奖罚、公务人员的升迁、任免与大学生就业政策执行的效率、落实的效果紧密联系起来，建立与完善毕业生就业政策的实施机制。

4. 加大毕业生就业政策的经济利益激励程度

高校毕业生作为政府就业政策实施的客体，其本身也会追求自己的经济利益与个人的发展，因而他们在选择就业岗位时会首先考虑个人利益需求。所以，政府就业政策的制定必须考虑并符合高校毕业生的偏好与利益，通过利益刺激与调节，将高校毕业生的个人利益导向社会利益与公共利益，从而实现大学生个人需要与国家需要、个人利益与国家利益的平衡。同时，还要加强高校毕业生的政治思想教育工作，教育毕业生要将个人需要与国家的需要、个人理想与祖国发展结合起来，当个人需要与社会需要、个人利益与国家利益发生冲突时，个人需要要服从社会需要、个人利益要服从国家利益。

5. 建立政策评估体系

在现代的、发达的市场经济中，任何政策的制定与实施都要付出成本，政策执行的结果有时可能与政府目标发生偏离，也会出现负效率与负效益，甚至产生经济、政治与社会风险，对于进一步深化改革开放、社会主义市场经济体制还处于完善过程中的我国来说，降低政策制定、实施的经济成本与社会风险，提高政策的效率与效益显得尤为重要。政策执行结果的评价评估是政策管理的重要环节与组成部分，没有政策执行结果的评价评估就不可能清楚、准确地知晓政策的内在质量与实施效果。因此，政府在完善高校毕业生就业促进政策体系的同时，还要建立科学的可操作性强的政策评价评估制度、机构与系统，实时监督、认识、掌控政策的执行过程与效应，确保政策的实时效果与实时效率。

结束语：高校毕业生就业质量研究展望

一、研究结论

本书是 2017 年度全国教育科学规划课题的最终成果。课题负责人及其成员长期从事大学生的管理与思想政治工作，亲身经历了大学生就业制度从计划分配到"自主就业"、高等教育从"精英"到普及化、大学生就业从"贵族"到"平民"的过程。经过近年的努力工作，终于完成了该项目的研究，在此，我们想就本书内容做一简单的回顾与总结。

本书由五部分构成：绪论、就业质量理论研究综述、高校毕业生就业质量指标体系、高校毕业就业质量实证研究与提高毕业生就业质量的政策建议。

第一部分：绪论，分析了高校毕业生就业质量的研究意义，明确了研究目标，设定了研究方法与研究思路。

第二部分：理论研究综述，详细地梳理了国内外高校毕业生就业质量理论研究的历程，全面概括了最新研究成果，分析了存在的问题、不足及其发展趋势，对基本概念、基本原理与基本方法进行了归纳概括。

第三部分：依据中国国情提出构建高校毕业生就业质量指标体系与评

价方法的指导思想和基本原则；以此为基础，借鉴发达国家的就业质量理论，吸收与综合国内就业质量的研究成果，界定高校毕业生就业质量的内涵层次，设计高校毕业生就业质量的指标体系、评价标准和计算方法。

第四部分：运用高校毕业生就业质量的指标体系，对高校毕业生就业质量的现状进行了实证研究，通过文献综述对实证研究结论进行了验证，然后描述了大学生就业质量的现状趋势并分析了变动的原因。

第五部分：构建以国情特色与制度文化为基础、供求及匹配的战略性、市场性与保护性相结合的高效率的政策体系。

本书的研究结论：

在我们对大学生就业质量调查与研究的 20 年里，就某一时段或几年的短周期看，高校毕业生的就业质量可能是上升的，但从 10 年、20 年长周期与总体态势看，毕业生的就业质量是绝对上升相对下降的，其中专业、性别与区域就业质量差异有加大的趋势。搜索 2000~2022 年高校毕业生就业质量理论研究成果及其相关文献，汇总其有关数据与研究结论，高校毕业生就业质量趋势下行的八种形式或表现为：毕业生的起始工资相对下降；私营企业就业的人数迅猛增加；中西部地区及基层就业的比例明显提高；劳动权益的受损比较严重；学非所用的矛盾日渐突出；就业质量性别差异逐渐显现；就业岗位的稳定性明显下降；就业岗位主观满意程度不高。

对于我国高校毕业生就业质量的状态趋势必须有辩证的、全面的、正确的与清醒的认识。首先，高校毕业生就业质量的变动状况在总体上是平稳稍有下降。其次，高校毕业生就业质量的提高是绝对的，而下降则是相对的。再次，大学生就业质量的相对下降是高等教育大众化、普及化进程中世界各国普遍存在的问题。如何化解高等教育大众化、普及化与实现毕业生高质量充分就业的矛盾，一直是世界各国各级政府就业政策的重点、难点与焦点。又次，从历史与现实看，在高等教育大众化发展速度迅猛与学生绝对基数庞大的条件下，我国较好地解决了高校毕业生的就业问题，保证了学生较高的就业率与较好的就业质量，也可以说，是创造了中国的另一个奇迹。最后，必须清醒地认识并承认近 20 年来毕业生就业质量相对下滑的事实与危害性。在调查过程中我们发现，能迅速返回问卷的毕业生，基本上都是工作或事业较顺利或成功者；不愿参与问卷的学生，大多是工作不够或不称心如意。如果这种看法或推断成立，那么高校毕业生就业质量的相对下降问题可能会更加严重。高校毕业生就业质量下降可能会导致当代的"读书无用论"，从而影响高等教育的发展、国民素质的提高与国民经济的增长。因此，对于高校毕业生就业质量下滑的状态趋势，我们一方面不能也不必危言耸听、渲染夸大，另一方面也不能熟视无睹、泰然处之，而应正视现实、分析其发生的原因、研究化解问题的对策，努力推动高校毕业生高质量充分就业。

二、研究创新与不足

（一）本书主要创新点

（1）系统地梳理了国内外就业质量理论研究的历程，对基本概念、基本原理与基本方法等相关成果进行了分析概括。

（2）以马克思主义和中国特色社会主义理论体系为指导，根据我国的政治经济体制与社会文化背景，在已有研究成果的基础上，界定了高校毕业生就业质量的内涵层次，设计了高校毕业生就业质量的指标体系与评价方法。

（3）在对高校毕业生就业质量状况进行实证研究和文献分析综述的基础上，明确地总结了当前我国高校毕业生就业质量趋势下行的态势及具体表现形式。

（4）依据调查数据并结合现实对就业质量变动的具体、主次原因进行了分析，主要为：国民经济质量与结构存在问题；高等教育质量问题与结构失衡；供求匹配机制不完善；就业政策效率不高等。

（5）结合上述研究提出了供求及匹配的促进大学生就业的政策体系，并指出了当前或短期内政府政策的核心与重点。

（二）本书的缺点与不足

（1）高校毕业生就业质量的定义与评价指标体系及其评价方法，特别是指标的选择与权重系数的规范性、有效性与科学性有待提高。

（2）调查样本的数量不够多，可能会影响研究结果真实性与准确性。

（3）信息的来源渠道单一，校际与区域对比的数据是来源于文献。

（4）没有设计出设计区域、校际比较系数，区域、校际的比较分析缺乏实证研究。

（5）就业质量专业差异的对比分析不够细化，没有按专业进行研究。

（6）影响就业质量原因缺乏实证与定量分析。

（7）高校毕业生就业质量的政策效应缺乏实证研究。

三、研究展望

根据本书撰写过程中遇到的问题，未来相关研究可从以下几方面展开：

（1）加强就业质量定义与内含的研究，希望能尽早出现权威的、大家公认就业质量定义。

（2）规范完善就业质量的指标体系与评价方法，特别是指标的选择与权重系数的确定问题，以提高就业质量评价的有效性与科学性。

（3）扩大调查样本的数量，以提高数据的代表性与真实性。

（4）扩大信息的来源渠道，解决信息获得困难之问题。

（5）设计区域、校际系数，加强区域、校际的比较分析，以进一步认识大学生就业质量变动的一般性与特殊性。

（6）从更加广阔的范围、按专业进行就业质量专业差异的对比分析，以认识高校专业结构与市场需求的平衡问题。

（7）用实证的、定量的方法进一步探索就业质量与高等学校教育教学质量、高等教育发展规模、社会经济发展、学生能力、就业制度等相关关系，以认识就业质量变动的真实、主次原因。

（8）增加政策效应的实证研究，进一步探索完善提升高校毕业生就业质量的政策体系，推动高等教育普及化与社会经济的互动发展及大学生高质量充分就业的实现。

改革开放以来，我国社会经济有了较快发展，当物质生活水平提高到一定程度后，人们便会越来越重视改善其生活质量，而工作质量与生活质量是紧密相连的。因此，由生活质量到工作质量、由就业率到就业质量是理论研究的逻辑必然和应然趋势。从理论上看是这样，从现实看更是如此。20年前我们使用高校毕业生就业质量概念时，还担心人们是否能接受；当时有关高校毕业生就业质量的研究成果真可谓凤毛麟角。2007年以后，高校毕业生就业质量的研究日益增多，大有方兴未艾之势。我们有理由相信，高校毕业生就业质量的问题定会越来越受到理论界的高度重视，不久的将来必然会出现越来越多、越来越好的成果。

参考文献

［1］金刚．高校毕业生就业率统计方法探析［J］．南京林业大学学报人文社科版，2008（4）：127-131.

［2］国福丽．国外劳动领域的质量探讨：就业质量的相关范畴［J］．北京行政学院学报，2009（1）：86-91.

［3］高磊．美国高校毕业生就业率评估体系初探［J］．江苏高教，2004（2）：123-125.

［4］张剑．试论美国高校毕业生就业率的统计评估体系［J］．比较教育研究，2004（6）：56-61.

［5］翁仁木．国外就业质量评价指标体系比较研究［J］．中国劳动，2016（10）：22-27.

［6］陈鹏．日本大学生就业状况及其启示［J］．教育探索，2018（9）：636-643.

［7］刘素华．就业质量：概念、内容及其对就业数量的影响［J］．人口与计划生育，2005（7）：29-31.

［8］秦建国．大学生就业质量评价体系探析［J］．中国青年研究，2007（3）：71-74.

［9］倪伟，詹奉珍．高校毕业生就业质量评价指标体系构建研究［J］．中国大学生就业，2012（24）：18-21.

［10］吴东红，刘北．大学生就业质量评价指标体系构建研究［J］．中国成人教育，2016（17）：54-56.

［11］宗胜旺，石云生．新时期大学生就业质量评价体系构建［J］．合作经济与科技，2019（13）：104-105.

［12］钱建国，宋朝阳．对高校毕业生就业工作的几点思考［J］．中国大学生就业，2006（13）：19-20.

［13］程蹊，尹宁波．浅析农民工的就业质量与权益保护［J］．农业经济，2003（11）：37-38.

［14］周平．谈如何提高就业质量［J］．中国培训，2005（3）：53.

［15］廖志成．提高大学毕业生就业质量的探讨［J］．教育评论，2005（3）：31-34.

［16］张瑶祥．走出大学生就业质量评价问题研究的误区［J］．出国与就业（就业版），2010（5）：21-23.

［17］曾向昌．构建大学生就业质量系统的探讨［J］．广东工业大学学报（社会科学版），2009，9（3）：18-21.

［18］王艳伟，李永能．构建高校毕业生就业质量评价指标体系应考虑的六个维度［J］．云南农业大学学报，2015（9）：87-90.

［19］毕京福，张华，石汝霞．浅谈提高就业质量［J］．山东劳动保障，2006（11）：10-13.

［20］杨春．高校毕业生就业质量标准的思考［J］．思想政治教育研究，2004（2）：4-20.

［21］张淼．大学生就业质量评价指标开发及其实证检验［D］．西安：西北工业大学，2017.

［22］李军峰．就业质量的性别比较分析［J］．市场与人口分析，2003（6）：1-7.

［23］李晓梅．高校毕业生质量评价的思考［J］．达县师范高等专科学校学报（社会科学版），2004（4）：82-84.

［24］丁先存，郑飞鸿．本科毕业生质量社会评价体系构建研究——基于338家用人单位的调查结果分析［J］．内蒙古农业大学学报（社会科学版），2017，19（1）：64-69.

［25］李亚琴，杨静波，羌坚．创新创业背景下就业质量评价与实施途径研究［J］．创新创业，2019（15）：60-64．

［26］曾向昌．大学毕业生就业率与就业质量的关联性分析［J］．华南理工大学学报（社会科学版），2011，13（4）：139-143．

［27］谭卫伟．以国家建设需要为导向的大学生就业质量评价体系［J］．教育与职业，2011（5）：32-33．

［28］方焕新，梁程妙，曾杰豪．构建大学生就业质量评价体系［J］．职业，2011（20）：17-18．

［29］李想，黄洋．构建高校毕业生就业质量评价指标体系的探索［J］．中国大学生就业，2014（12）：29-34．

［30］彭建章，曾凡锋，王讯．我国高校毕业生就业质量评价指标体系研究——基于教育部直属高校2014年就业质量报告的统计分析［J］．华北电力大学学报（社会科学版），2015（6）：121-127．

［31］刘燕斌．更高质量和更充分就业的内涵及其衡量指标［J］．中国就业，2017（12）：9-11．

［32］李婧，刘百恒，李继娜，杨红瑞．新时代视阈下高校毕业生就业质量评价指标体系优化研究［J］．智库时代，2019（18）：293+295．

［33］李金林，姚莉，应飚．高校就业质量评价体系初探［J］．山西财经大学学报（高等教育版），2002（1）：18-19．

［34］李颖，刘善仕，翁赛珠．大学生就业能力对就业质量的影响［J］．高教探索，2005（2）：91-93．

［35］刘素华．建立我国就业质量量化评价体系的步骤与方法［J］．人口与经济，2005（6）：36-40．

［36］李金林，应伟清，吴巨慧．构建高校就业质量科学评价体系的探索［J］．现代教育科学，2005（3）：60-62+73．

［37］王旭明．基于模糊综合评判法的高校大学生就业质量评价模型［J］．浙江海洋学院学报（人文科学版），2009，26（2）：127-130．

［38］程丽．基于AHP与模糊综合评判的毕业生就业质量评价［J］．

重庆交通大学学报（社会科学版），2011，11（1）：117-120.

［39］陈韶，徐向东，符志刚．高校毕业生就业质量评价体系研究［J］．工业工程，2010，13（5）：112-116.

［40］陈韶，何绍彬．高校毕业生就业质量评价系统的建设［J］．广东工业大学学报（社会科学版），2010，10（3）：9-12.

［41］王邦田．基于集值统计法高校毕业生就业质量评价指标权重的构建［J］．中国高等医学教育，2010（3）：30-32.

［42］黄炜，方玖胜．基于层次分析法大学生就业质量影响因素评价研究［J］．湖南文理学院学报（自然科学版），2010，22（2）：29-31+36.

［43］张抗私，朱晨．大学毕业生就业质量的影响因素［J］．人口与经济，2017（1）：75-84.

［44］李莉，朱明珍，洪云．大学毕业生就业质量评价指标体系研究——以云南省高校为例［J］．昆明理工大学学报（社会科学版），2017，17（1）：73-86.

［45］陈龙．高校毕业生就业质量评价指标体系构建与实践反思［J］．黑龙江教育学院学报，2014，33（12）：3-4.

［46］汪昕宇，莫荣，马永堂．我国高校毕业生就业质量分析［J］．中国劳动，2018（4）：4-18.

［47］魏玉曦．基于大数据挖掘技术的高校就业质量评价［J］．现代电子技术，2020，43（7）：103-106.

［48］杨慧芳．提升毕业生就业质量是高职教育教学改革的重心［J］．学术论坛，2006（6）：198-201.

［49］赵明．我国大学生就业质量提升的对策研究［J］．江苏高教，2019（10）：67-72.

［50］冯用军．高校学科评估应加强毕业生就业质量评价——《第五轮学科评估工作方案》解读［J］．中国大学生就业，2020（9）：4-6.

［51］苏国勋，刘小枫．社会理论的知识学建构［C］．上海：三联书店，2005.

［52］左祥琦．女性在就业中的不公正待遇［J］．首都经济，2002（10）：15-16.

［53］王宏，陈薇，佟玉霞．基于模糊综合评价法的社会保障系统评价［J］．河北联合大学学报（社会科学版），2013，13（5）：16-19.

［54］樊潇潇．重庆市当代大学生择业标准的调查研究［J］．重庆教育学院学报，2008，21（6）：60-63.

［55］王丽萍，张日新，蔡传钦．试论市场化条件下大学生就业倾向［J］．高等农业教育，2005（3）：76-78.

［56］柯羽．大学毕业生就业质量现状调查及趋势分析——以浙江省为例［J］．黑龙江高教研究，2010（7）：106-108.

［57］潘毅，卢晖临，严海蓉，陈佩华，萧裕均，蔡禾．农民工：未完成的无产阶级化［J］．开放时代，2009（6）：5-35.

［58］杨河清，李佳．大学毕业生就业质量的实证分析［J］．中国劳动，2007（12）：26-28.

［59］李彤彤．城乡户籍大学生就业质量差异的成因及对策［J］．艺术科技，2016，29（11）：414-415.

［60］何渊．上海市大学生就业取向与就业心理状况分析报告［J］．中国青年研究，2006（1）：47-50.

［61］梁英．新形势下北京地区大学生的就业价值取向［J］．大众科技，2006（1）：189-190.

［62］黄敬宝．2008年北京地区大学生就业状况调查［J］．中国青年研究，2009（1）：62-65.

［63］张凡．人力资本对大学毕业生就业质量的影响研究［D］．郑州：郑州航空工业管理学院，2019.

［64］赵明．我国大学生就业质量提升的对策研究［J］．江苏高教，2019（10）：67-72.

［65］麦可思研究院．2018年中国大学生就业报告［M］．北京：社会科学文献出版社，2019.

［66］史永江，陈宏涛，倪利民，张玥．毕业生就业成本调查与分析
［J］．中国大学生就业，2008（24）：58-60.

［67］王涛，张成科．高等教育大众化背景下大学生就业与学科建设
初探——广东工业大学经济管理学院2003届毕业生调查分析［J］．广东
工业大学学报（社会科学版），2005（1）：9-13.

［68］孙树枫．"十五"期间大学生就业状况分析［J］．浙江统计，
2006（5）：19-20.

［69］陈钧浩．大学生就业意向调查研究［J］．宁波大学学报（教育
科学版），2006（5）：118-122.

［70］任庆雷．大学毕业生就业倾向调查——以西部某师范高校为例
［J］．江西金融职工大学学报，2009，22（1）：140-143.

［71］石云生，宗胜旺．河北省大学生就业结构性矛盾状况分析——
基于2018年河北20所本科院校大学生就业质量报告［J］．知识经济，
2019（30）：32-33.

［72］岳昌君．高校毕业生就业状况分析：2003～2011［J］．北京大
学教育评论，2012，10（1）：32-47+188.

［73］黄敬宝．大学生就业地区分布的实证分析［J］．经济问题探
索，2009（4）：103-108.

［74］何亦名，张炳申．高等教育大众化之后毕业生就业问题分析
［J］．高教探索，2006（1）：86-89.

［75］安少华，周巍．珠江三角洲地方高校大学生就业特点调查报告
［J］．高教探索，2008（4）：121-126.

［76］杨河清，李佳．大学毕业生就业质量评价指标体系的建立与应
用［J］．中国人才，2007（15）：28-29.

［77］刘海宁，张建超．劳动争议诉前调解的法律特点［J］．法制与
社会，2009（30）：323-324.

［78］肖盟．大学生就业危机的政治经济学分析［J］．世界教育信
息，2006（6）：40-42+63.

［79］冷天琼．大学毕业生就业质量现状分析及对策思考［J］．昆明大学学报，2008，19（4）：88-91．

［80］涂晓明．大学毕业生就业满意度影响因素的实证研究［J］．高教探索，2007（2）：117-119．

［81］杨碧珍．从毕业生质量跟踪调查引发的思考［J］．宜宾学院学报，2010，10（11）：105-107．

［82］夏德峰，蔡枚杰．高校大学生就业趋势分析——基于南京市的调研［J］．中国农业教育，2006（3）：37-39．

［83］陈婷．关于妇女平等就业问题的研究述评［J］．福建师大福清分校学报，2010（3）：27-30．

［84］谢嗣胜，姚先国．我国城市就业人员性别工资歧视的估计［J］．妇女研究论丛，2005（6）：12-15+26．

［85］郑彩玲，林佳莲，陈銮元，蓝姗，黄碧宇．高校女大学生就业性别歧视问题及其对策研究［J］．中外企业家，2019（11）：212-214．

［86］魏巍．大学生就业起薪性别差异的实证分析［J］．教育学术月刊，2018（6）：11-16．

［87］石彤，王献蜜．大学生就业质量的性别差异［J］．中华女子学院学报，2009，21（6）：68-73．

［88］何亦名．市场分割下大学毕业生的就业偏好分析［J］．财经科学，2008（9）：110-117．

［89］魏明凯，房保安．我国就业质量状况分析［J］．产业与科技论坛，2006（12）：43-45．

［90］张海波．经济管理类大学毕业生就业质量评价研究——以宁波为例［J］．浙江万里学院学报，2010，23（6）：109-112．

［91］张静华．高职毕业生就业期望实证分析——以河南省为个案［J］．现代教育管理，2009（2）：81-84．

［92］史淑桃，李宁．大学生高质量充分就业政策体系研究［J］．河南社会科学，2021，29（6）：119-124．

［93］赵迎红，鲁琪，徐宏毅等．我国高等教育与世界高等教育强国之比较［J］．理论月刊，2010，345（9）：147-150．

［94］白玉峰．从高等教育的和谐发展论财政教育投资政策的完善［J］．中国成人教育，2009（22）：9-10．

［95］史淑桃．大学生就业促进政策体系研究［J］．郑州师范教育，2013，2（3）：33-36．

［96］卫铁林，史淑桃．高校毕业生就业质量提升政策体系的思考［J］．郑州航空工业管理学院学报（社会科学版），2018，37（2）：131-137．

［97］张一持，於康．高校毕业生高质量就业的对策研究——基于杭州市接收高校毕业生就业情况的实证分析［J］．中国大学生就业，2017（2）：44-49．

［98］孙莹．辽宁省高职专科财经类毕业生初次就业稳定性研究［J］．价值工程，2018，37（25）：298-299．